GAODENG ZHIYEJIAOYU GUOJIHUA LUJING TANXI
JIYU RENBENZHUYI SHIJIAO

高等职业教育国际化路径探析：基于人本主义视角

牛增辉 / 著

图书在版编目（CIP）数据

高等职业教育国际化路径探析：基于人本主义视角/牛增辉著．—北京：知识产权出版社，2019.8
ISBN 978–7–5130–6377–7

Ⅰ.①高⋯ Ⅱ.①牛⋯ Ⅲ.①高等职业教育—国际化—研究—中国 Ⅳ.①G718.5

中国版本图书馆 CIP 数据核字（2019）第 152716 号

内容提要

我国人口多，就业压力大，要把职业教育人口供求问题转化为人才供给问题，就要求我们对人才培养的方向与模式做出相应的调整。中国已经成为制造业大国，但并非制造业强国。生产水平的落后不只与生产技术相关，更受制于生产过程中人才的实际操作水平和能力。如何提升水平？这就要求对职业教育尤其是高等职业教育给以足够的重视。

本书对我国高等职业教育发展历史和现状进行全面梳理，深入剖析我国高等职业教育的特点、面临的内外部环境和存在的问题。在此基础上，本书基于人本理论和国际化理论对我国高等教育亟待解决的问题进行了诠释和解析，并提出针对性的对策建议，为我国高等职业教育未来的发展指明了方向和路径。

责任编辑：冯　彤	责任校对：潘凤越
装帧设计：张　冀	责任印制：孙婷婷

高等职业教育国际化路径探析——基于人本主义视角
牛增辉　著

出版发行：知识产权出版社有限责任公司	网　址：http://www.ipph.cn
社　址：北京市海淀区气象路 50 号院	邮　编：100081
责编电话：010–82000860 转 8386	责编邮箱：fengtong@cnipr.com
发行电话：010–82000860 转 8101/8102	发行传真：010–82000893/82005070/82000270
印　刷：北京九州迅驰传媒文化有限公司	经　销：各大网上书店、新华书店及相关专业书店
开　本：787mm×1092mm　1/16	印　张：18.25
版　次：2019 年 8 月第 1 版	印　次：2019 年 8 月第 1 次印刷
字　数：270 千字	定　价：89.00 元
ISBN 978-7-5130-6377-7	

出版权专有　侵权必究
如有印装质量问题，本社负责调换。

目 录

第一编 概 述

第一章 绪 论 (3)
- 第一节 引 言 (3)
- 第二节 我国高等职业教育简史 (6)
- 第三节 高等职业教育的教学模式及研究趋势 (9)

第二章 社会主义核心价值观 (13)
- 第一节 什么是社会主义核心价值观 (13)
- 第二节 高职院校社会主义核心价值观教育实践的构成要素 (16)
- 第三节 高职院校学生社会主义核心价值观存在问题的原因 (20)

第三章 高等职业院校校园文化建设 (27)
- 第一节 高等职业院校校园文化建设的基本理念 (27)
- 第二节 高等职业院校校园文化建设的原则 (30)
- 第三节 高等职业院校校园文化建设困局 (31)
- 第四节 高等职业院校校园文化建设困局的成因探析 (35)
- 第五节 高等职业院校校园文化建设的提升路径 (38)

第四章 高等职业院校校园管理 (41)
- 第一节 高等职业学校管理现状 (41)
- 第二节 高等职业院校校园管理存在的问题及原因 (43)
- 第三节 高等职业院校校园管理的实施路径 (45)

第二编　高等职业教育的现状

第五章　我国高等职业教育的现状和存在的问题 …………………（57）
第一节　我国高等职业教育的现状 ………………………………（57）
第二节　我国高等职业教育存在的问题 …………………………（59）

第六章　高等职业教育学生特点分析 ………………………………（64）
第一节　高等职业院校学生的心理特点 …………………………（64）
第二节　高等职业院校学生的学习特点 …………………………（67）
第三节　高等职业院校学生的社会适应特点 ……………………（71）

第三编　理论研究

第七章　高等职业教育发展的人力资源理论框架——社会学习理论……（79）
第一节　克朗伯兹的生涯决定学习理论 …………………………（79）
第二节　生涯决定的学习理论与高等职业教育 …………………（80）

第八章　高等职业教育模式人本化研究 ……………………………（87）
第一节　人本化教育理论 …………………………………………（88）
第二节　人本化教育理论的实践 …………………………………（90）
第三节　"以人为本"高等教育教学管理模式的特征 ……………（96）
第四节　构建"以人为本"高等教育教学管理模式的基本策略 …（97）
第五节　人本化教育的实施路径 …………………………………（99）

第九章　高等职业教育的社会贡献度分析 …………………………（102）
第一节　我国高等职业教育社会服务职能的诞生与发展 ………（102）
第二节　我国高等职业教育社会服务典型经验 …………………（104）
第三节　国外高等职业教育社会服务职能经典案例借鉴 ………（106）
第四节　高等职业教育社会服务的未来——社区综合服务 ……（108）
第五节　高职院校提升社会服务能力的对策建议 ………………（113）

目 录

第四编　高等职业教育的国际化研究

第十章　阿特巴赫教育理论与高等职业教育国际化 （119）
第一节　高等职业教育国际化的概念 （119）
第二节　阿特巴赫教育依附理论与高等职业院校国际化 （121）
第三节　高等职业教育国际化的发展模式与路径 （124）
第四节　中国高等职业教育学发展的路径 （127）

第十一章　构建高等职业院校核心竞争力 （132）
第一节　高等职业院校核心竞争力的内涵 （132）
第二节　高等职业院校核心竞争力的品质 （135）
第三节　高等职业院校核心竞争力的构成要素 （139）
第四节　高等职业院校核心竞争力的构建 （141）

第十二章　高等职业教育教学体系分析 （145）
第一节　高等职业教育体系的内涵 （145）
第二节　高等职业教育体系的特点 （147）
第三节　我国与其他高等职业教育体系的比较 （156）

第十三章　高等职业院校师资培养研究 （163）
第一节　"双师型"师资队伍概述 （164）
第二节　当前我国高等职业院校师资队伍存在的问题 （166）
第三节　国外高等职业院校师资培养经验介绍和借鉴启示 （168）
第四节　提升我国高等职业院校师资培养的建议 （172）

第十四章　教学标准国际化的战略定位 （177）
第一节　教学标准国际化的定义 （177）
第二节　国际化背景下高职院校教学标准的原则和特点 （180）
第三节　国际化背景下高职院校教学标准的现状和问题 （183）
第四节　国际化高职教育教学标准的建设路径 （186）

第十五章　校企合作、工学结合 （189）
第一节　"校企合作、工学结合"的内涵及意义 （189）

第二节　高职院校"校企合作、工学结合"的现状与问题……（191）
第三节　"校企合作、工学结合"的国际经验与启示 ………（194）
第四节　工学结合人才培养模式对教师的新要求…………（196）
第五节　"校企合作、工学结合"实践教学体系的构建方法 …（198）

第十六章　高等职业教育的对外教学环节……………………（202）
第一节　高等职业教育的对外教学概述……………………（202）
第二节　高职院校对外汉语教学的问题及原因……………（204）
第三节　对外汉语教学策略探析……………………………（211）

第十七章　构建现代高等职业教育制度………………………（215）
第一节　现代高等职业教育制度概述………………………（215）
第二节　高职院校现代大学制度建设存在的问题及解析…（220）
第三节　完善高职院校现代大学制度建设的思路…………（222）

第五编　未来发展方向

第十八章　境外高等职业教育模式研究………………………（231）
第一节　境外高等职业教育模式简介………………………（231）
第二节　国外高等职业教育的主要特征……………………（238）

第十九章　高等职业教育转型的理论基础……………………（244）
第一节　我国高等职业教育转型的必要性…………………（244）
第二节　我国高等职业教育转型的理论基础………………（248）

第二十章　我国高等职业教育的未来发展方向………………（253）
第一节　以现代化高等职业教育体系为培养目标…………（253）
第二节　以学徒制培养方式为主要途径……………………（256）
第三节　以社会化服务为教育宗旨…………………………（260）
第四节　以"互联网+"为运行载体…………………………（263）
第五节　坚持国际化道路……………………………………（264）
第六节　产教融合……………………………………………（267）

参考文献………………………………………………………………（271）

第一编　概　述

第一章

绪 论

第一节 引 言

当今的时代是科技飞速发展的时代,是竞争异常激烈的时代,是充分展示职业技能的时代。中国高等职业教育作为中国教育事业的重要组成部分,在这个时代中日益凸显出来。高等职业教育的政策对高等职业教育的发展起着基础和导向的作用,因此政策问题就成了高等职业教育所关注的焦点。❶ 了解我国高等职业教育政策的发展历程,窥探政策视野下的我国高等职业教育发展现状,借鉴发达国家高等职业教育政策的先进经验,发掘我国高等职业教育政策中存在的问题,对于我国高等职业教育政策的改革和创新尤为重要。

当代世界是不同层次生产力水平并存的世界,原始落后的生产力技术、农业文明时期传统的生产力技术和工业化、信息化时代的高新科学技术并存。我国提出"走新型工业化道路",既是针对我国传统的工业化道路而言,又是一种具有跨越式和赶超型特征兼备的发展模式。目前,我国并未真正实现工业化,尽管改革开放多年来,加快了我国的工业化进程,但总体来说,国民经济仍然以劳动密集型的制造业为主,制造业仍然是主

---

❶ 姜大源. 高等职业教育:来自瑞士的创新与启示 [J]. 中国职业技术教育,2011 (4): 27-42.

要的经济增长点，而不是以技术和智力资源为主要依托的信息产业。走新型工业化道路需要应对工业经济和知识经济的挑战。不但要高度重视知识经济、高新技术产业和第三产业，而且不能忽视工业经济、制造业和劳动密集型产业的发展。中国是装备制造业的大国，相对而言，高新技术产业所占的比重还比较低。这就要求我们在人才培养方面要做出相应的调整，以优势产业为基础，通过对人才技能的培养来促进高新技术产业的发展与进步。另外，我国人口基数较大，对于就业的影响也是相当严峻，我们的职业教育要把人口供求问题转化为人才供给问题，为企业输送更多的专业技能型人才。这就要求我们的职业教育机构和职业教育政策制定机构，要充分考虑到问题的所在，对人才培养的方向与模式做出相应的调整，处理好人才培养与就业的关系，处理好知识型人才与技能型人才的关系，处理好人才过剩与人才稀缺之间的关系。这是高等职业教育本身的问题，也是高等职业教育政策设计、制定、实施都应该考虑的问题。

中国已经成为制造业大国，但中国并非制造业强国。与发达国家和地区相比，我国制造业的差距是相当明显的。主要表现在我国工业产值在全球所占的比重还不够大，约为6%；在世界500强企业中，我国虽然有11家，但没有一家制造业企业跻身其中。我国制造业的劳动生产率仅为美国的4.4%，日本的4.1%，德国的5.6%。生产水平的落后不只是与生产技术相关，更受制于生产过程中人才的实际操作水平和能力，如果把先进的生产技术与高技能的人才供给有机地结合，整个制造业的生产水平将大大提高，这就要求我们要对职业教育给以足够的重视。然而，摆在我们面前的问题是我国技术工人中，技师和高级技师占1.5%，高级技工占3.5%，中级技工占35%，初级技工占60%；发达国家技术工人中，高级技工占35%，中级技工占50%，初级技工占15%。在一些传统的制造行业中，生产一线的技术型和技能型人才严重短缺，有资料显示，在电力行业的138万职工中，高级技师和技师不足总数的2%；在建筑行业的9万多家企业的340多万从业人员中，专业技术人员仅占4%，高级技师不足0.3%，技师不足1%；在煤炭行业中，有96%的企业缺少机电人才，88%的企业缺少有利于产业升级换代的新设备、新技术适用人才。要大学生容易，找高

第一章 绪 论

级技工难,已成为各地、各行业的普遍现象。高级技术工人的匮乏不仅集中在传统的建筑业、机械制造业等行业,而且在新兴产业中,高级技术工人也相当缺乏。因此,加快制造业和高新技术产业的发展,走新型工业化道路,离不开技术技能人才的培养。职业教育的发展水平如何,直接关系到劳动者的综合素质和劳动生产率的发展状况,也影响工业现代化的进程和国民经济的发展。

教育是经济和社会发展的命脉,高等职业教育作为教育的重要组成部分,它的发展水平影响教育发展的整体态势,也影响整个社会的发展进程。以特色性、灵活性为发展战略,以全面提高人才技能为手段,以培养应用型人才为目标,从终身教育和新型工业化的视角重新审视高等职业教育,是我国高等职业教育发展的关键,也是提高全民综合素质的重要措施,关系到和谐社会建设的进程。❶

从现实意义上讲,高等职业教育与经济社会发展息息相关,具有重要的现实意义。第一,高等职业教育的重要作用。在经济发展过程中教育起着关键的作用,教育是劳动力生产、再生产的主要措施与重要内容;是节约社会必要劳动时间,劳动生产率提高的重要途径;是科学技术转化为生产力以及科学生产、再生产的重要手段;是致力于经济管理水平提高的重要条件。高等职业教育是高等教育的一种新类型,是教育体系的重要组成部分,是我国经济发展、社会进步的基础。高等职业教育可以使劳动者更加重视科技对生产的促进作用,转变落后的观念,形成"读书有用,知识无价"的良好氛围;高等职业教育还可以让劳动者掌握一技甚至多技之长,整体提高劳动者素质,使新的科学技术更好地转变为社会生产力。高等职业教育主要有以下三个目标:一是经济目标。随着经济结构调整以及行业、企业技术构成的升级,对从业人员的知识能力结构要求将呈现多样化的趋势,即使同一岗位往往也需要多层次的人员结构。因此,培养高层次的技术、管理、服务一线的技术技能人才,是发展高等职业教育的紧迫

---

❶ 陈先运. 高等职业教育与地方经济建设发展的关系 [J]. 中国高教研究, 2005 (3): 48 - 50.

要求。二是社会目标。为了缓解就业压力，避免失业率过高导致的社会问题，通过发展高等职业教育解决此类社会问题是一条有效途径。三是教育目标。随着我国教育体系改革的深入，发展高等职业教育可以分流大批高中阶段毕业生，减轻传统升学通道的压力；有利于针对学生个体差异因材施教，满足社会对人才多样化的需求；有利于满足人民群众的高等职业教育需求，实现教育资源的重新配置。第二，优化教育资源配置，获得教育经济效率，促进教育发展。经济学研究的最根本的问题是经济主体如何有效利用稀缺资源来最大化自己的效益。用经济学的思维方式来分析高等职业教育的发展就是要研究高等职业教育主体如何利用社会所能提供的高等职业教育资源取得最大的高等职业教育产出，最大化高等职业教育的效益。这是教育经济学的一个重大课题。经济学理论认为：资源的稀缺性是一条普遍法则。社会和经济行为主体都在研究如何通过最佳的制度安排来有效地配置稀缺资源。我国高等职业教育的现状及所面临的环境决定了高等职业教育资源具有比较普遍的结构性矛盾和短缺性。在这种情况下，高等职业教育要抓住机遇，满足市场需要，实现自身发展，一方面需要增加高等职业教育资源的总量，另一方面更重要的是通过制度创新和制度安排来更有效地配置和利用高等职业教育资源，提高其质量与效率。通过知识、技术的创新与积累，从而赢得高等职业教育竞争优势，获取巨大的教育效益。

第二节　我国高等职业教育简史

高等职业教育是我国高等教育的重要组成部分，占据高等教育的"半壁江山"，是推动我国产业转型升级的关键要素。回顾改革开放以来我国高等职业教育的发展历程，深入了解高等职业教育的发展规律，对推动新时期高等职业教育改革及发展有着重要的参考作用。

1. 全面恢复期：1977—1984 年

1977 年，我国开始恢复高考，高等专科教育全面恢复招生，很多地方开始兴办职业大学。

第一章 绪 论

十一届三中全会召开后,党和国家的工作重心转向以经济建设为中心。受政策红利刺激,国有、民营企业均赢得快速发展。经济的飞速发展,迫切需要学校培养大量的高技能复合型人才。适应改革开放、经济发展对技能型、应用型人才的需求,很多发达地区,如无锡、天津等,开始尝试举办职业大学。

这一时期,不仅恢复了原有专科教育,还兴建了新的职业大学,为更多孩子提供受教育机会,同时解决了经济发展面临的人才不足问题,可以说,高等职业教育是高等教育改革的先锋官。

2. 快速发展期:1985—1994年

1985年5月27日,中共中央颁布的《中共中央关于教育体制改革的决定》明确指出:"积极发展高等职业技术院校,对口招收中等职业技术教育学校毕业生以及有本专业实践经验、成绩合格的在职人员入学,逐步建立起一个从初级到高级、行业配套、结构合理又能与普通教育相互沟通的职业技术教育体系。"这标志着高职教育正式进入国民教育体系,为高等职业技术院校发展提供了政策指引。从这一时期起,高职教育开始向多元化方向发展,积极试点初中后"五年一贯制"办学模式,大力发展成人高等教育,为经济社会发展培养了大批高技能复合型人才。

1990年11月,国家教委在广州召开全国普通高等专科教育座谈会,全面总结我国专科教育发展的经验教训。座谈会深入探讨了专科教育的地位、性质与作用,明确指明了专科教育的方向:"专科教育是高中教育基础上的一种专业教育,主要是为基层部门、生产第一线岗位培养德智体全面发展的、有较强适应性的应用型专门人才。"

3. 确立地位期:1994—1998年

1994年,第二次全国教育工作会议召开,将发展高等职业教育确定为高等教育发展的重点。会议明确提出:"通过现有的职业大学、部分高等专科学校或独立设置的成人高校改革办学模式,调整培养目标来发展高等职业教育。仍不满足时,经批准利用少数具备条件的重点中等专业学校改制或举办高职班作为补充来发展高等职业教育。"这次会议的召开,正式确立了"三改一补"发展高职教育的方针。

1996年5月15日，全国人民代表大会通过了《中华人民共和国职业教育法》（以下简称《职业教育法》），《职业教育法》明确提出要"建立、健全职业学校教育与职业培训并举，并与其他教育相互沟通、协调发展职业教育体系"，其第十三条规定："职业学校教育分为初等、中等、高等职业学校教育……高等职业学校教育根据需要和条件由高等职业学校实施，或由普通高等学校实施。"至此，我国高等职业教育法律地位得以确立。

1999年1月，教育部、国家计委关于印发《试行按新的管理模式和运行机制举办高等职业技术教育的实施意见》更明确提出："高等职业教育可由以下高等教育机构承担：短期职业大学、职业技术学院、具有高等学历教育资格的民办高校，普通高等专科学校，本科院校内设置的高等职业教育机构（二级学院），经教育部批准的极少数国家级重点中等专业学校，办学条件达到国家规定合格标准的成人高校。"

至此，职业大学、职业技术学院、高等专科学校、普通本科院校二级职业技术学院、部分重点中专、成人高等学校"六路大军办高职"局面基本形成。

4. 规模壮大期：1999—2004年

1999年1月，《国务院批转教育部面向21世纪教育振兴行动计划的通知》中指出："高等职业教育必须面向地区经济建设和社会发展，适应就业市场的实际需要，培养生产、服务、管理第一线需要的实用人才，真正办出特色。"1999年6月，《中共中央国务院关于深化教育改革全面推进素质教育的决定》进一步指出："高等职业教育是高等教育的重要组成部分，要大力发展高等职业教育，培养一大批具有必要理论知识和较强的实践能力，生产、建设、管理、服务第一线和农村急需的专门人才。"这些论述，明确了高等职业教育培养实用人才的根本任务。

为实现高等职业教育培养生产、服务、管理一线实用性、技能型专门人才的办学目标，探索多途径发展高职教育可行模式，教育部、国家计委印发了《试行按新的管理模式和运行机制举办高等职业技术教育的实施意见》（以下简称《意见》），"决定在1999年普通高等教育年度招生计划中，安排10万人专门用于部分省（市）试行与现行办法有所不同的管理模式和运行机制举办高等职业技术教育"。《意见》规定:"按新的管理模式和运行机制举办的高等职业技术教育为专科层次学历教育,其招生计划为指导性计划,教育事业费以学生交费为主,政府补贴为辅。毕业生不包分配,不再适用《普通高等学校就业派遣报到证》,由举办学校颁发毕业证书,与其他普通高校毕业生一样实行学校推荐、自主择业。"同时分点详细规定了管理职责、举办学校、招生对象及办法、教学管理、试办范围及招生规模、操作程序等。

5. 内涵发展期:2004年至今

2004年4月2日,教育部颁发《关于以就业为导向,深化高等职业教育改革的若干意见》,明确强调:"坚持科学定位,明确高等职业院校办学方向;紧密结合地方经济和社会发展需求,科学合理地调整和设置专业;以培养高技能人才为目标,加强教学建设和教学改革;积极开展订单式培养,建立产学研结合的长效机制;大力推行'双证书'制度,促进人才培养模式创新;大力推进灵活的教学管理制度,引导学生自主创业;积极进行高等职业教育两年制学制改革,加快高技能紧缺人才培养;以就业为导向,进一步完善高等职业教育人才培养工作水平评估制度,国家将建立五年一轮的评估制度;加大宣传力度,在全社会树立高等职业教育主动服务于社会经济发展的良好形象。"这标志着高等职业教育的发展逐渐从规模扩张向注重质量提升和内涵发展。至此,国家、教育部门确立了全面提升高等教育办学质量的发展方针,开始着手实施精品课程建设、示范性高等职业院校等质量提升工程,强化高等职业院校内涵发展,构建中高职协调发展的现代职业教育体系。

第三节 高等职业教育的教学模式及研究趋势

一、高等职业教育教学模式

1. 专业特色化

专业是联结学校与社会的桥梁,也是高等职业教育重要的特征。作为一个专业分类，专业在高等职业教育建设和发展中十分重要，办学校就是培养人才，而培养人才必须通过专业来体现，正因为这样，抓学校改革创新，首先是要抓好专业的改革创新。学校要生存好、发展好必须把专业建设好，而专业建设好的关键是：第一，学校各项工作必须以专业建设为龙头，科学设计若干结构合理的专业和专业结构，组织形成相对稳定的资源结构，形成以专业为基点的教育教学链；第二，学校必须有自身的专业结构特色和专业特色，使专业结构特色化；第三，即使是一个相同的专业名称，在各个不同的学校，也应该具有不同的内容、不同的方向，形成专业特征，推动专业人才培养又好又快持续健康的发展。❶

2. 课程精品化

课程是专业的重要组成部分，在一些国家，甚至缺少专业的概念和范畴，而相对比较明确的是课程组合计划。事实上，课程是高等职业教育人才培养计划的基础，学生主要是通过一门门课程的学习和学分的积累而完成学业，因此，教学的基础在课程，打造教学的特色也在课程，只有把课程和课程体系建设好，高职的教育教学工作才有基本的保证。为此，学校要加强对课程建设的设计和规划，院系要把工作重心放到课程建设上，要推进课程综合化改革，用一门门精品化课程支持和支撑特色化专业建设的不断深化和推进。在课程建设过程中，学校要舍得投入，要营造良好的信息化和网络化环境，这样，才能收到事半功倍的效果。

3. 实训真实化

重视实验实训和实习实践教学环节是高等职业教育的重要特点，也是推进实践育人的重要途径，更是培养面向基础一线的应用型人才的重点所在。在高等职业教育中，必须坚持校内实训场馆和校外实习实践基地一起抓，并努力做到营造真实环境、真实过程，力争真实内容、真实流程，校内场馆要争取真实化、生产化、经营化，校外基地要实现教学化，起到真正的实践育人功能。❷

---

❶ 张祖斌. 新形势下高等职业教育的发展［J］. 明日，2018.
❷ 杨金土，孟广平，吕鑫祥，等. 论高等职业教育的基本特征［J］. 教育研究，1999（4）：57 – 62.

第一章 绪论

二、高等职业教育研究趋势

1. "供给侧改革"背景与高等职业教育发展

2015 年，习近平总书记在中央财经领导小组会议上，首次提出了"供给侧改革"的概念。在供给侧变革转型步伐中，高等职业教育应"省自身"，探寻契合经济社会转型发展的途径。未来一段时间内，高等职业教育需契合供给侧改革，探寻高等职业教育办学理念、办学模式、人才培养模式等方面的变革，优化高等职业教育结构。

2. 高等职业教育国际化发展

关于高等职业教育国际化的思索和研究由来已久，学者从不同层面对高等职业教育国际化展开了研究。2013 年，习近平总书记首次发出"一带一路"倡议，我国对外开放进一步深化，也给高等职业教育带来国际化发展的巨大机遇。同时，"互联网+"时代的到来，也进一步要求高等职业教育深化国际化程度。如何运用好"互联网+"推广我国高等职业教育模式、如何充分利用"一带一路"建设平台，进行高等职业教育国际化改革等问题仍值得我们研究。

3. 学位制度探究

长期以来，我国职业技术学位体系建设一直处于不完整状态。在整个职业技术培养体系中，只注重学业经历，忽视了对学位的认可与授予环节。如湖北职业技术学院于 2014 年对其应届毕业生授予"工士"学位，这是我国首次对高等职业技术院校毕业生给予的学位认可。该事件也引起了学术界和社会各方面的关注与争议，同时也对"工士"学位的内涵和合法性提出了不同的声音。有些学者认为应确立其合法地位，以便能够形成职业技术教育连贯性的学位授予体系。而另一些学者则对"工士"学位的内涵、学位授予逻辑提出了质疑。但不论是学术界还是社会公众都认为"工士"学位的提出和试行是我国高等职业教育中意义重大的尝试和探索，有助于打通高等职业教育和普通教育的桥梁。因此，我国能否与其他国家一样建立起一套完整的职业技术教育学位体系？该学位体系的内涵和框架是什么样的？如何与现有的高等教育学位体系间实现有效的对接？这些都将成为我国学位授予研究与实践的重大且亟待解决的问题。

4. 现代学徒制深化研究

现代学徒制从产生以来，就受到了学者的广泛关注。现代学徒制是校企联合培养人才的一种探索，是高等职业教育校企合作继顶岗实习、订单培养后一种不断拓展深化的新形式，对于高等职业教育高素质人才的培养具有重大意义。未来，关于现代学徒制试行过程中的细节问题仍需探索，如企业中合格的师傅如何寻觅、是否所有专业都适合现代学徒制等问题。研究者需要建设性地提出对策和建议，才能促使现代学徒制真正助力我国高等职业教育发展。

5. 工匠精神与职业素养问题研究

工匠精神是工匠对自己产品精益求精、对工作兢兢业业、对职责具有敬畏感等多方面结合的一种精神。自 2016 年全国两会李克强总理首次提出"工匠精神"以来，工匠精神的研究呈爆炸性增长。培育工匠精神，既是"中国制造 2025""一带一路"建设的需要，也是企业、消费者的需求。而高等职业教育则是培养工匠精神的重要载体。关于工匠精神和职业素养的探索和研究，具有承上启下的作用，既与国家战略、国家建设相关，又是现代学徒制中的一个重要培养内容。工匠精神并非一蹴而就，而是需要各类体系的保障。如何探索挖掘工匠精神的内涵、如何培育工匠精神、如何评价衡量工匠精神等各类问题都将是未来研究的切入口。

第二章 社会主义核心价值观

第一节 什么是社会主义核心价值观

社会主义核心价值观是我国社会主义核心价值体系的内核,是社会主义核心价值体系的根本性质、基本特征的直接体现,是社会主义核心价值体系内涵、实践的主要反映。社会主义核心价值观是以党的引领为指引,是以精神文明发展和建设为根基,主要包括国家、社会以及个人三个层面内容。国家层面而言,倡导民主、富强、文明与和谐,是实现社会主义核心价值观的国家保障,体现了社会主义现代化建设的主要目标;社会层面而言,倡导自由、公正、平等与法治,是建设社会的美好要求,体现了社会建设的主要目标;个人层面而言,倡导爱国、诚信、敬业与友善,是对公民道德规范的要求,体现了公民道德行为的准则。社会主义核心价值观覆盖了社会领域的方方面面,是社会道德的准则,是公民道德行为的基本要求和标准。[1]

高职院校培育和践行社会主义核心价值观意义重大。社会主义核心价值观体现了社会道德各个领域,将其融入教育体系是时代发展的要求,是

---

[1] 曹志宏. 论社会主义核心价值观与中职校园文化的融合[J]. 中国职业技术教育,2014(32).

高职院校的需求。[1] 在高职院校教育中，培育和践行社会主义核心价值观能够全面贯彻落实党的教育方针。这体现党对高职教育的要求，实现立德树人的教育任务，为高职人才培养提供标准。对提升大学生马克思主义意识形态认识，具有深远的战略意义。高职院校进行社会主义核心价值观培育践行，能够充分体现高职院校高等教育的本质，是高职院校职业技术特性的要求，对培养具有理论水平和实践能力的专业技术人才具有十分重要的作用。高职院校是职业人才培养的基地，能够为企业提供具备实践能力的专业型人才，是国家人才储备的重要场所，对我国经济发展有重要影响，是财富创造者和追求者，是实现中国梦的主力。高职院校培育和践行社会主义核心价值观能够将价值观念与教育理念有机结合，实现思想意识的潜移默化作用，充分体现育人为本和德育为先的教育观念。相信高职院校可培养出合格的、具备社会主义核心价值观的高层次、实用性人才。

职业院校强化社会主义核心价值观的必要性有以下几个方面。

（1）强化社会主义核心价值观是新时代中国特色社会主义思想的必然要求

核心价值观承载着一个民族、一个国家的精神价值，是一个社会评判是非曲直的价值标准。一个国家、一个民族需要什么样的人、培养什么人、怎样培养人、如何衡量人都关系到国家的强大和民族的兴盛，社会主义核心价值观给出了判断标准。目前，我国经济进入新的转型期，改革面临重大挑战，培养和践行社会主义核心价值观是高职院校面临的主要挑战，高职院校是专业化人才的培养基地，将社会主义核心价值观融入职业教育过程中。培育大学生的社会主义核心价值观，是职业院校思想教育的重中之重，是新时代中国特色社会主义思想的客观要求。它引导学生树立正确的世界观、人生观和价值观，将立德树人、育人为本作为职业教育的重要任务，引导好、教育好职业院校大学生。培养大学生具有坚定的社会主义核心价值理念，成为中国特色社会主义合格的接班人。

---

[1] 曾骊. 社会主义核心价值观下的学雷锋研究［J］. 高等职业教育党建与思政工作研究，2013.

(2) 强化社会主义核心价值观是建设社会主义文化强国的必由之路

建设社会主义文化强国需要几代人的努力,是一项复杂的系统工程,而其中的灵魂工程就是社会主义核心价值观的渗透与树立。文化的核心是价值观,价值观在人们判断是非、明辨善恶、识别曲直中担负重要作用,亦是提升向心力、凝聚力、认同感、责任感的依据和向导,是文化不可或缺的一部分,在文化体系中拥有独特的地位与功用,是文化体系的核心,推动文化持久传承的关键所在。建设社会主义文化强国必须坚持价值观的核心作用,即坚守社会主义核心价值观,是厚植在我们民族和国家中最持久、最深层的精神力量,能够保障文化体系的完整,推动文化体系的健康运营,从而引导大学生树立正确的理想信念,不断追寻社会主义核心价值观,增强中国特色社会主义的道路自信、理论自信、制度自信和文化自信,实现自我提升,积极投身中国特色社会主义的伟大实践中。❶

(3) 强化社会主义核心价值观是高职院校发展的迫切需要

高职教育是我国职业教育的重要组成部分,担负着为生产、服务、管理提供合格人才的使命。高职院校更倾向于实践应用,强调理论知识用于实践的需求,重视实务知识的学习,着重培养高技能、应用型专门人才,突出职业技能训练。在高职院校存在实用主义的倾向,采用有用或无用进行价值判断,依此进行选择做与不做,侧重实用主义而忽视价值判断和精神追求。高职院校的学生思想涣散,高职院校能否为国家培养合格人才,能否承担建设中国特色社会主义的使命和实现中华民族的伟大复兴等是高职院校师生面临的重大问题。因此,必须注重高职院校大学生社会主义核心价值观的培养,深化对社会主义核心价值观的践行,做到理论与实践的统一,逐步实现培育路径的整合与优化,使高职院校进一步落实"立德树人"的根本任务,坚定高职院校大学生为实现"中国梦"不懈努力的信念,使社会主义核心价值观在职业院校落地生根。❷

---

❶ 代美泉. 浅谈社会主义核心价值观视阈下高等职业教育的发 [J]. 西安职业技术学院学报, 2017 (1): 56-58.

❷ 董志民, 高秀哲. 谈中高等职业院校进行社会主义核心价值观教育的策略 [J]. 赤子 (下旬), 2014 (11): 46-47.

（4）强化社会主义核心价值观是职业院校学生的需要

职业院校学生价值观存在偏差，思想政治工作消极。职业院校对于理论知识的学习和要求相对降低，学生对于基础知识掌握不牢，自主学习能力不足，考试只求通过，难以正确认识自己的优点和不足。因此，在心理上容易产生消极情绪和自卑心理，精神上容易产生萎靡，行动上放任自己，严重缺乏正确价值观念的指引。另外，随着网络的发展，电脑、手机的普及，微信、微博等聊天工具的出现，由于职业院校的学生年龄较小，辨别能力不足，不能很好地区分网络信息的真伪，一些充满暴力、色情的不良信息导致学生的思想和价值观产生扭曲，急需正确的价值观念给予指引，帮助职业院校的学生正确认识众多信息，增强辨别能力。

职业院校学生个性化突出，缺乏集体意识。职业院校学生的年龄较小，个性较为突出，自我中心主义严重，在学习、生活中只关注个人得失，将个人利益置于集体利益之上，缺乏集体责任感，仅仅将找到好工作作为唯一目的，缺乏精神指引，没有远大目标。急需通过社会主义核心价值观武装职业院校学生的思想，提高职业院校学生的思想认知，牢固树立社会主义核心价值观。❶

第二节　高职院校社会主义核心价值观教育实践的构成要素

高职院校社会主义核心价值观教育实践的构成要素主要包括教育主体、教育对象、教育方法、教育环境四部分，共同推动高职院校社会主义核心价值观教育实践的前进。

1. 教育主体

教育主体是高职院校不断前进发展的重要内容，是高职院校社会主义核心价值观在教育实践中的重要要素，能够促进社会主义核心价值观的宣

---

❶ 刘媛. 内化社会主义核心价值观提升高职学生人文素养的研究与实践［J］. 科教文汇（下旬刊），2018，426（6）：105–106.

第二章 社会主义核心价值观

传和执行，是教育活动体现价值观的组织者和支配者，直接影响社会主义核心价值观教育的效果。高素质的教育主体具备完善的知识体系，教学经验丰富，能够深入理解和掌握社会主义核心价值观，开展高水平的社会主义核心价值观教育，获得良好的教学效果。高水平的教育主体能够灵活运用教育内容，开展多样化的教学方式，实现较好的教学目标和良好的教学效果。教育主体根据不同学生的基本情况制订差异性的教学目标，选择合适的核心价值观教育内容、教学形式和教学方法，能够更进一步扩大社会主义核心价值观的适应性和科学性。

2. 教育对象

高职院校中主要的教育对象为学生，学生具有自身的特点，在社会主义核心价值观的教育过程中，需要充分关注学生的双重身份，学生不仅是教授的对象，而且具有主体性作用，能够发挥自身的主观能动性，主动参与社会主义核心价值观的学习。学生主观能动性发挥得越好，其对于社会主义核心价值观学习的态度、意愿、动力、学习方法等越能够得到有效发挥，社会主义核心价值观的教育效果就越明显。[1]

3. 教育方法

教育方法是教师在教授过程中所采用的教育方式和手段。社会主义核心价值观的教授需要采取针对性的方法，社会主义核心价值观简洁、凝练，是对社会道德方方面面的总结。因此，在教授社会主义核心价值观时，需采用学生认同、善于接受的教育方法，增强学生的学习热情，实现良好的教学效果。可以通过仪式感强化学生社会主义核心价值观的学习激情，在社会主义核心价值观学习过程中融入传统节日、国际性节日、民族类节日等具有特殊含义节日的内涵和仪式，充分体现社会主义核心价值观的仪式感，增强学生对于社会主义核心价值观的认知和感知，使社会主义核心价值观根植在学生内心。以社会主义核心价值观指导自己的行为习惯，实现社会主义核心价值观在职业教育方法中的扩展和应用。

---

[1] 孙燕. 新媒体在培育职业院校学生社会主义核心价值观中的实效性研究——以"高职学生德育园地"微信公众号为例 [J]. 科学大众：科学教育, 2019, 1092 (2)：121-122.

4. 教育环境

教育环境为社会主义核心价值观的培养和实施提供了良好的场所，是社会主义核心价值观的重要组成要素，能够显著影响社会主义核心价值观的教育结果。[1] 良好的教育环境为学生学习和践行社会主义核心价值观提供了场所，便于学生更深入了解社会主义核心价值观。教学设施的充足、高水平的教师队伍、先进的教育理念、恰当的教育措施等能够进一步完善教育环境，推进社会主义核心价值观产生良好的教学效果，保证高职院校社会主义核心价值观的良好执行。[2]

高职院校是我国职业教育的重要组成部分，是应用型技术人才的教育场所，主要为社会培养应用技术人才。在实践教育中，高职院校着重培养学生的技术知识和专业技能，将职业教育和技能培训当作发展的首要任务，忽视了学生的思想政治教育。对于学生在思想政治方面的课程安排有限，思想政治教育的主动性、积极性、自觉性不足，思想政治相关的各种教育资源投入有限，导致思想政治教育表面化、形式化，教学模式过于传统，教学方法和教学手段滞后，致使学生职业教育出现理论与现实脱离的现象。现阶段我国经济发展进入转型期，高职院校的学生面临更加复杂多变的环境，各种功利思想、实用主义、享乐主义等严重影响学生的思想，学生的世界观、人生观、价值观面临严峻挑战，学生对于思想政治教育的关心度不够。急需正视社会主义核心价值观的作用，通过引导学生树立正确的社会主义核心价值观，提高学生的思想道德修养。[3] 为此，高职院校应着重强化社会主义核心价值观的教育，丰富社会主义核心价值观的表现形式和教授形式，提高社会主义核心价值观的教授质量，根据不同年级学生需求的差异，结合高职院校的特色，实现社会主义核心价值观的灵活授课，优化社会主义核心价值观的教授体系，充分提升职业院校学生的社会

---

[1] 唐继碧. 社会主义核心价值观在高职教育人才培养中的实践——基于财经类专业视角 [J]. 科学咨询：科技·管理，2014（10）.

[2] 肖世才. 以社会主义核心价值观引领高职院校校园文化建设研究 [J]. 卷宗，2014（11）：530-531.

[3] 徐娜. 社会主义核心价值观融入高等职业教育人才培养路径研究 [J]. 课程教育研究，2017（23）：95.

主义核心价值观水平。

5. 高职院校学生社会主义核心价值观培育和践行现状

（1）教育内容偏离学生需求

职业教育的目的在于培养适应企业需求的应用型技术人才，但在职业教育过程中常常存在"重技能培养，轻德育教育"的现实，技能教育成绩突出，而思想品德教育课程体系不健全，课时较少、内容粗浅、形式单一，参与课程学习的人数过多，教师与学生的互动欠缺，难以掌握每一位同学的学习需求，教师仅仅为完成教学而教学。此外，为完成教学任务，教师对社会主义核心价值观的体系了解不深，浅尝辄止，无法对社会主义核心价值观进行深入、细致的讲解，教授的质量相对有限，难以引起学生的学习兴趣，无法满足学生个性化、多样化的需求，致使社会主义核心价值观在职业教育中扎根不深。急需进一步深化社会主义核心价值观在职业教育中的运用。

（2）教育渗透性有限

随着时代的发展，高职院校教育分工逐渐明确，党政分离，在思想教育方面有专门的教师负责，其他教师对于思想政治的关注度较低，社会主义核心价值观渗透性有限。尤其对于班主任或辅导员而言，如果缺乏足够的社会主义核心价值观的理念，难以在日常学生管理工作中体现核心价值观的指引作用，无法帮助更多学生进一步了解、熟知社会主义核心价值观，更难以培养和践行社会主义核心价值观。

（3）教育方法不科学

现有职业院校主要强调技能教育，对于思想政治教育存在不重视、不关注的情形，有些高职院校将思想政治教育以第二课堂形式开展，社会主义核心价值观课堂教程涉及内容单调，形式单一。学生往往是被动接受社会主义核心价值观的教授内容，课堂参与度较低，难以在教学进程中实现师生互动。学生积极性不高，对社会主义核心价值观的知识掌握有限，严重影响社会主义核心价值观的学习成效。有些高职院校对于社会主义核心价值观的教授重视度不够，在教学过程中涉及的内容较少，甚至一笔带过。相关教育内容仅停留在知识层面，未能将社会主义核心价值观与实践相结合，难以引导大学生自身社会实践，降低了社会主义核心价值观教育的实践影响力。

（4）教育氛围不高涨

职业院校是培养学生知识和实践技能的场所，将学生的技能作为评价育人标准的指标，对于社会主义核心价值观的教育氛围较弱，学生难以在注重技能教育的氛围中突出社会主义核心价值观的作用。加上职业教育中思想政治教育机制不健全，社会主义核心价值观的宣传和推广有限，社会主义核心价值观的相关研究较为薄弱，整体教育水平有待提升。而良好的职业教育氛围能够帮助学生更进一步地接触社会主义核心价值观，让更多学生参与到社会主义核心价值观的学习中，实现职业教育中社会主义核心价值观作用体系的完善。❶

第三节　高职院校学生社会主义核心价值观存在问题的原因

1. 存在问题的原因

（1）系统的教育机制未形成

高职院校教育分工逐渐明确，党政分离的现象成为现实，但当前高职院校并没有对班主任、辅导员、思政工作者等人员进行潜能的充分发挥。对于高职院校的社会主义核心价值观教育现状，没有建立相关的长效教育机制。社会主义核心价值观的教育工作相对滞后，社会主义核心价值观教育奖惩机制不明晰，难以激发教师的教学热情。致使教学工作进展缓慢，教学内容严重偏离学生的学习需求，影响学生核心素养培育成效，不利于学生对社会主义核心价值观的学习。

---

❶ 杨坤蓉，文霞，欧阳寒雪，等. 医学生培育和践行社会主义核心价值观的策略初探——以重庆医科大学第二临床学院学生为例：决策论坛——政用产学研一体化协同发展学术研讨会论文集（下）[C]，2015.

（2）学生主观性不强

社会主义核心价值观的学习需要教师和学生共同完成，教师的"教"与学生的"学"只有形成闭合回路，才能使社会主义核心价值观的学习落到实处。教师应尽量丰富社会主义核心价值观的教学内容和教学形式，将社会主义核心价值观运用到日常生活中，以丰富的教授手段不断满足学生需求，使学生在教师的指引下不断提升自己。然而，高职院校学生对于社会主义核心价值观认知有限，学习的积极性不足，难以发挥自身的主观能动性，无法积极参与到社会主义核心价值观的课程教学和学习中，这使社会主义核心价值观在职业教育中发展缓慢。

（3）社会缺失教育导向性

相对于社会主义核心价值观社会学习来讲，辅导员、班主任、思政工作人员等在社会主义核心价值观的学习、传授等方面存在较低的渗透性。对社会主义核心价值观的教学内容掌握不够深入，对学生学习社会主义核心价值观的引导性不足，无法满足学生对社会主义核心价值观的内容、形式、手段等方面的需求。对学生的成才愿望关注不足，缺乏教育导向性。

高职院校学生社会主义核心价值观培育和践行途径为培养合格的人才，高职院校必须将理论学习与实践能力培养相结合，注重教育实践的重要性。需以实践需要和企业需求为指引，探究社会主义核心价值观的教学方略，推进社会主义核心价值观在高职院校进一步稳健发展。

2. 解决方法

（1）教育改革

职业院校的教育改革主要包括教育理念的更新、教育手段的创新、教学内容的创新、教学方法的创新、教师队伍的更新等方面。

第一，教育理念的更新。传统对于思想政治的教育大多采用说教的方法，将思想政治教育的理念、内容、方式方法等灌输给学生，片面强调思想政治教育主体的地位，不考虑学生本身的感受和对信息本身的接受程度，使思想教育工作进展缓慢，学生反应平淡，积极性和主动性不高。因此，必须对思想政治教育进行理念和方法上的改变，要及时了解高职院校学生的基本特征。要考虑高职院校学生的个体意识、喜好行为、个体特征等，充分尊重大学生的话语权，关注个体心理变化，积极探索多样化、个性化的教育教学方法，强化教育主体和教育对象在教学过程中的互动，不断增强职业院校在思想政治教育中的话语权。高职院校应整合多样化的教育资源，利用好课堂教学，视各类课程与思想政治课同等重要，同向同行，形成协同效应，推进职业院校社会主义核心价值观的全面落实。

第二，教育手段的创新。信息化时代的到来，形成了众多信息传递平台，严重影响了高职院校思想政治教育工作，为教育主体和教育对象的应对提出了更高的挑战，也为高职院校探索新的思想政治教育途径和方法提供了机遇。一方面，高职院校在微博、微信等存在大量的用户，网络平台逐步成为西方意识形态渗透的主要选择，影响了社会主义核心价值观在高职院校的传播；另一方面，信息化技术的应用为高职院校进行社会主义核心价值观的宣传教育提供了新的工具和阵地。因此，高职院校思想教育工作者应主动学习和应用新媒体传播技术，熟练掌握微博、微信等互联网平台的信息互动方法和技巧，进行社会主义核心价值观的传播；高职院校应强化网络监管和网络安全建设，建立健全社会主义核心价值观在新媒体的信息传播机制，构建良好的社会主义核心价值观传播渠道和传播环境。

第三，教学内容的创新。学生是教育的主体，在社会主义核心价值观的传播推广中坚持学生的主体地位，不断满足学生的学习需求，根据个体的思想、个性，提供有针对性、个性化的教学内容，以社会主义核心价值观为教学实践指引，逐步提高社会主义核心价值观的教育目的。在入学初，通过问卷调查、学生访谈等形式，了解学生对社会主义核心价值观的认知状况，定期对比分析学生学习社会主义核心价值观面临的困难和问题，为学生解惑答疑，逐步提高社会主义核心价值观的教学质量。

第四，教学方法的创新。优质的教学方法能够帮助学生快速获取知识，引导学生积极、主动地参与到社会主义核心价值观的学习中，它是学生和知识的桥梁，是扩展知识的传递渠道。科学的教学方法能够增强师生之间的互动，引导学生之间的合作，体悟社会主义核心价值观的积极意义。高职院校可以通过社会主义核心价值观学习的拓展活动，引导学生将社会主义核心价值观的学习与实践生活相结合，体现学生的主体地位，鼓励学生树立爱岗敬业、艰苦奋斗的意识，提高学生的道德修养，推进社会主义核心价值观教学方法的实践性、创新性。

第五，教师队伍的更新。高职院校的思想政治教育是一项非常重要的工作，关系到高职院校的稳定发展和学生的健康成长。做好高职院校思想教育工作，关键在人，重在打造一支优秀的思想政治教育师资队伍。思想政治教育队伍是强化学生思想政治工作的主要理论，对大学生的思想有重要影响。高职院校思想政治教育队伍要有过硬的理论知识，较强的创新意识和创新能力，能够清晰判断高职院校学生的思想意识，及时为高职院校学生的社会主义核心价值观的实现提供帮助。

（2）提高教育者素质

教师是知识的传播者，是教学工作的主要参与者，是学生知识和技能学习的引导者，具备良好的思想政治水平是进行教授工作的基础，教师自身的综合素质能够对教学工作产生重要影响。高职院校社会主义核心价值观的宣传和学习，需要发挥教师在社会主义核心价值观中的示范作用，不断提升教师的社会主义核心价值观掌握力度，与时俱进，不断赋予社会主义核心价值观新的时代含义。为此，高职院校需要进一步发挥教师的作用，通过提升教师的思想教育水平，全面理解社会主义核心价值观的内涵，设置专门从事社会主义核心价值观研究的人员，对社会主义核心价值观进行全面、深刻的解读，对社会主义核心价值观进行规划、指导，强化社会主义核心价值观的科学性、专业性。此外，高职院校应通过培训、视频学习、小组讨论分享等方式进一步强化教师的社会主义核心价值观素养，不断提升教师的专业化水平和教育技能，逐步实现教师对社会主义核心价值观的学习常态化、深入化。优化社会主义核心价值观的学习效果，增强教师对教学观、学生观、师德观、教师观的学习，使教师将社会主义核心价值观的教授渗入到教学过程中，使高职院校教育工作者能够正确认知自己，尊重学生在社会主义核心价值观学习中的主体地位，开展良好的社会主义核心价值观教育。高职院校对教师整体素质的提升，强化教师的职业教育素养，逐步完善社会主义核心价值观的学习体系，确保社会主义核心价值观学习的效果。

高职院校的教育中，教师可以通过社会实践进行社会主义核心价值观的教授，以实践推动社会主义核心价值观的学习，通过社会实践让学生与社会接触，了解社会；教师通过社会实践将理论知识和实践结合，提升自身的思想认识和实践能力，进一步强化学生的社会责任意识，提升学生的综合素质。高职院校的教师可以组织学生参加公益活动，提升学生对自身职业素养的认知，践行社会主义核心价值观，培养学生敬业、奉献、诚信等良好品质，提高他们的综合素养，实现社会主义核心价值观的教学效果。

（3）增强学生主体性

学生是教学的主体，高职院校的教学工作需围绕学生来展开，以学生需求为基础。高职院校社会主义核心价值观的开展和实施，需要从学生的主体地位开始，强调学生对于社会主义核心价值观相关课程的参与，引起学生对社会主义核心价值观教育的高度重视，增强高职院校学生学习的积极性、主动性，将社会主义核心价值观应用于职业教育中，使学生养成自觉、自律的行为习惯，以自身实践践行社会主义核心价值观。社会主义核心价值观的培养和践行不仅是职业教育的重要环节，更是学生的职业素养。渗透到学生评价的每一个部分，需要学生强化对社会主义核心价值观的更深层次的理解，将专业知识的学习和技能的获取置于社会主义核心价值观之中。

此外，高职院校学生需要以社会主义核心价值观指引自己的人生规划，通过对社会发展趋势的分析，使学生清楚地认知自己，了解自己的能力，确定自己的未来发展方向，树立崇高的人生理想和信念，增强学习的主动性和积极性；针对社会主义核心价值观的学习，高职院校强化对学生学习态度、学习行为的指导，落实好社会主义核心价值观的学习目标和学习任务，提高学生社会主义核心价值观的学习效果。

（4）加强教育渗透

在高职院校教育中，社会主义核心价值观渗透到思想政治及相关课程中。其中校园文化对于高职院校学生的社会主义核心价值观学习有重要作用，通过良好的校园文化能够有效促进学生对社会主义核心价值观的了解，促进学生树立正确的社会主义核心价值观，提升学生社会主义核心价值观的学习动力，促进他们意识形态的养成。将社会主义核心价值观渗透到学生心中，明晰学生的价值取向和行为准则。

高职院校的党政机构需要正确认知教育的发展方向，以社会主义核心价值观为教育的基本指引，推进社会主义核心价值观在高职院校的发展；班主任、辅导员等需要在学生的日常管理中渗透社会主义核心价值观的内涵，以身作则，引导学生积极践行社会主义核心价值观；高职院校要求学生端正学习态度，认真掌握社会主义核心价值观的内涵和精神外延，在社会主义核心价值观的指引下参与社会工作，成为对社会、对国家有用的合格人才。

（5）营建良好的教育氛围

首先，可借助教学环境资源和师资力量，发挥学校思想政治理论课理论研究和理论创新的积极性，结合高职院校学生实际情况，对高职院校学生在社会主义核心价值观方面存在的疑惑、不解和迷茫等进行深入研究。组织有经验的、思想政治教育水平高的教师进行答疑、解惑，并通过学生乐意接受的、通俗易懂的、寓教于乐的方式推进社会主义核心价值观的宣传。对社会主义核心价值观的科学内涵、理论体系进行系统化的学习，让高职院校学生乐于践行社会主义核心价值观。其次，在新时期环境下，信息技术迅猛发展，微信、微博、QQ等即时交流工具成为人们信息沟通的重要方式，为高职院校培育和践行社会主义核心价值观提供了良好的渠道和平台。高职院校可以借助互联网新媒体平台，宣传社会主义核心价值观，为高职院校学生学习社会主义核心价值观提供良好的氛围。可以通过微信平台等推送时政热点、校园资讯、学校风采等内容，营造良好的学习氛围，引导学生的思想观念，及时关注学生的思想动态，对不利于社会主义核心价值观传播和学习的思想观念及时进行有效的教导和纠正，推进社会主义核心价值观在职业院校的学习。最后，通过多种形式学习社会主义核心价值观，如观看教育片、学习培训、视频讲解、小组讨论、文化作品展示等，旗帜鲜明地告诉高职院校大学生什么是值得学习借鉴的、什么是真善美、什么是应该肯定和赞扬的、什么是需要放弃的、什么是假恶丑、什么是必须否定和反对的，不断增强高职院校学生对于社会主义核心价值观的认识，不断增强学生对社会主义核心价值观的认同感、自信心和践行力。

此外，营造社会主义核心价值观的过程中，高职院校应将社会主义核心价值观作为办学宗旨和经营根本，优化社会主义核心价值观的课程体系，完善相关教育机制，不断强化对社会主义核心价值观相关内容的考核力度。充分调动教师教育创新，营建良好的教育氛围，推进社会主义核心价值观在高职院校的发展。高职院校应尊重教师，为教师教授社会主义核心价值观提供所需资源，为教师搭建教育社会主义核心价值观创新平台。鼓励教师大胆创新、敢于实践，提高教师社会主义核心价值观教育能力，将社会主义核心价值观的理论用于实践中，增强社会主义核心价值观的培养和践行效果。高职院校教师应首先以社会主义核心价值观武装自己，全面掌握社会主义核心价值观的内涵、实践应用等，将社会主义核心价值观作为教授课程的根基，提升学生对于学习和践行社会主义核心价值观的热情。

第三章

高等职业院校校园文化建设

高校的校园文化是高等教育的灵魂,具体表现为带有特定校园特征的人际关系、生活方式、行为方式,以及由大学生参与创办的报刊、讲座、社团、沙龙及其他文化活动和各类文化设施为表征的精神环境、文化氛围。高等院校的校园文化是高校校园文化的重要组成部分,高等职业院校也要加强人文教育的熏陶,结合高等职业院校实践性特点,积极融入"大众创业,万众创新"理念,培养社会所需的具有"灵性想象力、灵性思维力、灵性创造力"的高技能人才。❶

第一节 高等职业院校校园文化建设的基本理念

1. 树立全面建设理念

高等职业院校的文化是其客观物质条件和精神文明的浓缩体现,可分为物质文化建设、精神文化建设、制度文化建设和行为文化建设四个部分,它涵盖了高等职业院校的方方面面。物质文化包括校园总体设计风格、绿化环境、美化设施、教学环境、办公环境、后勤保障设施、文体活

---

❶ 曾妍. 高等职业院校校园文化建设刍论 [J]. 高教探索,2014 (4): 127-130.

动中心等硬件设施和设备。精神文化包括在长期的教学实践过程中形成的历史积淀、价值取向、行为准则等潜在的、富有内涵的观念和思想。❶ 制度文化包括学校长期以来形成的管理制度、招生制度、课程教学制度、实践教学制度等规则、规范和制度体系。行为文化主要包括在长期的教学活动中师生形成的行为方式、处事风格、人际互动关系等一系列具有本学校特点的行为表现。高等职业院校校园文化是一个高等职业院校外在特征和精神内涵的综合表现，它渗透到了学校日常运行的各个角落，体现一个学校的精神风貌，展示着校园师生的个性特征，散发着一个学校独有的社会魅力。因此，高等职业院校的校园文化建设也应遵循全面建设的理念，从学校运行的每个环节抓起，融入校园建设的方方面面。

此外，高等职业院校校园文化是在学校教学与实践活动中逐渐发展起来的一种氛围和潜在的规则，它植根于校园，同时又会影响学校运行的各个方面。在校园文化中体现学校的治学理念、办学目标、校园传统和校园风貌，这些内涵影响学校未来的发展方向、道德规范、文化理念、价值取向和管理哲学。通过校园文化的熏陶，可以为学生塑造良好的校园氛围、扎实的学习风气，开拓进取的创新精神，这些精神和品质将成为学生在学校中形成的最为可贵的精神资源，使他们在未来的职业生涯中有了明确的方向指引，在面对挫折时有了可以汲取养分的精神家园。因此，高等职业院校的校园文化建设，应从全局的战略高度着眼，构建涉及学校整体运行的全方位建设体系。

2. 建立内部协调的理念

校园文化虽然包括物质文化、精神文化、制度文化以及行为文化四个方面，但依据文化的有形性和无形性可以分为有形文化和无形文化两类。有形文化是指那些校园硬件设施、教育仪器设备以及物化的教学资源等，它们是校园文化建设的基础载体。无形文化主要包括精神文化、制度文化以及行为文化等内涵化的内容。二者之间相互协调，互相促进。过于强调

---

❶ 胡新林. 论"红歌传唱"在高职院校校园文化建设中的作用 [J]. 都市家教 (上半月), 2017 (1): 110.

物质文化建设,将使学校成为"空有大楼而无大师"的空壳学校。现今许多高等职业院校过于注重物质文化建设,虽然校园规模大、建筑新、风格多样,但缺少高水平的师资队伍、勤奋的学风、高效的管理制度体系、行之有效的行为规范,使学校风气散漫,有校园之形,无校园之实,其教书育人的效果大打折扣。反之,一些老牌的高等职业院校,由于历史原因,校园物质文化建设滞后,教学设施陈旧,难以与现代社会的发展接轨,致使其他三个方面的文化建设受到限制,难以实现校园文化建设的与时俱进,推陈出新。❶

3. 树立职业化的理念

高校校园文化不但要完善自身,而且要担负起对社会影响和导向的使命。成功的校园文化自身就代表这所大学,甚至于代表了一个国家的精神,如牛津之于英国、哈佛之于美国。

高等职业院校的校园文化不单是某一高等职业院校自我发展的结果,还是社会进步的必然,成功的校园文化不仅代表院校本身,还体现一个国家的精神。高等职业教育区别于其他高等教育的最主要标志在于其对职业性的强烈追求,职业性也是高等职业教育本质的体现。而高等职业院校的校园文化也应具有明显的职业性。因此,高等职业院校的校园文化建设应高举"职业"大旗,以市场需求为导向,面向职场培养高级职业技术人才,为经济的发展和社会的进步提供源源不断的技术能手和能工巧匠。高等职业院校在校园文化建设和组织校园文化活动中,要紧跟社会需求,关注产业发展对技术人才提出的新要求,为学生提供紧跟时代脉搏的文化氛围和精神指引,帮助学生建立社会竞争意识和创新意识,为投身社会实践做好准备。

---

❶ 黄志良,袁乐,刘燕. 教育生态学视角下行业性高职院校校园文化建设路径探析[J]. 职教论坛,2017(8):49-52.

第二节 高等职业院校校园文化建设的原则

1. 追求高品质原则

高等职业院校的校园文化是一个学校综合实力的载体，体现一个学校办学水平的高低和对教育品质的追求。高品质的校园文化能够强化学生的专业素养，丰富学生的课余生活，提升学生的综合素质，成为一个学校的品牌形象，为学校师生带来学校荣誉感，从而形成强大的凝聚力和激发力。由于我国高等职业教育体系的不完善、生源素质不高、管理水平不强等问题，致使高等职业院校在校园文化建设上缺乏追求高品质的意识和勇气。许多高等职业院校不注意对自身形象的打造，忽略校园文化对学校师生的凝聚力，对于自身优秀传统和品质的挖掘不够，致使其校园文化没有成为学校的一张名片，起到应有的作用。[1] 因此，高等职业院校应积极挖掘自身的优势，以社会主义核心价值观为主体框架，吸纳各种优秀文化的精华，通过多种渠道、多种方式培育高品质的校园文化。此外，还可以通过组织精品校园文化活动的方式，调动广大师生的积极性，在活动中交流思想，淬炼文化，使校园文化得到全校范围内的宣传和认可，使其成为扎根于每个人心中的观念、思想和行为，并不断丰富和提升最终形成学校的品牌和精神风貌，并能在一定的社会范围内起到辐射和引领作用。

2. 注重创新精神原则

文化的发展是一个不断创新的过程，需要对传统进行继承，对当下进行诠释，对未来进行展望。因此，一定时期的文化总是起源于传统，但又不断打破传统。高等职业院校的校园文化也是一个不断推陈出新，在创新中发展的过程。当前市场经济迅速发展，社会变迁日新月异，即使是在象牙塔里的大学生也时刻受市场经济大潮的影响，需要对自身所处的环境以及未来的职业生涯选择做出判断和准备。高等职业院校学生是大学生中所

---

[1] 蓝燕. 以五大发展理念引领高职院校校园文化建设［J］. 鄂州大学学报，2018，134(4)：31-34.

占的比例较高,且由于学校的"职业性",对于市场经济所带来的冲击更是感同身受。由此,当代的高等职业院校的在校生对于自主抉择、自由平等、竞争效率、民主法治等方面的追求更加迫切,对于兴趣爱好更加注重,对于新鲜事物的求知欲更加强烈,这一切都是创新的源泉和基础。因此,高等职业院校应顺应这一历史潮流,通过学校校园文化建设激发学生的创造力和创新精神,使其转化为学生应对未来职业生涯挑战的核心竞争力,推动社会的发展和进步。因此,高等职业院校校园文化建设应融入创新精神,建立有利于培养学生创造力的培养机制和管理机制,鼓励学生的探索精神和创新行为,积极发现学生中新的思想和见解,对于创新过程中的失败给予包容态度,激发学生创新的勇气和积极性。同时,还应加强高等职业院校的师资队伍建设,挖掘教师的创新意识和创新精神,通过教师的榜样作用,带动校园的创新氛围,使其成为高校校园文化建设的重要组成部分。

3. 强化科学管理精神

高等职业院校的校园文化建设大多处于摸索阶段,现有的校园文化是伴随学校的发展逐渐积淀而成的,虽然保留了学校发展过程中的优秀品质和精神,但其发展过程处于自发状态,由于缺少科学的管理和引导,导致出现校园文化庸俗化、模糊化等问题。因此,应将校园文化的科学管理纳入到高等职业院校的日常运行上来,确立以社会主义核心价值观为校园文化建设的指导思想,以制度建设为校园文化建设的有力保障,以科学的激励方式作为校园文化建设的动力,使校园文化建设成为一项系统化的管理体系,既遵循文化发展的特性,又体现时代的主旋律,在二者融合的过程中形成学校自己的风格和特点,成为真正影响学生价值观、塑造学生品质、引领时代潮流的校园文化体系。

第三节 高等职业院校校园文化建设困局

高等职业院校校园文化是高等职业院校在教学和管理过程中长期形成的动态性、传承性、时代性的文化系统。一般情况下,校园文化分为:物质文化、精神文化、制度文化及行为文化四类,这四类文化是一个相互作用、相互融合的系统。基于学校在历史、资源、职能等方面的特质,对学校发展和教育过程产生约束、激励、塑造、陶冶等作用,形成一个具有鲜明特征的有机系统。❶ 在这一系统中,物质文化是整个系统的物质基础,精神文化是理念性上层建筑,制度文化是系统发挥作用的约束和保障,行为文化是外在的表征和信仰。当今我国高等职业院校虽然都发展出了各具特色的校园文化,但大多是在其发展过程中自发形成的,缺乏系统性的引导和建设,导致各高等职业院校的校园文化鲜明性不足,发挥的作用有限,主要体现在以下四个方面。

1. 过于强调物质文化建设,缺少对文化内涵的挖掘

校园的物质文化包括校园内的办学条件、管理设施、教学用具、试验场地等物化的资源,它是一个学校通过一定时期的积累而形成的历史轨迹和文化风格。物质文化的整体设计和构造体现了校园师生的审美偏好和价值取向。因此,它既是开展教学活动的基础,又是文化起源和演变的重要载体,更是学生成长和学校发展的客观环境。

随着社会经济的发展,学校的办学场地、条件设施、校园规模都有了显著的改善。但也使得许多高等职业院校在办学过程中出现追求建筑的奢华、条件设施的高端、办学规模的庞大等误区,在追求学校物质文化建设的过程中迷失,而缺乏对学校办学宗旨、专业精神、人文关怀等内涵文化的培育与挖掘,使许多高等职业院校校园呈现出校园规模大、宿舍设施高端、建筑风格奇特的怪圈。高等职业院校建设中盲目追求数量规模扩张的肤浅化、同质化风气日益浓烈,校园文化建设走入了岔道。因此,在校园文化建设中应扭转这种浮躁的风气,发挥校园物质资源的历史传承功能、精神文化承载功能和独特风格的表现功能,让校园文化建设走上正轨。❷

---

❶ 李嘉伟. 高职院校特色校园文化建设的基本内涵和实现途径 [J]. 湖北函授大学学报, 2017, 30 (9): 22 - 23.

❷ 李玉坤, 张俪馨. 多维的校园文化与学生的创业能力——对发展中高等职业院校校园文化建设的再思考 [J]. 中国西部科技, 2006 (35): 62 - 63.

2. 忽视精神文化建设，造成价值走向偏差

（1）功利主义冲击，致使精神文明缺失

市场经济的迅速发展使功利主义迅速蔓延，高等职业院校由于与企业联系最为紧密，也使功利主义的价值观对高等职业院校原本的精神文化造成了冲击，在现实中表现为专业设置的功利主义、教育效果的衡量标准制式主义，学校办学的急功近利主义。以经济效益的视角看待高等职业教育，以成本收益原则管理教育过程，使学校和教育变成了社会发展的附庸，失去了教育对社会发展的引导作用。

（2）非理性的科学主义，致使理想主义受到排挤

科学技术的发展为人类社会带来了惊天动地的变化，也使现代人对于科技产生了非理性、盲目的崇拜，将科学准则僵硬、错误地运用于社会生活的各个方面。由此带来了"技术为王，实用为先"的极端情形，盲目追求高效运作、制式管理、精细化操作，造成理性主义缺失，弱化了生产和生活中的人文主义精神。使个体在一定程度上丧失了个性，抹杀了想象力，忽视了兴趣对于个体和社会发展的促进作用。

（3）不良价值观念的蔓延，侵蚀传统人文精神

市场经济的发展带来了经济多元化的同时，也带来了价值观念的多元化。一些积极、正向的价值观念，为人们的经济文化生活指明了方向。但同时，一些负面的、消极的价值观念（如享乐主义、实用主义、拜金主义）却在不断侵蚀着传统的文化道德和人文精神。高等职业教育也难以避免地受到侵染，在学生中形成一些不良的价值观，在学校办学理念上产生了效率至上、人才加工等偏颇的教育理念，在学科设置上过分强调技术的重要性，而忽视了技术伦理的思考，使高等职业院校成为制式人才的培训基地，人文精神暗淡。

3. 制度文化理念陈旧，缺乏制度创新机制

（1）制度文化缺乏科学设计，致使制度体系缺乏效率

制度文化是一个学校整体的运行规范，它帮助校内师生形成特性的行为模式和思维方式，是学校人文精神的外显。而现今我国大部分高等职业院校的制度建设过多地承担了相应政府及教育主管部门要求和号召的职

能，针对学校办学需要、办学理念落地实施等方面的针对性制度设计却严重不足。制度运行机制和流程僵化，在一定程度上侵蚀了民主决策精神和科学治理原则。由于制度建设针对性和科学性的不足，出现了一定程度的效率低下和内耗严重现象。

（2）制度文化建设理念不能与时俱进，致使制度建设僵化

制度文化理念是一个学校制度建设的方向指引，虽然在一定时期内具有稳定性，但长期来看，要根据经济、社会的发展和学校客观环境的变化而不断更新、与时俱进。但当今，许多高等职业院校忽视对制度文化建设理念的思考，对于社会中出现的新形势、新挑战采取漠视态度，致使其制度文化建设缺乏先进的理念指导，制度僵化、墨守成规，无法对新的情况、新的问题进行有效的回应，用定式思维对待新鲜事物，使高等职业院校难以跟上新形势的发展。

4. 行为文化建设缺少明确的规则和标准，致使校园行为失衡

（1）教师教学行为缺乏明确的权责利规范

许多高等职业院校对于教师教学的权责利规范不明确。有的只强调责任和行为约束，而缺少权利赋予；有的给予的自由度过大，而缺乏必要的规范，致使一些教师的教学行为走向畸形化发展。如有些学校教师，由于受到学校规则的约束，过于注重知识的传授和技能的培养，而对于育人的职责重视不足，缺乏对学生道德品质的关注和引导，对学生的行为采取不管不问的态度。还有一些学校的教师，由于对于课程设置和教学内容过于随意，形成因人设课的现象。这些现象的产生使学校师生的行为处于错位状态，教育育人的教育宗旨难以实现。

（2）学生学习行为缺乏必要的引导和规范

虽然许多高等职业院校都制订了学生手册，但在执行环节上缺乏必要的力度，致使学生手册的约束力不足。学生对学习的目的不明，动机不强，加之高等教育给予学生较大自由发挥的空间，而这些自由度却成为学生学习和生活的散漫提供了土壤，致使在高等职业院校中出现了逃课、替考、沉迷游戏、热衷交往等一系列不良现象。校园内的学风不浓，歪风渐起，极大地影响了高等教育的质量和水平。

(3) 学校管理行为缺乏科学性

很多高等职业院校管理行政化色彩浓厚，官僚主义作风严重，对于学校发展中遇到的问题，缺乏科学调研、民主决策的机制，决策随意性较大，在一定程度上迷失了校园应有的以教学为中心、以育人为目标的宗旨。这些不良风气也在学生中产生了诸多不好的影响，如有些学校的学生会组织俨然成了一个小官场，一些学生干部也沾染上了官僚习气，学生交往中同学之情变淡，利益关系加重，甚至为学生正常的学习和生活带来了额外的负担。这些行为的传播带歪了学校风气，污染了校园环境，玷污了同学间纯洁的友情，使本该单纯的校园风气受到了社会不良思想的侵染，影响学生时期正确价值观、世界观的培养。❶

第四节　高等职业院校校园文化建设困局的成因探析

1. 缺少对高等职业院校文化本质的认知

高等职业院校不仅是人才培养的教育机构，还是不同思想文化交汇的中心，承担着对传统文化的传承，对现代文化进行创新的职能。因此，高等职业院校的校园文化建设应该注重"人文主义"关怀，注重校园文化的价值取向选择，规避社会庸俗思潮的影响，保持高等职业院校以校园文化的清新、自由发展，使其通过不同形式的校园文化活动展现出来，成为受学生欢迎、对学生具有正确导向的内涵性软实力。而当今高等职业院校的校园文化受到大量来自社会庸俗思潮的侵袭，体现出诸多社会不良思想的痕迹，如校园文化活动功利化倾向明显，过度娱乐化，形式丰富而内容空洞等。这些活动虽然受到了学生的欢迎，但其仅满足了学生追求娱乐和享受的需求，对于学生价值观的形成和思想的引领所发挥的作用微乎其微，难以形成正确的导向，无法实现对学生价值观塑造的作用。校园文化也在貌似繁荣的表象中迷失了方向，高校文化的本质和社会使命被逐渐遗忘，

---

❶ 南貌，张章，贾瑛. 高职院校校园文化建设探究［J］. 科技资讯，2018，508（7）：211 - 212.

甚至有些高等职业院校的校园文化走向"歧途"。因此，高等职业院校的校园文化应以社会主义核心价值观为主旋律，在社会主义核心价值观的引领下开展校园文化建设，兼容并包各种积极思潮的精华，既继承传统又不断创新，让高等职业院校的校园文化成为宣传社会主义核心价值观的重要阵地。

2. 丰富形式与价值引领失衡

当前高等职业院校校园文化建设片面强调形式的多样化，以丰富学生的课外生活，追求不同文化的包容性，但这一倾向也导致主导思想被忽视，校园文化建设出现杂乱无序的状态。虽然兼容并包是文化建设重要方面，但应是在一定的主旋律、主框架下的兼容并包，而非不加判断的胡乱吸收。[1] 社会主义核心价值观是我国社会主义先进文化的精神指引，是我国未来价值取向的发展方向，高等职业院校的校园文化建设也应以社会主义核心价值观为主旋律，积极吸收，与本学校特色相结合，培育出适合自己的校园文化。在此基础上，吸收社会上优秀的文化、传统，海纳百川，为己所用，使校园文化建设不断发展，与时俱进，顺应时代潮流，实现校园文化的育人功能和价值引领功能。

3. 校园文化建设管理机制不健全

现今在高等职业院校中，校园文化建设缺乏明确的领导和管理机构，校园文化建设没有形成有效的管理、监控和培育机制，在管理理念上也存在偏差。这些问题的存在致使高等职业院校的校园文化建设处于过度自由状态。许多学校简单地将校园文化建设等同于学生课余文化活动，片面强调多样性和趣味性，达到吸引学生，锻炼学生某一方面能力的效果即可。在管理上，忽视学校师生的共同参与性，简单地模仿电视和网络流行综艺节目的举办形式，而缺乏对文化活动内涵的挖掘和表现，难以实现学生正确价值观的引导和良好校园氛围的塑造。因此，高等职业院校应建立相应的校园文化管理机构，出台专门的政策措施进行规范，以社会主义核心价值观为指导建立整体的培育机制，规范校园文化活动，在鼓励形式多样

---

[1] 史玉祥. 高职院校校园文化建设现状以及改进策略[J]. 知识文库，2017（2）.

化，培养学生多方面能力，综合发展的同时更加注重校园文化内涵的丰富。通过在高等职业院校中对社会主义核心价值观主旋律的确定，还可以使高等职业院校的校园文化在扎根于校园生活的基础上，成为有别于大众文化的社会精英文化的一部分，对社会文化潮流起到引领作用。[1]

4. 教师对学生思想引导缺乏清晰的认识

教书育人是教师的职责，高等职业院校的教师更是要将二者很好地结合，才能培养出高素质的职业技术人才。但现实中许多高等职业院校教师只注重对学生知识和技能的培养，缺少对学生思想道德的引领，在课堂上以传授文化知识和技能训练为最终目标，忽视思想文化的融入。使学生也简单地认为掌握好知识技能即可，对于接受何种思想，选择何种文化，形成什么样的价值观，没有清晰的认识，进而导致校园文化建设处于过度自由发展状态。高校思想政治教育工作者虽然密切关注学生的思想道德动向，但大多将焦点放置于学生个体的表现，对建设一个积极的、进取的、和谐的校园文化，通过校园文化的影响，实现对学生思想道德的引领重视不够。此外，学校对于思想政治工作者校园文化建设贡献度的考核没有明确的指标，因此，对于这方面的工作仍处于放任状态。

5. 缺乏对社会主义核心价值观的传播机制

以社会主义核心价值观作为高等职业院校校园文化建设的主旋律，其核心是做好对社会主义核心价值观的传播机制建设。当今高等职业院校虽然加大了对社会主义核心价值观的宣传力度，但宣传手段较为单一，对社会主义核心价值观内涵的传递不到位。因此，各高等职业院校应加强对社会主义核心价值观传播机制的建设，以便让其在高等职业院校校园文化建设中发挥更大的作用。基于此，需要做到以下三点：首先，要加强对社会主义核心价值观的认识，要从中国传统文化价值观、西方价值观、学生实际等多角度阐释社会主义核心价值观，使学生能够深入全面认识其本质，理解其内涵。其次，要遵循教育规律，在传播社会主义核心价值观的过程中，不仅要丰富传播内容，更要遵循学生的成长规律，尊重学生价值观选

---

[1] 夏飞辉. 高职院校校园文化建设路径研究［J］. 山西青年，2017（9）.

择过程中的独立性，创新传播方法，帮助学生从心底接受社会主义核心价值观。最后，应充分利用现代化的传播手段。可以有效利用现代媒体的强大传播作用，发挥各种媒体平台的作用，通过显性的和隐性的多种渠道向学生传递社会主义核心价值观的真谛，从而潜移默化地帮助学生选择正确的价值观，为高等职业院校校园文化建设提供精神指引。

第五节 高等职业院校校园文化建设的提升路径

1. 以精神文化建设为核心，挖掘校园文化建设的精神内涵

首先，应将精神文化理念融入高等职业院校办学思想和定位中。高等职业教育的办学宗旨和定位的主要着眼点在于人才的培养。由于高等职业院校是高等教育中与企业沟通最多的教育机构，其教学定位紧紧地围绕着"职业性"展开，而职业价值观、职业道德、职业能力、职业规划是"职业性"的主要内容。因此，高等职业院校校园文化建设应体现职业精神。其次，在培养方案的设计中应体现人文关怀。专业技术只有在精神文化的指引下才会拥有灵魂，才能更好地服务于社会。因此，高等职业院校不但要培养社会需要的专业技术人才，更要将人文精神传递给每一个学生，使学生在校学习过程中，不但要掌握知识和技术，还要受到文化的熏陶，不但要具有创造力，还要具有高尚情怀，让学生能够更好地运用自己所习得的技术和技能改变自己，造福社会。最后，在组织校园文化活动中融入人文精神。在日常的文化活动组织过程中，应注重活动的思想性，寻求恰当的切入点，将传统文化与时代潮流相结合。[1] 同时，还应强调文化活动的多元性和长效性，从不同的文化思潮中汲取养分，让高等职业院校的校园文化成为凝聚优秀思想、引领时代潮流的先锋。

2. 以物质文化的体验性为依据，优化校园文化建设的物质载体

首先，在校园硬件设计上应做好统筹设计。充分开发物质载体的多功

---

[1] 徐佳. 基于工匠精神培养的高职院校校园文化建设 [J]. 文教资料，2019，811（1）：108–110.

能性，宣传高等职业院校的校园文化，如可以通过海报、横幅、广播 LED 显示屏等方式在校园内开展宣传。此外，微信、微博和 QQ 等自媒体也是校园文化建设的重要宣传手段。其次，做好校园文化的视觉识别系统，通过符号、标牌、校服、校徽，甚至是稿纸、信封、文件夹也可以成为宣传校园文化的有效工具。最后，在校园环境上要注重布局。当今高等职业院校都较为注重校园环境的设计，可以利用教学建筑物、绿色植被等载体，融入相应的文化元素，使其成为展现校园文化的重要工具。

3. 以行为文化建设为目标，推进校园文化建设的行为渗透

行为文化是一个学校师生在日常教学和生活中所表现出的处事方式和行为特征，它是物质文化和精神文化的外在表达。举止谦和、大方得体而又不失个性的行为文化是高等职业院校校园文化建设的根本目标，也是一个学校风貌的外在体现。行为文化建设可以从教师和学生两个方面着手：一方面，教师是校园行为文化建设的引导者，由于教师的典范效应，学生的行为和举止不可避免受到教师行为特征的影响。因此，教师应加强自身的行为修养，在思想上道德高尚，在专业上精益求精，在为人上谦和宽厚，为学生树立良好的榜样，为个人树立良好的形象，为学校的校园文化建设发挥积极正向的作用。另一方面，学生的行为举止是一个学校气质的表现，不但影响学生的职业生涯，也关乎学校的声誉。因此，高等职业院校应将学生的行为文化建设作为学校工作的重要方面。在制度上，出台相应的校规校纪、行为规范，进行教育和管理；在思想上，建立经常性的教育机制，在课堂、实践、文娱活动中将科学的行为规范进行渗透，使其对学生的行为产生潜移默化的影响；在管理上，建立监督和奖惩机构，对积极正向的行为进行表彰和奖励，对于示范行为及时予以监督和惩戒，使学生能够获得正向的激励。只有在全校师生共同的努力下，才能够形成良好的行为氛围，最终构建出科学、得体而又不失个性的校园行为文化。❶

4. 以制度文化建设为准则，强化校园文化建设的制度约束

制度是在一定组织内大家共同遵守的规则程序和行为规范，对个体具

---

❶ 于雷，王羃娟，董志刚. 高等职业院校校园文化建设与创新的思考［J］. 沈阳工程学院学报（社会科学版），2005（2）：96-98.

有强制约束的效力。高等职业院校校园文化建设虽然以自由为基本精神，但并不等同于放任自流。科学、系统的制度体系将体现公平、公开、公正的基本原则，强调互助与协作。因此，良好的制度约束能够帮助校园文化的演变向科学、优化、包容的方向发展。当今高等职业院校在校园文化建设中，缺乏科学的制度设计和内容规范，使校园文化的发展出现过度随意，良莠不齐的情形，在一定程度上影响了学校师生的正确价值观、职业观、道德观的判断，对学校的社会形象和声誉产生了一定的负面影响。加强高等职业院校的制度文化建设，培育出执行有纲、奖惩有据、风清气正的教书育人环境，使高等职业院校校园文化成为当今社会文化交汇中的一股清流。

第四章

高等职业院校校园管理

每个学校的组成和发展都离不开两个要素,一是专业的教学人员,二是规范的管理模式。在传播与传授知识的过程中,这两个要素起十分关键的作用,缺一不可。在过去的科学管理理论影响下,我国的高职院校管理是在严格的规范和制度下进行的,过分强调了组织的权威性,忽视了师生员工自身的价值目标和情感等因素。一味地强调管理,工作中缺少沟通和协调。学校作为一个多层次的系统,如何平衡和调动管理人员的积极性以及学生们的自觉性,不能单单靠制度和控制来解决。学校应该建立起强大的文化凝聚力,从思想上去调动和激励从事教育活动的员工,让其能够自觉地去遵守,自我约束、自我管理以及自我完善。

第一节 高等职业学校管理现状

1. 管理理念陈旧

受传统管理理念的影响,不少人认为职业学校只要保证学生人身安全、学校无意外事件发生,就算是管理到位。[1]随着职业教育的快速发展,

---

[1] 曾令平. 探究校园文化活动在高职思想政治管理中的作用 [J]. 现代职业教育,2017(4):132-133.

长期处于半封闭状态的校园管理依旧停留在原始阶段。到底职业学校管理工作要通过何种形式、何种手段实现有效管理，不少学校依旧缺乏明确的目标导向。管理行为上具有盲目性，导致管理中存在的问题长期得不到解决。

2. 管理人员配备不足

由于学校规模不断扩大，职业院校师生比普遍超过1：20的比例，少数学校达到1：50以上，大大超过了国家规定的1：16的师生比例标准。究其原因，一方面，受编制的限制，学校缺乏充足的师资配备，有些管理方面的工作无法调度；另一方面，由于时间精力有限，目前对于教师管理能力的培养主要集中在中层干部，这些都是导致管理不畅通的重要原因。❶

3. 传统管理方式无法适应新时代要求

目前，职业教育逐步重视引进现代化管理方式和手段，引入云计算、大数据等信息化技术手段进行校园管理。但是，由于资金投入未得到根本解决，计算机网络、实验实训条件等未得到加强，因此信息化设备技术装备跟不上，信息化建设缺乏必要的物理条件和环境保障，缺少相关的管理及必要装备和设施。另外，地区间、校际间信息化建设水平不平衡，导致整体管理手段较为落后。以命令式为主的传统管教结合的管理模式，由于缺乏良性的循环沟通，机械性、呆板性凸显，已经无法适应当前在校大学生的沟通需求，造成学生管理效果不佳，受到大学生的强烈抵制。同时，部分学生管理工作者未能与时俱进地掌握必要的新媒体技术，熟练应用微博、微信等自媒体开展工作，导致管理渠道狭窄，不能密切联系学生，且学生管理工作者在大学生眼中缺乏应有的人格魅力与亲和力，管理缺乏权威性，说服力不足。

4. 校园文化建设缺乏足够的重视

1995年，国家教委正式颁布试行的《中国普通高等学校德育大纲》曾专门强调"加强校园文化建设，优化育人环境，发挥环境的育人功能"。

---

❶ 董慧，徐普平，裴立志. 基于网络文化背景下高职院校学生管理工作研究 [J]. 科教文汇（中旬刊），2018，425（6）：99-100.

此后，校园文化建设在各高校蓬勃展开。"然而，遗憾的是，尽管多年来各高职院校抓校园文化建设的着力点各有不同，但它们却大多陷入了一个共同误区：将主要的人、财、物资源投到了校园硬件环境建设上，而对高校管理文化、教师文化、育人文化等软环境建设缺乏足够重视；片面地把开展各种有形的、可见的宣教活动、学生实践活动、社团活动视为校园文化建设之内核，而轻视了大学精神、人文情怀、师生行为风范、创新意识及创新素养等无形文化的涵养和培植。"一些大学在校园文化建设过程中，偏重物态文化的建设，对精神文化建设却关注不够，从而导致大学精神文化的衰微。部分院校大楼建设富丽堂皇，但是人文精神缺失，文化育人环境苍白，存在冷冰冰的全新建筑，却感受不到人文的核心和灵魂。这种校园文化建设缺陷，在我国高等教育转向讲求质量、特色、创新的内涵建设阶段后，其负面影响越来越突出。众所周知，校园文化是一种隐性文化，它对高校办学质量的影响往往通过其环境育人功能，即在不知不觉中受到熏陶、引导，进而借助自我习得逐渐提升内在素养与外在行为表现的效果来加以实现。应当承认，除了专业知识与专业技能外，大学生成才所需要的一些重要人文素养，诸如审美、思辨、创新、交际等，并不能完全从传统的教育活动中获得。

第二节　高等职业院校校园管理存在的问题及原因

1. 管理制度不健全

管理制度是规范学校师生各项行为的重要标准，对于推动学校发展、提高学校的"软实力"具有重要影响。[1] 目前，虽然职业学校大多数都制定了校级、院级、班级等系列管理制度，但其中不少是为了应付上级检查以及考核评比而制定的，往往流于形式。制度建设缺乏有效的落实、管理和监督工作。与此同时，随着职业学校的不断发展，学校的管理工作也应与时俱进，在管理内容制定上应包含对新事物的管理，如信息化教学管理

---

[1] 范玮. 高职院校校园文化管理研究 [J]. 现代交际, 2009 (8): 33-34.

工作、数字化校园建设管理制度等。但由于不少学校尚未开展建设或正在开展，往往忽视了相关管理制度的建设，导致发现问题时缺乏相应的补救和奖惩对策。

2. 教师参与管理的积极性不高

教师是学校管理工作贯彻落实的主要力量，教师管理水平的高低是学校各项管理工作有效开展的关键。在教师队伍中，大多数教师责任心较强，但也有一部分老师缺乏主动性，导致学校管理难度大，管理体制改革仍是纸上谈兵。此外，由于绩效工资的落实，不少教师参与管理的积极性大为下滑，转为只重视教科研产出成果，关注教学成效带来的收益，而忽视学校内涵发展、学生素质提升、加强自身管理能力的学习等。❶ 不少教师由于实行绩效工资后收入下滑，工作积极性低，对与自己没有直接关系的工作不以为意。

3. 职业学校学生素质有待提升

调查研究发现，高职院校学生素质普遍不高，基础知识薄弱，存在自控能力差、怯懦、自卑、不合群、不善合作等问题，是学校管理工作成效不明显的关键因素。而不少学生未能正确认识到学习的重要性，导致文化基础知识薄弱，学习没有动力和追求，甚至产生厌学情绪，无法适应学校的教学和管理。加上高职学生正处于青春期，容易漠视学校管理工作，触碰学校管理纪律和底线，有追求物质享受、沉溺网吧、打架斗殴等不良行为，严重干扰了学校正常的教学秩序，使学校正常的管理工作受到严重冲击。

4. 管理不规范，管理工作无章可循

正如古人所说"没有规矩，不成方圆"，这句话充分说明管理规范的必要性和重要性。学校管理工作是一项体系性、常态化的工作，有其自身规律和特点，管理工作成功与否很大程度上依赖日常的执行工作。目前，中职学校管理工作存在一些混乱和失衡，恰恰说明一些学校管理无序的局面。因此，在强调管理手段现代化的今天，尤其要重视贯彻管理工作的规

---

❶ 郎润华. 高职院校学生社团管理模式创新分析——以泸州职业技术学院为例［J］. 西部皮革，2017，39（12）：273.

范化、制度化、常态化建设，使管理真正有法可依、有章可循。

第三节　高等职业院校校园管理的实施路径

　　管理的核心在于人，是为了更好地促进人的进步和发展。柔性管理是一种适用于任何学校的管理理念，人是管理的实施者，又是管理的接受者，因此在管理工作实施的过程中，必须考虑人的诉求和愿望。在高职院校的管理和教育体系中，学生是管理的落脚点，大部分的管理都是针对教师和学生。学校在实施管理时要根据教师和学生的心理和行为进行调整，要尊重人的权利，也要规定人的义务，激发教师和学生的潜力，进而提高教育质量，提高学习效率。柔性管理也是一种意识层面的管理，主要作用在于驱动人的主体作用，激励人发挥自己的才智，调动积极性，进而促进学生的全面发展。❶ 柔性管理还有一个重要特征就是其自主性，这种管理建立在对教师和学生高度信任的前提下，强调学生的地位和作用，重视学生的表现，关注学生的主观能动性的发挥，重视学生的自尊心，鼓励学生根据喜好确定职业规划，进而实现自我价值。

　　因此，将柔性管理作为促进学校内涵建设和提升教学质量的重要手段，可以从以下几个方面入手。

　　1. 以服务师生为本，调改学校内部管理机制

　　建构清明有序的新型高职院校管理文化，必须以服务师生为本，调改学校内部管理机制，提高学校治理水平，这样，才能有效激发高职院校发展的内生动力与活力，进而为高职院校办学质量的提升提供管理保障。通过制订管理规章制度，划定行政权力的边界，规范行政权力的运作，变管理为服务，切实改进学校内部行政管理。必须承认，教师是学校存在和发展的基石。一所大学，其办学质量的优劣和办学水平的好坏，固然有多方面的因素，但其中起中坚作用的无疑是那一批批甘为园丁的教师群体。因

---

❶ 李超. 高等职业院校内部管理的行政化与去行政化问题研究 [D]. 内蒙古师范大学, 2012.

此，在现阶段，国家对高职院校的管理体制不会有很大变化的情况下，学校应针对其内部管理方面存在的主要症结，通过制定相关规章制度，科学划定行政权力的边界，有效规范行政权力的运作，增强行政工作透明度，让学术权力、教育权力、行政权力各归其位，使教师在教书育人和学术研究中的相关权利与权益都能够得到应有的尊重和保障；同时，要变管理为服务，以全方位为教师搞好教学、科研工作提供优质的管理服务为行政管理部门的工作宗旨。这样，才能为高职院校办学质量的提升提供动力和活力。

（1）构筑新型的学院（系部）发展文化。毋庸讳言，学院（系部）是每一所高职院校的核心细胞，其工作开展得好坏，直接关系到学校整体层面的发展态势。特别是随着国家针对高校发展启动"双一流"战略之后，学科、专业的重要性更显突出，所以，抓好学院层面（学科、专业）的建设和发展，应该成为高校工作的重头戏。❶ 这就要求高校在抓好事关全校的战略性、全局性问题之际，也应该以建构全新的管理文化为着眼点，以加强制度建设为重心，以充分调动广大教师员工的工作积极性为立足点，以进一步完善学院（系部）负责人选拔聘用办法、教职工绩效考核机制为抓手，以实行"能则上、庸则下、不作为者退出"的动态选人用人机制为突破口，扶植校属各学院（系部）构筑制度化、体系化的发展进阶目标。重塑充满锐气、活力和进取精神的发展文化，从而为学校的整体发展与长远发展提供坚实的动力保障。

（2）改进学校的激励机制，创造良好的高校职场氛围，充分调动教师的进取意识和上进心。高校教师要搞好教书育人、服务社会工作，需要良好的为师情怀。有了这种职业情怀，他们才能在平淡的生活中时刻不忘加强学习，孜孜以求、不懈探索，持续不断地汲取新思想、新知识、新信息，不断提升道德修养、专业素养和学术水准，做真正有学问、有风范、可以"从而师之"的人。而这种职业情怀显然需要良好的高校职场氛围来

---

❶ 刘高明. 高等职业技术学校校园安全管理问题与对策研究［J］. 环球市场信息导报，2017（49）：135.

第四章 高等职业院校校园管理

涵养。"高校应该积极推进特色鲜明、大气包容的大学文化建设,营造健康向上、和谐奋进的高校文化氛围,让教师们能平等相交、和谐相处、心灵相悦、思想相融,努力使他们的情绪得到宣泄、思想得到倾诉、心灵得到慰藉,并使他们的思想和心灵有所寄托、相互融洽、得到升华。"学校可以通过出台相应的教学、科研、文化生活配套机制等加以培植,从而将教师们的进取意识和上进心充分激发出来。学校可以在某些领域尝试跳出固有的行政框架体系,通过设立无行政编制与具体行政级别的学术机构和赋予教师相应工作权限、学术活动空间的方式,调动其积极性,为他们开展相关科研、学术活动及人才培养工作创造便利。以涵养职业情怀为着眼点抓好教师队伍建设,除了积极做好"加法"之外,也需要努力做好"减法"。比如,减少行政权力对教师正常教学、科研活动的干扰和约束,降低教师在教学、科研领域开展创新活动的成本、代价等。

(3) 实行人性化管理,提高学生的自主意识。教育的目的在于培养人,重视学生能力的提高。但成绩的提高不等同于能力的提高,高职院校要在学校管理上下功夫。随着素质教育理念的深化,培养适应社会的高素质人才是国家教育机构的目标,技能和能力的提升是确保学生顺利就业的关键,功利化的管理模式是不可取的。因此,高职院校要注意学生素质的提高,尊重其个体差异和主体地位,在管理上要渗透柔性管理理念,关注学生的要求,激发学生的潜能,为学生提供良好的发展空间,培养学生的职业能力,帮助其实现自我价值和社会价值。同时完善学生自我管理机制,提高学生的积极性。高职院校学生毕业是要走入社会的,培养学生的职业能力和自我管理能力,有助于促进其就业,有利于促进其终身发展。高职院校要建立学生自我管理机制,让学生在日常学习中实现自我监督、自我管理和自我提升。

(4) 提高管理人员素质。新媒体时代下,学校应与时俱进地加强对学生管理工作者的培训,利用讲座或工作经验交流会,使学生管理工作者明确新媒体时代学生管理工作的特征,熟练掌握应用新媒介进行学生管理的技能。同时,学校间可建立互通交流机制,使学校管理者"走出去",吸收借鉴其他学校的优良经验,实现经验互通,有效提升管理者的素质和技能，满足新媒体时代学生管理工作的要求。在此基础上，建立既懂现代管理又懂网络技术的高素质管理队伍，真正提高学生管理实效。❶

（5）科学有序地抓好校园文化环境硬件设施建设。硬件设施既是育人的必要条件，又是育人的重要手段。它一方面为大学生提供了必要的学习和生活环境，为他们的成才和成长服务。例如，宽敞明亮的教室、设备先进的实验室、功能完善的图书馆等。另一方面又可以对大学生产生潜移默化的引导、激励和熏陶作用，如凸显学校历史和文化积淀的雕塑、碑铭、礼堂等人文景观。所以，在财力允许的情况下，应当抓好硬件设施建设，以充分发挥硬件设施对育人工作的基础支撑和保障作用。当然，在这个过程中，要把握好分寸，科学有序地抓好校园建筑物的规划布局，力戒大拆大建。

2. 以涵养职业情怀为抓手，建设好师资队伍

建构守正进取的新型教师文化，应当以涵养职业情怀为抓手，搞好高职院校师资队伍建设。

（1）科学、有序地抓好教师培训，提高教师的整体素质，打造优秀的教学团队、科研梯队。正如前清华大学校长梅贻琦先生所言"所谓大学者，非谓有大楼之谓也，有大师之谓也"。因此，拥有出色的教师之于高职院校而言意义重大。"教师是高校的主要人力资本，是高校培养人才（即增加大学生人力资本的存量）、发展科学、服务社会的主要承担者，是高校实现科学发展的主要推动者，把教师队伍建设好，不断提高师资的质量和水平，始终是高校的价值追求。"特别是在知识更新速度不断加快、社会变化日新月异的当下，拥有一批优秀教学团队、科研梯队，已经成为办好一所高职院校的重要支点。在此方面，高职院校除了要加强人才引进力度，做好"增量"工作外，更应当积极创造条件将校内中青年教师打造成一支支过硬的教书育人"生力军"、科研"生力军"，从而将人才"存量"开发好、利用好。一方面，可以有意识地邀请一些企业家、技术专家等到校开展讲学，以现身说法的方式讲解治学与成功之道，让他们以自己

---

❶ 谯经强. 法制管理在高职院校校园建设中的作用［J］. 法制与社会，2017（11）.

第四章　高等职业院校校园管理

不负韶华的人生经历为中青年教师职业精神的建构和职业愿景的想象提供引领；另一方面，也可以有计划地安排中青年教师参加学习培训及赴海内外知名高职院校考察访学，与有关的名师名家、管理专家零距离接触和交流，既丰富高职院校教师们对自身这一职业群体的角色认知，又可提升他们从事高等职业教育教学的眼界。

（2）教育本质是一种影响，教育的过程应该是潜移默化的。高职院校作为培育社会所需技能型人才的重要场所，必然要有一个与之相适应的环境。校园环境不仅包括环境优美、干净、整洁，教育教学设施条件完备等物质层面，还包括以学生为中心、"以人为本"的育人价值追求，教师言传身教的引导，有教学相长、尊师爱生等和谐的精神层面，以及完善的管理制度和规范。好的校园环境让学生如沐春风，不仅能得到正面的、积极的教育和影响，更能使学生扬起理想的风帆，在知识的海洋里畅游，树立起自信、自律、自强的价值追求，成为健康、活泼、上进的时代青年。从这个意义上讲，确立学校正确价值观、人才培养观，从内而外、自下而上开展学校管理工作，树立良好的党风、政风、教风，不断完善学校的办学条件、优化校园秩序和文化氛围是促进学校内涵发展、质量提升的前提。

3. 以学生为本位，完善育人管理服务体系

众所周知，培养人才是高校的天职。现阶段，高校的育人育才水平，直接影响其对外招生、办学、社会声望，进而关系到学校的生存与发展。因此，有必要以学生为本位构建完善的管理服务体系，夯实学校的办学软环境，增进育人育才活力。在这方面，学校可以依托"互联网+"，积极探索新的管理机制、管理方式和管理手段，如推出更具人性化的网上教务管理系统、在线学习服务系统、数据查询利用系统等；同时，修改和完善各种规章制度，使管理方式和手段更加科学文明、以人为本。在为学生营造更加有利的成人成才环境之际，也充分发挥高校管理文化对学生的引导、教育和规范作用，从而实现"管理育人"。

（1）因势利导，培育学生积极的人生态度，合理利用新媒体，发挥其积极作用，削弱其负面消极影响，是学生管理工作者需要把握的重要内容，只有及时正面地引导、教育学生，才能帮助学生摆脱错误的认识，融

入集体生活。首先，通过引导教育，采用课上与课下相结合的方式，使学生充分认识网络工具的双面性，并能正确运用网络工具，科学地辨析网络及社会问题，做到趋利避害。其次，培养大学生乐观、积极向上的生活态度，通过组织丰富多彩的校园文体活动，吸引学生参与，潜移默化地提高其集体主义意识及抗挫折能力，乐观地对待失败、挫折。最后，针对学生因沉迷于网络而形成的"网络心理障碍"，高校学生管理工作者应对其进行有效的心理疏导，寓情于理，利用情感的力量引导其正视网络问题，同时在课余利用咨询室或心理咨询平台，帮助他们摆脱虚拟与现实之间角色转换的心理错位，引导其积极参与学校活动，走出虚拟世界，融入集体生活，参与校园班级集体建设。在学生管理过程中，责备少一点，关心多一点；管教少一点，沟通多一点；帮助学生增强心理素质，从而提升学生管理的有效性。❶

（2）传统的高校学生教育管理大多是通过谈话、班会、文件通知等集体性知识灌输模式进行，这些方法缺乏活力，易使学生产生厌烦情绪，教育效果不理想。因此，在实际管理工作中，要不断创新管理手段，积极主动地将"微媒介"管理方式运用到高校大学生教育管理中，贴近学生生活实际，生动、有效地进行管理。特别是在处理突发事件时，我们要利用"微媒介"及时把真实消息公之于众，尽量减少事件带来的负面影响，建立及时可靠的新媒体舆论阵地。同时，教育管理要善于利用微博、微信建立管理平台，及时了解大学生的真实想法，调动学生积极性，促使学生为管理建言献策，引导学生实现自我管理。总之，要充分利用"微媒介"，将传统与现代相结合，整合时代资源，促进创新，加大新媒体时代舆论的宣传和引导力度。

（3）努力提供学生成长成才所需的各类教学资源。管理是手段而不是目标，不是要将学生变成一潭死水，而是要适应时代发展，积极推动素质拓展计划的实施，努力建设一支素质优良的学生队伍。高职院校的学生是

---

❶ 文博. 高职院校创建平安校园长效机制管理［J］. 当代教育实践与教学研究，2017（9）：119.

祖国未来的建设者，是各类技术型人才的接班人。社会在发展，时代在进步，职业学校的学生需要具备哪些本领和素质，才能适应未来社会的发展需要，才能在未来的竞争中立于不败之地，这也是今天职业教育需要思考的问题和使命所在。学校要高度重视学生的管理工作，不论是升学还是就业创业，都需要进行知识传授、技能培养，从而提升学生的综合素养（公民素养、职业素养、创新精神等），这些都是学校存在的价值和责任。因此，学校在优化育人环境的同时，更应该着眼于必修、选修、综合实践、社区服务、文化休闲等各类课程和学科、专业建设，按照"合格+特长"的人才培养标准，丰富教育资源，坚持"下要保底，上不封顶"的教育要求，使学生在完成国家规定课程的同时，能根据自己的兴趣和特长，自主选择学习，以拓展和提高自身综合素质。

4. 以柔性管理理念为指导，加强校园文化建设

校园文化，广义上是指在高校校园区域中，由学校管理者和广大师生员工在教育、教学、科研、管理、服务、学习等活动中所创造的一切物质形态、精神财富及其形成过程的总和。高校校园文化作为一种反映高校历史传统、现实风貌的文化形态，潜移默化地影响校园中人们的理想、信仰、情感倾向、价值认同及行为方式，深层次地体现高校的办学指导思想和办学理念，作用于高校的现实发展，并承担环境育人的重要角色。校园文化是校园建设的灵魂，是影响师生行为的关键，是管理实施的前提和基础，建设良好的校园文化有利于提高教师的素质，有利于提高学生的凝聚力。高职院校要将柔性管理作为一种校园文化，加大宣传和推广的力度，建立一种校园文化氛围，加强对教职工和学生的管理，激发其主体作用，进而提高学校的整体管理水平，提升教学质量。

高职院校铸就健康而融通的新型育人文化，必须以专业教育与技能发展融通互济为育人依归。从本质上看，探索专业教育与技能发展互济的育人之道，是使高职教育向人本维度的回归。"教育不应是一味追求考试通过率与高分率的机械化简单重复，而应该顺应人性发展的要求因人而异、因材施教、因势利导。"目前高职教育之所以难以培养出杰出人才，很大程度上与育人理念出现偏差以及与之伴生的教学方式、考核办法和评估体

系是分不开的。高等职业教育的立足点不仅是专业知识的传授,更重要的是职业技能的培养。既要重视拓展学生的科学文化视野,引导学生崇尚知识,追求真理,亦要重视培养学生的职业技能——解决具体问题的方式方法、技术革新与创新等。在校大学生已然都是成年公民,在学习科学文化知识的同时,都有谋求自身职业技能的内在需要。这就要求高职院校一方面在专业设置和人才培养方案制订中更加注重给学生提供自主选择空间;另一方面,则要求教师在日常的教学活动中,能够真正把教学相长作为价值追求,重塑育人理念,建构新型师生关系,既搞好"授业",又用心"解惑",关注学生职业发展,而不是做简单的知识搬运工。教育实践表明,影响高校教育质量和人才培养质量的因素除了教师、学生两个重要变量外,校园硬件设施的状况、校园文化活动与课外实践活动的质量等校园环境因素所带来的影响也不容忽视。❶

5. 构建柔性化的职业能力培养体系

高职院校教育的目的在于为社会培养适合岗位需求的专业人才,因此,提高学生的职业能力是教育的关键。学校开展柔性管理要以职业能力培养为基本思想,帮助学生确立发展目标,加强对学生的有效引导,进而帮助学生顺利实现就业。加强柔性管理理念的渗透,可以帮助学生树立正确的人生观和价值观,将职业教育与学生实践相结合,提高学生的专业技能,进而实现其职业理想。

产学研合作,可以使高职院校与社会长期保持良好的价值传导机制,将高校的育人成果、科研成果有效转化为服务社会经济发展的智力资源,有利于增进学校内部各办学要素之间的耦合度,提升学校内部资源要素的集约化利用水平,增强发展活力又可以为学校建构良好的外部形象,获得社会认可和支持,为自身的长远发展创造有利条件。"高等教育不仅是一种人才培养活动,也是一种知识生产活动和教育服务活动。"因此,拓展产学研合作通道,提升产学研合作水平,有助于高校的人才培养工作与服

---

❶ 吴洁. 新媒体视野下高等职业学校校园舆情管理问题探因 [J]. 当代教育实践与教学研究,2018(11):26-27.

务社会有效进行对接。更为重要的是，富有成效的产学研合作有利于在高职院校中培植创新文化，对学校青年教师的成长及广大学生的成人成才产生不容小觑的引导、激励和支撑作用。"高校走产学研结合的办学道路，可以在一定程度上解决教育与科研分离、产学研脱节的状况，使学校形成教学、科研和科技有机结合的格局，促进教学质量提高和培养创新型人才。"所以，建构新型高职院校校园文化，提升学校办学质量，必须加强产学研合作深度，培植灵动而活跃的创新文化。

（1）高校应拓宽与企业、社会机构合作的"接口"，充分融入它们的人力资源开发、科技攻关、智力创新体系中，真正对企业、社会机构的发展发挥不可或缺的智力支持作用。通过引导和支持校内教师、科技人员及大学生、研究生到相关企业、社会机构兼职或实践实习。一方面推动企业、社会机构的产业开发、实践创新活动；另一方面则可以有效锻炼本校教师、科技人员及大学生、研究生的一线经验。❶

（2）高职院校可以成立包含行业部门、企业、社会机构中的专家在内的"专业建设指导委员会"，为其专业发展和人才培养"把脉"。通过聘任企事业单位、社会机构中的一些专业人士为兼职导师，将行业先进技术和前沿成果及时引入专业教学，使专业教育与行业发展深度贴合，以提升人才培养的社会适恰度。这也是推动高校探索特色办学的有效路径。

（3）学校可以通过与企业合作组建产学研深度融合平台，如科技园区、创新创业园区、众创空间等，引导教师、学生参与开展各类科技开发、创新创业活动。❷ 一来可以实现校社、校企之间的有效对接，加快高职院校科研成果的现实转化步伐，尽早创造出经济效益和社会效益，服务社会；二来有利于激发师生的创新意识，提高他们的创新实践能力，带动校园中的创新活力。

---

❶ 周晨. 高职院校校园安全管理的现状与对策［J］. 中国管理信息化，2015，18（2）：228.

❷ 张佳. 高职院校社团促进大学生就业能力研究［D］. 西北农林科技大学，2017.

第二编 高等职业教育的现状

第五章

我国高等职业教育的现状和存在的问题

第一节 我国高等职业教育的现状

截至2017年5月31日,全国有1388所高职高专院校(其中公办1068所)、747个专业、近10万个专业点,基本覆盖了国民经济各领域,具备了大规模培养高素质劳动者和技术技能人才的能力,基本确立了"以服务为宗旨,以就业为导向,走产学研结合"的中国特色高等职业教育体系。具体表现在以下几个方面。

一、教育标准日趋完善

目前,我国高等职业教育领域国家教学标准体系主要由专业目录、专业教学标准、顶岗实习标准、专业仪器设备装备规范四部分组成,构成了指导和管理职业院校教学工作的主要依据,也保证了职业教育的教学质量和人才培养规格。目前已经颁布执行的标准有:《高等职业学校专业目录》及其设置管理办法;410个高职专业教学标准;70个职业学校专业(类)顶岗实习标准以及9个专业仪器设备装备规范等。其中,高职专业教学标准、顶岗实习标准、仪器设备装备规范等从无到有,填补了我国职业教育史的空白。

二、办学体系不断完善

通过不断创新学校、企业联合办学的体制与机制，为提高人才培养质量提供了制度保障。2011 年以来，在体制、机制创新的基础上，各高职院校基本已搭建完成了相应的产学结合平台，并逐步建立、完善了"政府主导、行业指导、企业参与"的职业教育办学模式。产学合作专业覆盖率、校企共同开发专业课程比例以及企业兼职教师人数等均有显著提升。

三、办学规模迅速扩大

2005 年高职高专招生人数达 268.1 万人，占普通高校本专科招生数的比例的 53.1%，招生人数是 1998 年的 5.6 倍，招生比例较 1998 年的 39.8% 提高了 13.3%；2010 年的招生达到了 870 万人，高等职业教育招生达到 310 万人；2017 年全国高考招生计划是 654 万人，高职高专招生计划是 325 万人，比例接近 50%。由此可见，高等职业教育日益成为关系社会发展和人民群众利益密不可分的高等教育办学形式。[1]

四、人才培养模式特征逐步明确

2000 年 1 月，教育部《关于加强高职高专教育人才培养工作的意见》将高职高专人才培养模式的基本特征归纳为："以培养高等技术应用性专门人才为根本任务；以适应社会需要为目标，以培养技术应用能力为主线设计学生的知识、能力、素质结构和培养方案；毕业生应具有扎实的基础理论知识、技术应用能力强、知识面较宽、素质高等特点；以'应用'为主旨的特征构建课程和教学内容体系；实践教学的主要目的是培养学生技术应用能力，并在教学计划中占较大比重；'双师型'教师队伍建设是提高高职高专教育教学质量的关键；学校与社会用人部门结合、师生与实际

---

[1] 周海英. 高等教育普及化情境下我国高等职业教育现状与发展研究 [J]. 安徽电子信息职业技术学院学报，2019（1）：89-91.

劳动者结合、理论与实践结合是人才培养的基本途径。"这为高职教育指明了发展方向。

第二节　我国高等职业教育存在的问题

在取得巨大进步的同时，也应该清楚地看到目前我国高职高专教育发展中存在的瓶颈。

1. 高职院校投入不足

一方面是资金投入不足。我国高等职业教育的发展已经受到国家的高度重视和支持，但是相对于发达国家，资金和设备投入还远远不够，致使我国的高等职业教育水平还相对较低。目前，我国绝大部分的高等职业院校维持运转的主要收入是学费，占60%以上，而国外的高等职业院校的主要经费来源是政府财政拨款。[1]在国内纵向比较，我国对于高等职业教育的财政投入也远远少于其他教育层次。高等职业教育是培养应用型技术人才的摇篮，所以实践环节是高等职业教育的重点，但是资金投入不足，设备落后，很难使学生得到专业的技能培训和实践操作。

另一方面是师资力量不足。目前我国大部分高等职业学校的教师队伍学历普遍偏低，老师个人的资质和技能水平相对有限。就现状而言，国内80%以上的高职教师都是本科及其本科以下的学历，硕士及博士学历的人相对较少，很多高学历老师不愿意走进高职院校就职。同时受其自身专业限制，很多老师都只是具备较高的理论水平而不具备专业的实际操作能力，这极大地制约了教学成效，限制了理论向实践的转化。

再者就是院校教师队伍结构不合理。大部分高等职业院校的老师理论知识多于实践经验。高等职业院校缺少"双师型"教师，现有教师队伍中，大多数教师缺乏丰富的实践经验，理论教学环节往往与实践教学环节无法很好地衔接。"双师型"教师或者企业教师应该在整个高等职业院校

---

[1] 毛艺林.高等职业教育与区域经济协同发展策略探析[J].科教文汇（下旬刊），2018，432（8）：89-91.

师资力量中占有很大一部分比例，而不应如现在一般凤毛麟角。

2. 高职院校的制度建设与管理跟不上时代要求

一方面，针对高职教育的法制建设落后。目前，我国颁布实施的涉及教育的法律法规中，针对高职教育的管理和规范，尚无明确的规定或条文，这就造成了高等职业教育的法律地位不明确，没有可行的规范和执行标准的窘境。相关法律法规的缺位，容易滋生高职院校教育活动的极端化和个人化，不利于教育活动正常进行，从而影响此类学校和教育的健康发展。

另一方面，校园管理制度松懈。受社会观念等因素的影响，相较于本科院校，高职院校在对学生的教学管理与要求方面普遍偏低。由于高职院校学生的来源广泛，学生素质良莠不齐，学校管理者和老师在教学过程中，往往忽视对学生的日常管理以及对校园环境的建设和管理，且对他们的教育和监督也较为懈怠，这些因素都会滋生和助长校园的不良风气，影响整个学校的教育氛围。

在当前经济飞速发展的时代背景下，高职教育的目标是培养出符合社会需要的、适应社会发展要求的高技术型人才。但是近几年，大量现象表明，在大部分的高职院校在教育活动中很难有改进和创新。在教学课本教材的使用上也一成不变，没有根据实际情况编写适用的教材，等等。在教学手段上，也只是通过理论知识传授和实际操作课程完成教育活动，极少数的学校能够将现代化的技术和软件运用到教学中，从而影响我国整体高等职业教育的发展速度和平衡。

高等职业教育的理论与实践相结合的特点决定了高等职业教育课程体系具有复杂性。高等职业院校需要构建起符合自身特点的课程体系，基础理论课程要体现"高等"的特点，实践教育课程要体现"职业"的特点。目前，我国高等职业教育教材已趋于完善，但是还有部分职业院校没能将最新的教材应用于课堂，仍然使用陈旧的教材，导致知识更新落后。另外，很多高等职业院校只是简单地模仿一些本科院校开设的专业课程，没有把高等职业教育的特点在课程中体现出来，一味进行课堂灌输式教学，无法激发学生的积极性和实践操作兴趣。还有部分高等职业院校只顾追

第五章 我国高等职业教育的现状和存在的问题

风，盲目开设热门专业，生源和师资得不到有效保障，导致专业课程混乱，教学质量低下，学生就业困难。

另外，无论是专业设置、课程设置、考核方式环节，还是就业实习环节，企业的参与程度都非常有限，高等职业院校没能与企业做到密切合作，大部分院校都脱离了社会和企业的需求独自办学，象征性地安排学生实习，而企业也只把学生当作短期的廉价劳动力，没有做到有计划地招生，有计划地培养，有计划地就业，完全是高等职业院校单方面在这些环节中占主导地位。这样的简单合作造成了高等职业院校毕业生就业困难，大部分毕业生都没能从事与自己所学专业相符的工作，与应用型高技能的工作无缘，这使国家的大力投入事倍功半，企业需要重新投入资本进行技能培训，不仅浪费了资源，也浪费了时间。

目前，我国部分高等职业院校已经在国家的大力扶持下拥有了很好的硬件基础和设备，但仍然很难培养出优秀的应用型人才。究其原因，就是这些院校忽略了实践教学的重要性，或者说是根本没有认识到实践教学在高等职业教育中的核心地位。

3. 对高等职业教育存在着认识模糊和定位模糊的问题

在高职教育的教育属性上，一部分人认为高职教育是高等教育的组成部分，是定位于职业技术性质的高等教育。其层次，既可以是专科，也可以是本科、研究生；也有一种观念认为高职教育仅是职业技术教育的高级阶段，但不属于高等教育。在高等职业教育的培养目标上，有些教育工作者认为高职教育主要培养高级技艺人才，应当采用学徒制，即采用非学历教育的形式。而有的则认为高职教育仍是一种学历教育。在对高职教育在整个教育体系中进行定位时，有的人认为专科层次的教育即是高职教育；有的从高职院校创办的现实，从经验出发得出民办、走读、地方筹办的高等教育就是高职教育。与这些模糊认识相对应的问题如下。

（1）对高职院校的财政支持不够。由于高职教育在人才培养的过程中，强调对学生的技术与技能的训练，相对传统的以理论教学为主的教育形式，举办高职教育需要投入大量的资金来建设实习实训的教学场地，是一种需要更多资金投入的办学形式。而创办高职院校的现实经验，又使不少人认为高职教育是次一等的高等教育,对高职院校服务国家建设的重要性认识不够,对高职教育的资金投入远低于普通高等教育。

(2) 在人才的培养和教育的模式上出现偏差。部分学校认为高职教育就是高等专科教育,因而沿袭传统专科教育的教学模式和管理模式,实际上资金欠缺是这样做的一个很重要的原因,因为纯粹理论教学所需的资金投入远低于技术技能培训对资金的投入要求。还有一部分学校过分强调了职业教育特征而忽视高等教育属性,把高职教育当作中等职业教育来办。总之在"高等"与"职业"两者间的平衡把握上有问题。❶

4. 部分高职院校存在"先天不足,后天营养不良"的情况

目前高职学院的创建,主要有两种形式:一是由普通中等专业学校优化组合升格形成;二是由成人高校改制而来。应该说,这些学校均具有较长的办学历程,有较好的办学基础和实力,积累了较丰富的办学经验。但随着办学层次的提高,经济社会的快速发展,这些学校原有的师资力量和实习实训场地就显得落后于形势了。由地方教育厅,或由中央及省级部门以行业为依托举办的各类高职院校,其办学经费有一定保障,办学基础与实力更强。个别的甚至可以用"不差钱"来形容,因而在发展自身,适应新形势要求方面能力较强;地、市级政府开办的各类职业学院,则多由几个学校合并重组形成。合并后,教学基础设施相对落后而分散,教职员工队伍总量较大,导致运行成本较高,但效率却较低,而且地方政府一般财力有限,难以给予这些院校较多的财政支持。这些学院在竞争中就处于劣势地位。同时,由于政府对高职教育的投入总体严重不足,致使相当一部分学校在先天不足的同时,后天营养严重不良。一些学校高职教育实际上成了学历批发教育,办学质量低下。❷

5. 学生厌学情况严重

目前,我国高等职业院校的学生基本都是高考本科的落榜生,或者是

---

❶ 阮朝辉,毛越华. 供给侧结构性改革视野下贵州省高等职业教育发展探析 [J]. 职业教育研究,2018,175 (7): 27-30.

❷ 苏小莉,张晓杰,蔡天聪. 河南省高等职业教育提升发展研究 [J]. 济源职业技术学院学报,2019 (1): 45-49.

第五章 我国高等职业教育的现状和存在的问题

中职院校的对口升学生源,而中职对口升学的学生基本都是当年的中考落榜生。这样的生源情况决定了高等职业院校的学生比其他本科院校的学生学习习惯差,在校纪律差,更容易产生厌学情绪,这对高等职业院校的教育和管理提出了更高的要求。❶ 在教育方面,很多高等职业院校未能激发学生再学习的兴趣,传统的课堂教育使学生的学习态度改变不大。在管理方面,无论是社会还是学校,都没能重建学生的自信心,社会和校园都没能积极宣传职业教育的重要意义,没能将应用技能型人才的"工匠精神"作为核心竞争力和职业规划传播给学生。❷

---

❶ 郭启闻. 京津冀协同发展背景下天津市高等职业教育发展策略 [J]. 科教导刊(上旬刊), 2018 (2): 1-2.

❷ 魏琳. 区域经济发展与高等职业教育发展关系的研究——以中原城市群为例 [J]. 黑龙江科学, 2018, 125 (10): 23-24.

第六章

高等职业教育学生特点分析

随着社会的发展和高校改革的深入,我国的高等教育逐渐从"精英化教育"向"大众化教育"转变,虽然高职学校生源数量众多,但质量却总体处于下滑状态。因为高职院校学生大部分都是成绩中等甚至偏下的学生,其在学习能力和个人发展方面远不如本科学生;同时高职学校学生构成复杂,学习能力参差不齐。结合笔者所带的两个班的学生的观察与了解,总结出高职学生的特点主要有以下几点。

第一节 高等职业院校学生的心理特点

一、思想特点

高职高专学生思想受社会、互联网、各种媒体和拜金思想的冲击,思想意识、思想观念和价值取向发展趋于多元化,学生出现的个性张扬、思想活跃、强调自我的个性特点加大了学生管理和思想教育的难度,弱化了学生的政治和理想意识。[1] 如今随着高等教育的大众化,高校学生的年龄

---

[1] 王伟麟,方颖,林海波,等. 新常态下高等职业教育与区域经济融合发展机制探索——基于中小企业转型升级人才需求与设计[J]. 经济研究导刊,2018,362(12):140-142.

第六章　高等职业教育学生特点分析

逐渐呈现低龄化的特点,"90后"成为高校学生的主力军。受到成长环境和社会经济政治环境的影响,他们在被动吸收信息化时代带来的大量数据和信息的同时又缺乏客观、公正辨别信息的能力,学生思想日趋复杂化,特别是沿海城市,受到外来信息冲击较大,思维活跃,思想开放,具体表现为:关注社会主流思潮,价值观更趋务实;接受新事物能力强,但分辨控制能力弱;追求独立自主,但实际自主能力缺乏;学生自我意识较强,缺乏团队忠诚度和责任感。

个人理想和现实差异的心理矛盾。他们也曾有过远大的理想,有很高的个人目标,期望能踏进重点本科院校。他们也努力过,付出过,竞争过,而由于"命运"不如人,未能如愿,看着昔日的同窗好友高兴地进入理想的大学而心理失衡,甚至怀疑自己,进而自卑。他们没有作为一名大学生的荣誉感,不敢正视自己的身份,甚至逃避现实,从某种意义上说,他们是高考的落败者。还有一部分同学原本学习成绩还可以,因为高考意外失手,无奈选择了民办高职,这部分学生很难接受事实,在班级中往往作为一个旁观者。他们很难走出高考的阴影,无论是在生活还是学习中,消极多于积极。这类学生对于民办学校最初是拒绝接受的,对于学校总是百般挑剔,缺乏认同感。

二、心理特点

民办高职学生心理特点一方面表现为"一强一弱",自尊心较强,但自信心较弱。进入高职高专院校就读的学生,有相当一部分是在与本科类院校无缘的情况下进行的一种无奈的选择,他们在同龄人中自感抬不起头来,具有较强的自卑心理,有一种"失落感"。高职学生求职中的自卑感主要来源于对学历及能力、个性特点、生理上的某些不足等消极自我暗示,比如自认为学历不高、性格不好、长相不佳,自卑感会夸大高职学生对自己不足的认识,甚至产生以偏概全的全面自我否定,以至对于求职一事总是缺乏自信,导致影响求职效果,不能从容地走向职场。❶ 高职学生中自卑心理存在的程度不同,但是存在这种自卑心理的现象还是比较普遍的。与普通大学生相比,高职院校的学生自卑心理比较严重。近年来,由于社会上用人单位片面追求高学历,使高职院校学生与普通大学生相比处于劣势,不少高职学生都有一种"非正规"大学生的感觉。有不少学生称:看到课本封面上印着的高职高专教材的字样,心里就感觉特别自卑,当向别人说起自己在职业技术院校读书时,就觉得丢脸。尽管近几年来,高职教育得到快速发展,越来越受到社会的重视,但由于传统观念和学科本位教育的影响,加之高职录取分数线较低的现实,高职学生入学时普遍存在"大学去不了,只有上高职"的自卑心理,认为自己基础差、智商低,总觉得低人一等,心理负担很重。❷ 一些高职学生的家长更是对子女进入高职院校学习这一事实不满,产生自卑,家长的这种自卑感更加加重了高职学生的自卑。自卑心理容易导致学生不思进取、自甘堕落,甚至自毁前程,心理脆弱,抗压能力弱,处理问题方式不成熟。当遇到家庭、课业、就业等挫折时产生负面情绪,他们很容易走极端。学校、家庭缺乏系统化、科学化的挫折教育和心理健康教育。

  一方面学生意志薄弱,抗压能力差。高职高专学生多为独生子女,以自我为中心的张扬个性决定了易与其他同学发生矛盾和冲突,可能出现极端报复行为,性格内向者可能出现心理障碍。独生子女往往出现较强的积极进取愿望、参与意识、成功动机、个人意识和物质追求力,同时出现与之相反的现象,即具有较弱的精神追求、证明自己的勇气、辨别是非能力、受挫能力、集体意识弱和精神追求,心理处于自我矛盾之中。特别需要指出的是民办高职院校学生,他们大部分高考分数都是处于中下水平,因此,很多学生都对自己认同感较差,自信心严重不足,始终认为自己低人一等,自卑心理表现明显,与此同时,不敢正视自身的家庭及缺点,往

---

❶ 李春彪,生素巧.从高职学生的心理特点谈教学策略[J].高等职业教育(天津职业大学学报),2007,16(1):87-89.
❷ 李小娃.德国高等职业教育的院校类型、招生特点及启示[J].高等职业教育探索,2018,81(2):37-41.

往表现出很强的自尊心，导致人际交往出现障碍。另一方面，由于民办高职院校办学的特殊性，学费十分高昂，就读于民办高职院校的大部分学生家境殷实，"富二代"在民办院校里屡见不鲜。作为该群体学生，生活环境较为舒适，父母的溺爱、长辈的呵护导致学生娇生惯养，意志薄弱，遇到挫折和困难无法解决，抗压能力差。主要表现在日常消费铺张浪费，适应能力差，家庭依赖强。

学生的心理问题越加凸显。近几年入学的高职学生，出生在20世纪80年代末90年代初，大部分都是独生子女，在家里被父母、爷爷奶奶当宝贝宠爱，全家都围着他（她）转，长期以来养成了以自我为中心，任性自私的性格。[1] 进入大学融入不了新的环境，经受不了挫折，甚至无法独立生活，学校的管理越严格，学生的逆反心理越严重。个别学生存在不同程度的心理疾患，并且已经严重影响到他们的身心健康和学习生活。学生的心理健康状况不容乐观，有的学生对现在和未来感到迷茫，表现出苦闷、烦躁、焦虑等种种心理问题，学习、经济或就业等几方面的压力，造成部分学生消极的人生态度和心理上的不适应，日渐显露出不同程度的心理障碍。

第二节 高等职业院校学生的学习特点

相比较而言，高职高专学生入学成绩普遍偏低。近年来随着全国高校的不断扩招，高等教育所面向的学生综合素质也在明显下降，而高职这个层次的学生，已是高等教育的最低层次。他们虽然圆了大学梦，但进校后，由于自身基础不牢，学习能力差，各方面的素质都难以适应大学的学习和生活。而自身又不重视良好生活习惯的培养、个人素质的提高，缺乏公民道德意识，对学习、集体活动缺少热情，处处体现出来的都是过分地强调自我，过高估计自己的判断力，丝毫没有时代的紧迫感。他们当中有

---

[1] 彭小红，邓宝玲，李哲，等. 扶贫区高等职业院校学生心理健康教育课程教学需求分析[J]. 校园心理，2017，15（1）：68-69.

很多人根本没有意识到,自己虽然有幸跨进了大学的大门,但实际上更需要严格管理。他们极力反感学校的管理,经常对其进行指责。他们想问题、提建议不是从自身特点出发,而是把一切归咎于学校管理方式的死板僵化。

高职院校生源与普遍本科生源之间的差异,不仅表现在考生分数上,也体现在学生的综合素质上,我们不能说高职生将来无用或无能,但至少说明在高考入学之前,他们在学习方法、习惯和态度及综合素质上存在一定的差距,这就说明高职生比本科生更需要综合素质上的教育和引导。很多学生没有掌握正确的学习方法。大学的学习方法不同于中学,大学培养目标要求大学生具有一定的自学能力和独立分析、解决问题的能力。大学在要求学生学习好专业知识的同时,也提供了锻炼能力、扩充知识面所需的足够的时间和空间。而许多学生进入大学后,不能适应这种变化,缺乏科学的学习方法,对学习产生畏难情绪,导致厌学。学习不可一蹴而就,要持之以恒,首先要了解课程的特点和一般的学习步骤。其次要深刻了解个人的学习特点,要将一般性的学习方法和自己的学习个性特点结合起来做变通。找到方法后就要下功夫,高职学生必须制订一个合理的个性化的学习计划。❶ 为了便于操作和检查,不仅要有长期规划,更重要的是要有明确的近期目标计划和短期目标计划,学习目标要切合自身实际,由浅入深,循序渐进。若盲目求高,目标难以实现,则会挫伤积极性,造成计划流产。很多学生在学习中找不到明确的方向,不知道这些知识学习之后对自己会有什么作用和帮助,更不知道为什么要学习;不能自我进行激励。在学校期间,学习只是为了拿到一些奖项,但是在这种环境下,那些本来学习很认真的学生没有获得任何奖项,对于他们来讲无疑是很大的打击,他们对学习就会失去信心,最后逐渐变成只要及格就可以的心态;在就业和个人前途上没有明确的方向和目标,不能勇于面对,更不愿意去思考,而是一切都"随波逐流"。

随着生源下降以及出国留学等各种因素的影响,高考录取率不断提高

---

❶ 郭定祥,秦建敏. 高等职业院校学生德育工作如何体现职业教育的特色 [J]. 思想战线,2011(s2):312-314.

第六章　高等职业教育学生特点分析

的同时，最低录取分数线却在一路下滑。部分学生得益于此而"有学上"，但是，这些"低分生"在进入校园后，给高职的学生管理、教学安排和思想教育带来新的挑战。"'根号'不认识""英语听不懂""上课坐不住""不会记笔记""迟到、早退像家常便饭，最大兴趣就是上网打游戏"。乍一听，这些话像是在描述中小学课外补习班的"问题生"，实际上却是当下高职教师对某些进校时录取分数较低学生的真实状况的描述。由于适龄人口数量下降、放弃高考以及选择出国留学等原因，2012年高考生源短缺的矛盾在前几年的基础上进一步凸显，很多高校，尤其是三本、高职高专院校招生"吃不饱"，即使180分的考生，也成了"香饽饽"，生源大战越演越烈。同时随着高职院校招生规模的不断扩大，随之而来的是生源质量的大幅下滑。从目前的招生情况来看，录取分数线呈逐年降低的趋势，有的院校甚至是来者不拒，只要学生想上交钱即可入学，学生的入学成绩悬殊增大，导致同一学校同一专业甚至同一班级之内，学生在基础知识、学习能力、学习态度等方面存在较大差异。学生文化基础知识薄弱，生源素质良莠不齐。面对这些争夺过来的"宠儿"，一些学校和教师却犯了难，对这些学生的日常管理、教育教学和思想教育，都需要进行重新审视。如何为这些"低"进的学生量身定制培养计划，让他们学有所成，成为高职教育面临的一个新课题。❶

高职学生学习目的不明确，许多高职生对社会了解不多，对未来的发展趋势无法把握，对自身的需求不能准确界定，当他们感到所学知识不是自己生活所需时，就不会有学习动力。职业发展目标缺失，许多高职生没有意识到职业生涯规划的重要性，也不知道该如何进行职业生涯规划。学习目标模糊，目的不明确，不知道自己所学专业与社会发展以及人才市场需求的关系，从而无法对学习的价值和目标进行准确的定位。目前高职学生为了适应社会及面对就业压力，大多数学生有学习的意愿，但是在实际学习的过程中，不知道该学什么如何去学。入校前、选择专业的时候学生

---

❶ 陈丽，袁艳霞. 高等职业院校学生学习特点及教学改善措施［J］. 学园，2015（4）：66-67.

和家长最初考虑最多的是自己的分数能不能被录取，对于专业的前景、就业情况以及自己的兴趣爱好等考虑的是少之又少。因此导致学生在入学后有的不喜欢、不适应，甚至出现悲观情绪等，对自己所学的专业没有深入的了解，不知道如何去学，不知自己应该从哪些方面着手筹备专业知识，产生迷茫和误解。久而久之，产生厌学心理，面对学习和就业的压力，不少高职学生出现悲观失望，在情绪上思想上出现消极、忧郁、自我否定等状态，极大地影响学习效果。

随着网络的普及和发展，互联网作为继报刊、广播和电视崛起之后的第四媒体，成为高职学生获取知识和各种信息的一种重要渠道。网络对高职学生的生命价值取向、政治态度、心理发展、道德观念等产生了巨大的影响且这种影响还将不断扩大，不容忽视。网络对高职学生产生积极影响的同时，也给高职学生的思想品德、学业、身心、人际关系、情绪情感、兴趣爱好等方面带来了不少的负面影响。个别学生上网成瘾、随时随地沉迷于网络。高职学生试图摆脱束缚，任意驰骋，发展自己的个性，互联网络正好提供了这样一个空间，因此受到学生的极大欢迎。高职学生是接触网络最广泛的群体，他们思想活跃，接受新事物快，但辨别是非的能力较低，容易互相影响，如果不加以引导，将会走入歧途。过去，传统大学思想教育往往局限在课堂教学，传统校园文化对学生的影响占主导部分。网络的出现，拆掉了学校与社会之间的围墙，把学生带入一个更为广阔的天地，通过网络，学生了解到大千世界。网络的开放性和方便性、内容的多样性和广泛性，为大学生提供了一个广阔的学习空间，大大拓宽了高职学生的求知途径，有助于高职学生开阔视野、促进学业，学生可以在这个广阔的空间里自由翱翔；网络可以为高职学生提供一种自由、轻松、没有压力的学习环境，网络可以让人忘记一天的疲惫、烦恼，网络可以缓解遇到的压力。另外，网络游戏可以开发智力，有助于发挥创新能力；网络里面存在太多新鲜和未知的东西，这有助于锻炼大学生接受新事物的能力。❶

---

❶ 王杨丽. 高等职业院校学生学习特点及学习能力提高的策略研究［J］. 西部素质教育，2015（7）：54-55.

第三节　高等职业院校学生的社会适应特点

一、行为特点

当前高职学校学生大多数为"90后"的独生子女,他们从小受到家庭的溺爱,习惯以自我为中心,崇尚鲜明个性,喜欢特立独行,依赖性较强;缺乏自我管理、自我约束的意识;心理素质不成熟;缺乏吃苦耐劳的精神;自觉性、主动性差;不求索,不上进,也不愿接受组织纪律的约束,更谈不上自律了,内心存在混毕业证、"等待"毕业的想法。学生在学校教育阶段没有养成良好的学习习惯,学习方法不得要领,课堂教学中难以接受和消化教师教授的新知识,缺乏锐意进取的自信心,难以完成学科教学目标。

尤其是民办高职院校学生通常被定义为"三差生",即自律性差、成绩差、品德差。在国内高考"一考定终身"的模式下,考高分的学生能够进入公办院校就读,相反,分数较低的学生,只能通过就读民办高职院校的途径获得相应的学历证书。因此,就读于民办高职院校的学生,一部分属于学习困难生,任凭怎么努力都难以明显提升学习成绩,该群体学生学习虽刻苦,但很容易因悲观失落而自暴自弃,逐渐堕落;另一部分属于行为过错生,这部分学生无心向学,懒散自由,自律性差,自我约束能力不强,迟到、旷课等现象在高中已屡有发生,他们自主意识强但自制力差。来到大学,学生迟到、旷课现象更趋严重,校外酗酒斗殴事件时有发生。有些学生沉迷网络,自我管理能力较差,一旦缺乏有效监督和管理,学生容易出现违规违纪行为。

二、人际交往

目前,人际交往问题已成为困扰高职院校学生校园生活的主要症结之一。进入高校后,人际关系不再像中学一样仅局限于建立友谊这一层面上,而是要求个体学会与形形色色的人打交道,使自己的行为模式逐渐趋向成熟，符合社会要求。但一些学生在开始新的生活时，仍旧按照原有的行为方式进行交流，或是仅仅与自己喜欢的人交往，或是要求别人顺应自己的标准，常以自我为中心来处理新环境中的人际关系，在认识和评价他人的过程中常常带有主观、极端、简单化的倾向。因此，在与人交往时，一旦不符合自己的理想，便容易产生人际交往的认知障碍。据有关专家调查显示 65.85% 的学生有某种程度的孤独感，大学生在自我认知上存在两种偏差：一是过高评价自己，妄自尊大，孤芳自赏；二是自我评价过低，胆小自卑。

在缺少人际交往实践锻炼的情况下，大学生的人际交往技巧也存在一定的缺陷。一是语言缺陷。在大学校园里，有的同学说话夹枪带棒，敲敲打打；有的出语尖酸刻薄，言外有意；或者冷言冷语，冷嘲热讽；这些言辞常会引起他人的反感，从而影响人际关系的和谐。二是大学生在人际沟通技巧、人际关系维持技巧、创造人际关系技巧等方面也存在许多缺陷。

1. 社会结构的变化对大学生人际关系的影响

（1）家庭结构的变化：自 20 世纪 70 年代末我国实行计划生育以来，许多家庭都是一个子女，家庭的规模越来越小，没有兄弟姐妹。在爷爷奶奶、父母等多重保护下成长，独生子女或多或少都养成了一点点的自私任性，依赖性强，不懂得关心尊重他人，只要求他人迁就自己。这样的环境下，对他们的人际交往或多或少都有一些影响。

（2）居住环境的变化：随着居住条件的改善，城市的大杂院一个又一个地被拆除了，代之一栋栋崭新的高楼大厦，原来十多户人家共一个庭院或走廊，朝夕相见的旧式居制，及其伴随锅碗瓢盆之声相伴，说笑喜怒之气相通，甚至油盐菜肴串味的邻里关系已经不复存在。在城市，人们都固守自己的天地，同一个楼道的上下左右都可能不知姓甚名谁，人情淡薄，失去了频繁交往的原动力。在这种环境下成长起来的新一代大学生，其交往兴趣和交往能力，自然不可能很高。此外随着生活节奏的加快，人们都盼望 8 小时外尽量减少相互干扰而得到安静和休息，加之要自行辅导小孩的学习、功课，这使得各家各户的闲暇时间变得越来越珍贵。再加上电视的普及，使业余文化生活文娱活动变得分散化、家庭化。往日闲暇时间的喝茶、侃大山、游艺、体育、上影剧院等一些可以让小孩在无形中习得交往意识、交往能力的时空场所和社会机会亦大大减少。这使所有的人都隐约感到人情日淡、交往日少、关系日疏，加剧了彼此之间的疏离和孤独，因而也造成青少年尤其是社会化晚期的在校大学生人际关系方面的不适。❶

2. 商品经济对大学生人际关系的影响

商品经济对社会主义社会中人际关系的负效应。市场经济给商品拜物的产生提供了一定条件，并由此产生拜金主义的特征，就是把金钱看得比人间亲情更为重要。他们不仅将人与人的关系统统变成冷冰冰的金钱关系，而且为了钱不惜抛弃和毁灭夫妻之情、父子之情、手足之情、邻里亲友之情。更有甚者，拜金主义者把金钱看得比人格更为重要。他们不仅将做人的人格标准换成金钱标准，谁有钱谁就值得尊敬，而且为了金钱不惜出卖自己的良心、人格乃至国格，完全抛弃了做人的责任感、是非感、荣辱感，忘却了中华民族助人为乐、与人为善的传统美德。以往，学生以道德品质、学习成绩好坏结成不同的群体。积极向上、学习成绩优良的学生，因志同道合而彼此接近；不求上进、学业成绩较差、纪律涣散的学生，因兴趣相投而相互靠拢。当前，人际关系的格局发生了变化，部分学生在新的基础上重新组合，这个基础就是经济条件。❷ 家庭富裕的学生，有足够的钱供其花费。他们课余时间逛商场、进舞厅、下馆子。逢到生日，相互祝贺宴请、摆阔绰、讲排场，在富裕的经济基础上，这些学生紧密结合在一起。由于他们出手阔绰，极易博得向往这种生活方式同学的好感。于是，形成了以富裕学生为核心，以崇拜他们的同学为外围的一种新的学生群体。显而易见，这种群体形成的凝聚力和向心力就是对金钱的崇尚。大学生人际关系经济化趋向还渗透到学习和日常活动当中。比如请人辅导作业、伸手要钱、借看同学的课堂笔记要钱，把同学间的相互帮助变成了赤裸裸的金钱交易等。

---

❶ 关卫华，牛耘. 高职院校学生的心理特点及教学策略 [J]. 经营管理者，2016（15）.
❷ 李宏，潘雪丰，倪峰. 基于高职高专学生特点的药理学教学初步探索 [J]. 卫生职业教育，2015（14）：15-16.

3. 网络普及对大学生人际关系的影响

随着网络的普及和发展,大学生首当其冲成为互联网最频繁的使用者之一。网络的介入,使大学生的人际关系也发生了一系列的变化。手机与 Wifi 是"90 后"学生离不开的工具,虽然便利,但正是这种便利让"90 后"的大学生出现了课堂"低头族""浅阅读"等现象,手机成为依赖。学生沉溺于虚拟的世界里,缺少了与现实世界的沟通与交流,很容易出现内心的空虚和无助,不愿与老师、同学相处交流,在班级中成了"隐形人",从而导致一系列问题的发生。❶

网络普及后,许多大学生过分沉溺于网络交往,参加现实人际交往的时间会逐渐减少,造成热衷于各种"网事"、对近距离的关系反而疏远了的情况。特别是家庭的关爱对他们来说更成为一种束缚和负担。许多大学生宁愿在网吧不分昼夜地上网,也不愿意回家探望父母。还有些人除了要生活费外,和父母无话可说。亲情是人最基本的感情联系,也是人最基本的人际关系,它需要的是现实生活中的维系。网络的介入可能导致亲情的疏离。一些沉迷于网上交际的大学生,往往因为疏于现实交往,将所有心事都交给了网友,缺乏现实交往的动机,导致其现实人际交往的勇气与能力没有得到应有的锻炼与培养。❷

三、人生目标

虽然进入了大学,但是大部分学生对于人生的长远打算更是缺乏认识和规划,也可以说有的学生是害怕考虑,在回避或者逃避这个问题,和同龄人比起来缺乏对知识广泛涉猎、锐意进取的精神。许多学生的学习不具有计划性,更加不会考虑各学科之间的关联性,学习是按照课程安排被动上课,课后也以完成或者说是应付完作业为目的,基本上不涉及预习、学习、复习这看起来简单而基本的过程。由于不具备学习的主动性和探索

---

❶ 苏煜,钱平. 考虑职业特点 设计职业体育教学内容 [J]. 职业技术教育研究,2005 (6):19.

❷ 李伶. 论高等职业教育的教学特点 [J]. 襄阳职业技术学院学报,2002,1 (1):36 - 37.

性，所以课堂上学生几乎不提问题，对不懂的学习内容也难以表达出哪里不懂。对于自己要求很低，学习纪律松弛，课堂上看小说、睡觉、玩手机等混时间的大有人在。

他们同样缺乏职业素养和职业归属感。家长和学校往往盲目追求各门课程的成绩和毕业后的就业率，不重视学生身心与专业知识的协调发展。这样培养出的学生没有较为完善的人格特征，难以处理社会人际关系，具有较差的自立和社会适应能力，其贪图享受、好高骛远和较差的社会责任感与社会对人才的需求格格不入，极易使其悲观失望，难以找到适合自己的职业，更无从谈起职业素养和职业归属感。

第三编 理论研究

第七章

高等职业教育发展的人力资源理论框架

——社会学习理论

第一节 克朗伯兹的生涯决定学习理论

一、生涯决定学习理论的基础

从职业发展理论的视角出发，社会学领域和经济学领域都对环境与个人职业选择之间的关系进行了探讨，认为环境是个人职业选择的决定性因素。许多学者认为"机会"这一要素对于个人职业选择具有主导性作用。这些"机会"可以被认为是性别、文化背景、种族归属、经济地位、教育水平等范畴。而这些因素在实践中属于个体无法自主控制的变量。与之持相反态度的是心理学家，他们认为个体的内在发展反而是影响个体职业选择的决定性要素。[1] 心理学学者更加注重对"非机会"变量的研究，主要包括个体的人格、能力、兴趣和价值观等因素，认为这些因素在个体职业选择过程中发挥重要作用。克朗伯兹基于班杜拉的社会学习理论，并整合了心理和社会对个体职业选择的相关研究，提出了生涯决定学习理论。这

---

[1] 唐诗潮，黄怀宇，鲍金勇. 大学生职业生涯规划：生涯规划咨询案例报告 [J]. 高教学刊，2018，87（15）：183-186.

一理论为职业人群职业生涯的规划与发展提供了理论指导和建议咨询。高等职业教育的根本目标是使学生获得胜任特定职业或工作岗位的实践能力，使其顺利进入某一职业领域。生涯决定学习理论对于高等职业教育的教学与发展具有很强的理论指导意义和实践价值。

二、生涯决定学习理论的主要观点

克朗伯兹的生涯决定学习理论的核心思想认为，个体在进行职业发展的过程中，其职业选择会由内在因素和社会环境因素的交互作用而决定。这一过程主要包括四个方面：遗传因素和个体特质、环境状况和事件、学习经验、工作取向的技能。这四个方面通过相互之间的作用与影响，最终影响个体职业生涯的最终决定。❶ 其中，个体成功经历所形成的学习经验在整个过程中显得尤为重要。

第二节 生涯决定的学习理论与高等职业教育

生涯决定的社会学习理论主要集中探究在教育过程中如何培养个体的职业爱好和技能。高等职业教育的核心是技能教育，这一理论可以帮助高等职业教育院校通过课程设置和多样性的实践形式，培养学生的职业爱好，进而影响学生在职业选择方面做出科学的选择。

一、依托综合素质教育理念，激发学生的特质

生涯决定的社会学习理论认为，个人的特质和特殊能力以及随之而开发的兴趣和技能对于个体的职业规划具有较深的影响。基于此，高等职业教育应从素质教育的角度出发，注重开发学生的综合素质，从综合组织中培养学生的特质和特殊能力。综合素质包括知识、能力、优秀品质、心理素质、思维模式等，这些是形成学生差异化特殊能力的基础。

高等职业教育的培养目标应定位于促进学生的全面、健康和可持续发

---

❶ 高瑛. 大学生职业生涯决策能力的培养模式探析 [J]. 发展，2017 (6)：53 – 55.

第七章　高等职业教育发展的人力资源理论框架——社会学习理论

展。在学生综合素质的基础上，挖掘学生的隐性素质，在设计人才培养方案时，在注重通用性的同时注重学生特质的开发。与此同时，还可以整合学校、社会和企业等多方资源，为学生搭建自由发展的平台。这就需要师资队伍拥有扎实的理论和实践功底，以满足学生多样化的知识需求。[1] 学生工作队伍拥有丰富的经验，为不同性格和社会背景学生的成长保驾护航。要设计多元化的课程体系，满足学生特质发展的需要。最终，为学生营造一个宽松、自由、全面发展的校园环境。

首先，高等职业院校要注重校园环境建设。要将物质文化、制度文化和精神文化几个方面相结合，让学生在一个良好的校园氛围中成长，这是一切素质和能力得到发展的基础。其次，以专业分类为依托，设置不同的专业综合素质培养目标，构建学生综合素质的培养框架。主要包括深化课程改革，将公共基础课与专业课进行有效的结合，让学生在学习专业知识的同时，能够更好地在思想道德素质、科学文化素质、人文素质、身心素质和职业素质等方面获得发展，从而实现对综合素质的培养，推动学生特质的发展。再次，加强学生工作的力度，在学校内建立起完善的辅导员引导机制。可以将专职辅导员、兼职辅导员和心理咨询师等多专业的人员相结合，完善辅导员体系建设，为学生的全面发展提供引导和推动作用。最后，大力发展校内外培养基地。学生综合素质的提高需要多样化的实践场所、实验环境。各高等职业院校对内应加强实验室建设，强化学生专业技能的培养，让学生掌握从业的一技之长。对外要积极搭建各种素质训练平台，对学生的心理素质、身体素质、艺术素质等多方面进行综合的开发和训练。并强化学校与文化部门、革命遗址等社会机构的联系，为学生提供提升思想道德素质，强化道德观念的机会和环境，最终实现学生的全面发展。

二、强化创新创业教育，培养学生的职业取向技能

职业生涯决定理论认为，个人的职业选择是由一系列相互作用的要素

---

[1] 刘丽，周振刚，王威. 基于工匠精神培育的职业教育课程体系研究［J］. 哈尔滨职业技术学院学报，2018，139（3）：16-18.

决定的系统化过程。这种选择既反映了个人的主观意愿,也反映了社会环境所能够提供的就业机会以及社会发展对个人职业的要求。创新创业理念代表了当今社会所能提供的就业方向和职业要求,创新创业教育是社会向学生展现其要求和机会的窗口。因此,创新创业教育应作为高等职业教育的重要组成部分,着重培养学生的创新理念、实践能力和综合素养。通过设立创新创业项目,使学生在创业活动中挖掘自身的优点,明确自身的职业发展方向,以便在今后的职业规划中做出明智的选择。❶

培养学生的职业取向技能,首先,应该将创新创业教育与课程设置和实习实践活动相结合,在课堂教育的同时培养学生的创新创业精神。如可以在专业课程的讲授中,融入"职业生涯规划""创新能力""创业指导"等课程。让学生在学习专业知识的同时,对专业知识在创新创业中的运用产生一定的思考。其次,还应积极开发各种创业讲座和创业实践互动,让学生在实践中形成与自身特点相适应的创新思维和创新能力。再次,各高等职业院校还应加强对学生就业观念的引导和教育,培养学生树立科学的就业观念,提升学生的创业意识。这一点可以通过第一课堂、创业大赛、科技创新活动、拓展训练以及社会实践等多种教育形式,满足学生多样化的需求,从而为学生创新创业提供知识储备和锻炼平台,将学生培养成适应当代社会需求的创新型人才。最后,应积极拓展校外资源,充分利用校企合作这一办学方式,积极与企业建立联系与沟通的桥梁,让学生的创业实践与企业的发展紧密联系。这样既为学生提供了实践环境,帮助学生了解和适应职场需求,又能够推动企业的技术革新和进步。❷ 尤其是大学生创新创业孵化园的建立,更是一种新型的创新创业教育模式,它将学校教师资源与校外行业专家资源进行有效的整合,使学生在创新创业过程中,时刻都有高质量的创业导师团队进行指导,提升了创新创业教育的品质,增强了大学生创新创业成功的可能性。

---

❶ 李增欣,王向辉. 基于生涯决定社会学习理论的高等职业教育 [J]. 中国成人教育,2015 (24):110 – 112.

❷ 张美莹. 克朗伯兹的社会学习理论对高职院校职业生涯规划课程内涵建设的启示 [J]. 科教导刊,2010 (26):53 – 54.

三、改变教学观念，注重学生学习能力的培养

职业生涯决定理论认为，个体特有的学习经验和经历会对其职业生涯的选择和发展起到至关重要的作用。具体体现在这些经验和经历将会渗透到个人职业生涯规划中的职业定位、目标设定和通道设计等方方面面，从而决定了一个人未来的职业发展方向。因此，高等职业院校应该注重对学生学习环境和学习氛围的塑造，帮助学生获得与自身特点相契合的学习经验和学习经历，挖掘学生的特殊才能，引导学生根据自身特点进行职业生涯规划，并依据其特有的学习经验做出适合自己的职业选择。

高等职业教育应帮助学生树立终身学习的理念。这一理念是国际 21 世纪教育委员会提出的现代教育理念，它可以归纳为四项能力，即"学会认知、学会做事、学会共同生活、学会生存"。在此背景下，要求任课教师积极转变角色，从传统教育的知识传授者，变成学生学习过程中的指引者，将过去被动的对学生填鸭式的教学方式，转变为引导学生自主学习的教育方式，帮助学生实现自主学习和自我成长。

高等职业教育应该将构建主义学习观纳入整个教育过程。构建主义学习观是指学生在某一特定的情境下，在人际互动中，发现和获取所需要的学习资源，从而主动构建自己的知识框架的过程。传统灌输式教学中学生处于被动状态，经常会对学生创新思维产生抑制。这种教学方式从某种程度上剥夺了学生自主掌握知识，形成对客观事物认知的机会，使对学生的培养结果趋于一致化和标准化，在很大程度上扼杀了学生的创造力。而构建主义学习则注重鼓励学生在学习中主动性的培养，帮助学生在学习过程中建立自主和自信，通过自己对知识的学习、选择和梳理，形成能够熟练运用的知识体系。因此，高等职业院校应从构建主义理念出发，转换教师角色，变灌输为引导，创造性地采用多种教学方法，培育宽松、自主的学习环境和充足的学习资源，让学生能够自主构建自己的知识体系。

高等职业院校应将学生职业能力的培养提升为衡量培养质量的第一指标。高等职业教育的目的是培养学生特定技能，使其拥有能够适应职业需

要的职业能力。❶ 基于此，高等职业院校应面向职业能力进行课程设置，将工作过程中所需要的能力分解，并融入教学的各个环节，使学生在课程学习和实习实践中，将个人经验与所学知识和技能进行充分融合，并结合自身特点构建出自己能够熟练运用的专业知识和技能体系。学生毕业后能够快速地适应工作环境，顺利地从职场菜鸟转变成拥有熟练专业技能的人才。同时，高等教育的过程还应该赋予学生职业发展的能力，帮助学生建立自我提升和自我发展的自主学习能力，让学生的职业生涯具有可持续性。

高等职业院校应以工作过程为导向进行课程体系建设。当今很多高等职业技术院校的课程设置模仿普通大学的课程体系，追求学科的完整性，从而使高等职业院校的办学模式与普通大学类似。而高等职业教育的目标是面向实践，培养学生的职业能力，与普通高等教育有着本质的区别。因此，在课程设置时，应根据自身的教育目标，追求对"工作过程"所学能力的剖析和分解，设置适合高等职业教育的课程体系，避免照抄照搬。基于此，可以认为高等职业院校的课程设置应以工作过程为导向，追求体现"工作过程完整"的课程设置体系。在授课过程中，教师应从职业需求出发对课程进行筛选，删除与工作能力无关的冗余课程，并按照从易到难的顺序安排授课，课程内容应着重强调完成工作任务的过程性知识，解决"怎么做"（经验）和"怎么做更好"（策略）的问题，而对于陈述性知识（理论知识）则仅以适度的辅助为宜。

四、提升职业取向技能，增强学生职业认同感培养

根据职业生涯决定的社会学习理论，个人内在特质、各种外在环境以及不同的学习经验等因素共同作用，影响个人的人生观、价值观和就业观的形成。高等职业教育应该注重学生自我管理、情绪认知和分析解决问题能力的培养，提升学生的职业取向技能。

---

❶ 刘立立. 以生涯学习经验为核心的高中生职业兴趣模型的建构［D］. 东北师范大学，2017.

第七章　高等职业教育发展的人力资源理论框架——社会学习理论

高等职业教育应帮助学生提升自我认知水平和自我管理的能力。高等职业院校应注重学生职业生涯规划能力的培养，开设专门的课程对职业生涯规划进行系统的讲授。帮助学生认清自身的优势和不足，在职业生涯的选择中，扬长避短，根据自身的特质和可开发的资源作好职业定位，从而使自己的职业发展顺畅且具有延展性。

高等职业教育应帮助学生树立"人职匹配"的科学择业观。学生的就业看似自主选择的过程，但由于在校学生缺乏对自己的明确认知，且受到来自家庭、社会以及传统就业观念的影响，很多人的就业选择带有一定的盲目性，大多选择轻松、稳定的工作。对于是否符合自身的职业兴趣，能否发挥自身的职业特长反而并不看重，致使职业生涯从开始就处于迷茫状态，到中期遇到职业生涯瓶颈无法很好地解决，最终对职业产生倦怠。而科学就业观的树立并非是一蹴而就的事情。因此，高等职业院校应设置就业指导相关的课程，对学生科学就业观念的树立进行系统化的引导，帮助学生在择业的过程中保持冷静的头脑，结合自身特点进行科学的分析，从而做出明智的就业选择，最终实现"人职匹配"，找到真正适合自己的工作，为未来职业生涯进入良性发展迈出坚实的第一步。

高等职业教育应帮助学生确立职业发展目标和提升自身核心竞争力。社会调查结果显示，许多成功人士的一个共同特点是，在职业生涯的早期阶段能够确定清晰的职业目标，并为该目标持之以恒地付出努力。目标的重要作用在于能够强化人的动机。学生如果能够尽早明确自己的职业目标，将会在学习过程中体现出强大的学习动机，并在目标实现的过程中，不断按照实际需求调整和完善自己，使自己的竞争力获得持续的提升，并最终使综合素质得到提升。因此，高等职业院校应注重对学生职业目标确立的指导，帮助学生尽早立志。

高等职业教育应帮助学生建立以实现自我价值为目标的职业认同感。我国市场经济的快速发展，也带来了人们就业观念的变化。传统观念下"从一而终"的就业观念逐渐淡化，随之而来的是对职业的多元化选择。在此过程中，盲目择业、随性而为、缺乏敬业精神、频繁跳槽等一系列缺乏职业道德和职业精神的不良现象层出不穷。这些思想也对大学生的就业观产生了冲击，对于其科学择业带来了很大的迷惑性。从职业发展角度看，个人的职业发展是一个通过自身努力而获得阶梯式上升的过程，而这一过程也是一个人不断成长的过程。因此，职业的发展和个人人格和能力的完善是辩证统一的。因此，高等职业院校应强化敬业精神的引导，将职业精神、职业道德和社会主义核心价值观融入各种专业课程和实践活动中，树立职业认同的观念，这也是职业能力获得不断发展的必要前提。

第八章

高等职业教育模式人本化研究

"以人为本"是人与自然、社会关系中体现的一种价值观念,它强调把人的生存与发展作为最高的价值目标,强调以人为价值的核心和社会的本位。[1] 以人为本的教学管理模式是指在管理者设计一整套有关教学的具体管理理念、管理内容、管理程序、管理制度、管理工具以及管理的方式方法时,必须以知识人、自我实现的人等人性假设为出发点,而不是以"工具人"或"理性人"的人性假设为出发点,把人看成是教学管理活动的中心和主旋律。一切制度安排和政策措施"要体现人性、要考虑人情、要尊重人权,不能超越人的发展阶段,不能忽视人的需要"。在高等教育教学管理系统中,教职工是在学校管理者的管理下开展对大学生的教学活动的,是一个由学校管理者、教职工、学生构成的以人为主体的管理系统。人既是教学工作的出发点,也是教学工作的归宿处。教学工作自始至终都是为学生服务的过程,同时教学工作又是依靠教师进行的过程。充分激励学生在知识与技能、过程与方法、情感态度价值观方面获得更大程度的发展,最大限度地激发教师积极主动并富有创造性的工作,最大限度地为师生个人的充分发展创造条件及最大限度地满足其合理需要是"以人为

---

[1] 倪永宏."N=1"公式下高等职业教育的人本思考[J].教育与职业,2016(16):44-45.

本"的教学管理模式的出发点和归宿处。

第一节　人本化教育理论

　　自 1950 年起，西方教育界开始对"主知主义（Intellectualism）"进行批判后，人本化教育理论作为一种教育思潮逐渐形成，并于 20 世纪 70 年代后期开始盛行。其理论根基为人本主义心理学，是人本主义心理学在教育领域的应用，它"试图通过挖掘人类理智与情感诸方面的整体潜力来确立人的价值"，代表人物有罗杰斯、马斯洛、弗罗姆等。

　　吴式颖主编的《外国教育史教程》在谈到人本主义教育时写道："教育的目的就是人的自我实现以及潜能的充分发展。"人本主义教育中的培养对象"是形成过程中的动态的人。他们具有强烈的生长需要，不断产生前所未有的需要，不断获取新经验和探求新事物"。"这种人是具有创造性的人。"[1] 他们具有创造性地做任何事情的一种倾向、一种特殊的洞察力、一种创造性的人格，并总是处于创造过程之中。"

　　人本化教育以人的自我实现以及潜能的充分发展为目的，主张创造自由的环境让学生自然成长，充分发展学生的个性，并把培养学生的创新性、创造力作为教学的中心问题。[2] 可见，在高职教育中推行人本化教育理论有利于人才的培养，具体表现在以下几个方面。

　　1. 有利于高职学生创新性人格的培养

　　艾森克说："人格乃是决定个人适应环境的个人性格、气质、能力和生理特征。"马斯洛说："自我实现的创造性首先强调的是人格，而不是其成就。"可见，学生人格的养成是人本化教育特别注重强调的。通过研究现实中高职学生中出现的成功创新者、创业者，我们可以发现：完善的人格，对学生创新、创业的萌芽和激发作用明显；而残缺的人格，则是抑制和破坏创新、创业潜力展露的重要原因。理论上，人本化教育在培养学生

---

[1] 贾敏. "理实一体化"教学模式在中职信息技术类课程中的应用研究［D］. 贵州师范大学，2018.

[2] 曾振新. 高等职业院校数学课堂教学的人本化研究［D］. 云南师范大学，2006.

健康人格的同时，会使学生潜意识地养成创新意识，创新意识的存在则会让他们在学习乃至今后的工作中走向创新之路的概率大幅增加。创业是就业领域的创新，当学生完成学业，面临就业问题时，这种创新人格将使他们乐于接受创业的挑战。

2. 有利于高职学生创造性思维的塑造

在某种程度上，传统高职教育氛围是专制、压抑和封闭的，使学生的创新思想和创新行为不能够得到充分的理解和支持。在这种环境下，学生的创新积极性就会受到挫伤，或者难以为继。其实，作为年轻人，高职学生思想是非常活跃、非常灵活的，只是在传统的教育环境中，这些思想被压抑了。人本化教育主张给学生自由，创造条件让学生们自然成长，鼓励学生讲出、实践自己的想法，即使这些想法很幼稚、不正确，这种教育自然就为学生营造了宽松的氛围。这种环境下，学生始终能够保持良好的创新意识，注意发现别人难以发现的问题并寻找解决的办法，渐渐地便会形成一种积极创新的创造性思维。创造性思维对创业型人才显然是不可或缺的，是学生寻找创业项目乃至创业成功的重要武器。

3. 有利于高职学生创新性学习习惯的形成

一般来说，学习大致可以分为两种："维持性学习"和"创新性学习"。"维持性学习"是获得已有的知识与经验，学习的目的只是继续理解和接受已知世界，是一种继承式学习。而"创新性学习"则不拘泥于已有知识，注重独立思考，大胆思索，提出问题，发现未知世界。可见，相对于"维持性学习"，"创新性学习"自带自主、探索的特征，并且学习者追求的终极目标并不是现有的知识，创造性地运用知识以解决现实中的问题，这其实就是适应能力和独创精神的体现。在传统高职教育模式下，"维持性学习"占统治地位，教师习惯于以"填鸭"的方式将知识灌输给学生，学生没有学习的主动性，没有提问的习惯，更缺乏探究的欲望。而在人本化教育情境中，学校将提倡"创新性学习"，并为这种学习提供保障，最终使之内化为学生的一种习惯。创业是一项具有开拓性的工作，创业者必须足够独立，可以自主学习并吸收与创业相关的知识与技能。对涉世未深的高职学生来讲，创新性学习习惯是他们不断提升创业能力的法宝。

第二节　人本化教育理论的实践

1. 思想政治教育人本化

（1）思想政治教育与教学相结合

寓教于乐，是指把思想教育寓于课堂教学活动之中，是一种形象化的潜移默化的群众性教育方法，具有很强的吸引力和感染力。

（2）解决思想问题与解决实际问题相结合

解决思想问题，大量经常性的是说明情况，讲清道理。思想问题除了一部分纯属于认识问题和思想意识问题外，还有一部分是由现实中出现的实际问题引起的。解决了实际问题并不等于全部解决了思想问题，因此，必须把解决人们的思想问题同解决实际问题结合起来，这样思想政治工作才会有说服力和感染力。

2. 学生管理工作人本化

高职院校学生管理工作的人本化，要注重立足于实际情况，能够对学生的诉求予以把握，坚持学生的主体地位，从整体角度出发，对现阶段存在的问题予以解决，以保证管理质量和管理效果的提升。

（1）关心学生，尊重学生个性

虽然班级管理的对象是学生，然而我们不能把学生当成没有思想、没有情感的被动的被管理者，而应该把他们当作有思想、有意志、有情感的主动发展的个体，他们有自己的需要，班级的各种活动都要考虑这一点。成功管理的前提是尊重学生的意愿，尊重他们的人格，把他们当作实实在在的"人"。❶人本化管理的核心在于坚持以人为本的发展理念，能够从高职院校学生实际情况出发，满足学生的诉求。在这一过程中，加强对学生的人性化关怀，要注重将教学和管理工作与学生的生活进行结合，从而促进学生的全面发展和进步。人性化关怀要注重立足于整体角度，对学生的发展情况进行关注，考虑学生的要求，降低学生与老师之间的矛盾，使师

---

❶ 曾振新. 高等职业院校数学课堂教学的人本化研究［D］. 云南师范大学，2006.

生关系和谐发展。这样一来，教师以朋友的身份对学生进行管理，可以使学生更乐于接受。

（2）相互理解，体会团体力量

班级是学校教育教学工作的基层组织，从一定程度上说，班主任作为班级工作的组织者，是班级管理工作的灵魂，教师要了解学生、尊重学生、相信学生；表面上看，班主任与学生，一方是管理者，一方是被管理者，双方地位是对立的，然而，共同的教育目标（即学生的学习目标）决定了师生在管理过程中的合作大大超过了他们之间的排斥与对立，学生完全可以成为管理活动的主人，前提是要给予他们充分的信任，并采取高明的管理策略。在联赛的组织中，可以大胆让寝室长与室员去做，让他们体会到成功需要团队的协作，也让他们共同分享成功后的喜悦。通过活动，同学们也理解了班干部的难处，对班级的各项活动都给予了支持。

（3）完善制度，纵横方圆天地

人本化管理模式的运作，需要以完善的管理体系作为基础，在这一过程中，要注重对高职院校发展实际情况进行把握，能够对管理工作进行细微化分析。高职院校可以构建"系部—辅导员—心理委员—寝室联络员"的管理体系，能够对学生的学习、生活进行全面关照，从而对学生的学习情况、生活情况都有一个较好的了解。同时，管理体系的构建和完善，还需要考虑学生管理体制的优化，能够对管理权进行下放，发挥学生会的作用。学生会与学生之间有着密切的联系，一些管理工作更容易开展，这对提升管理效果来说，具有十分重要的意义。这就需要建立起以学生自我管理为主的新机制：第一，全员参与，相互制衡。人人都是管理者，人人又都是被管理者，管理因时而动，权力彼此制约，班主任则处在一个驾驭、服务的位置上。第二，照章办事，责任明确。人人有事做，事事有人做，且凡事皆有章可循。第三，善始善终，持之以恒。凡事不做则已，一做必做到底，既显示了制度执行的一贯性，又锻炼了学生的意志力。

（4）把握舆论导向，营造人文氛围

把握正确的舆论导向，形成积极向上的团队精神，提高学生明辨是非的能力，给学生一双能分清真善恶丑的慧眼，加强学生人文素质建设，提高学生审美力和艺术鉴赏能力。如趣味运动会参赛队队名让各寝室协商后确定。学生的人文素质一方面在于培养,另一方面在于挖掘。

(5) 加强自身修养,提高驾驭能力

班主任要努力加强自身素质的培养,把握时代脉搏,学习科学文化知识,学习古今中外教育教学理论与实践的知识,学习与教书、育人、教育管理有关的知识和方法,学习国内外教育发展和教育改革的经验。教师需掌握国内外教育发展动态,丰富自我知识宝库,丰满自我发展的羽翼,加强自身人文素质培养,丰富自我审美力和艺术鉴赏能力。❶

(6) 坚持树立学生主体地位

高职院校学生管理工作人本化发展,主体是学生,管理模式为"人本化",学生是管理的核心。对此,高职院校要坚持学生的主体地位,对学生进行有效的引导,使学生能够意识到自身的发展方向。在这一过程中,管理要把握学生的心理,加强激励措施的应用,使学生在学习和生活中能够树立信心,以积极、乐观的态度对待学习和生活。在对一些问题学生进行管理时,要注重对产生问题的原因进行把握,对学生进行正确的引导教育,使学生能够摆正价值观。高职院校在当下发展过程中,管理问题成为其发展面临的一个突出问题,管理质量和管理效率直接影响学生的发展。高职院校应该在新的发展形势下,将学生的管理工作摆到一个崭新的高度,能够将"人本化"管理理念真正地渗透到实际管理工作当中。在具体管理时,以完善的管理体系和管理理念,对学生的具体问题进行发现,将管理权力下放,更加贴近学生,使学生对管理方式更乐于接受。构建和谐的师生关系,从而使高职院校学生能够全面地发展和进步。

3. 班级管理人本化

(1) 班级构建中必须遵守整体协调性原则

班级是学习的重要环境,对于学生学习、交际等各种能力培养有重要影响。纪律是加强班级构建的前提,班级构建中相关班务活动、常规管理

---

❶ 洪波. 黄炎培"大职业教育主义"视阈下的职业指导体系建构[J]. 职业技术教育,2017,38(13):63-67.

制度等应该以班级团体的整体发展为导向，应在顾及个别学生的特殊情况之外满足大多数学生的需求，保障班级各项活动正常开展。

（2）班级构建中必须遵守成员的平等合作性原则

班级构建倡导集体合作、团结共创的发展理念，每位成员对于团体活动计划等决策建议的提出都享有平等、民主的发言表决权，不同的学生成员有不同的思维观念、知识技能以及智慧经验，班级构建中要严格团队纪律性，明确学生成员的角色能力分工，充分发挥集体智慧与潜能，体现民主平等的协作性。❶

（3）班级构建中必须遵守群体活动多样统一性原则

班级构建离不开生动活泼的团队活动，团队活动对促进学生情感交流与沟通，促进学生自身个性能力素质提高有重要作用。团队成员的兴趣、爱好等个性发展需求有着较大差异，班级构建需在统一目标前提下，开展丰富多彩的团队活动，加强学生的有效沟通与交流。

（4）班级构建中必须遵守团队精神的连续性和稳定性原则

团队精神是团体成员大局意识、协作意识和服务精神的集中体现，其核心是协同合作。全体成员的向心力和凝聚力是班级建设的最高境界，班级构建需要团队成员在服从集体整体目标的基础上具有良好的团结奉献和服务精神，团队精神强调个人主动性，强调个体成员的团体责任心，追求齐心协力的氛围效果。

4. 校园管理人本化

校园管理人本化的主要表现就是和谐校园的建设。和谐校园是一种以齐心协力、内和外顺，协调发展为核心的教育环境。是以校园为纽带的各组织机构和教育要素之间的全面、协调和自由的育人氛围；是以学院发展、教师发展和学生发展为宗旨的整体效应。它具有科学、民主、人文和开放四大特征。科学是和谐校园的基石，民主是和谐校园的根本，人文是和谐校园的灵魂，开放是和谐校园的源泉。具体来说，高职和谐校园应该包括人的和谐、文化的和谐、环境的和谐和组织机构的和谐。其中教育主

---

❶ 夏菲. 基于人本主义的高职院校学生管理模式研究［D］. 天津大学，2017.

体和教育对象的和谐起决定作用。

和谐校园是素质教育框架下的办学理念。学校的办学目标是培养人，是为了人的和谐发展。和谐校园也是一种管理模式，这种管理模式的核心部分就是人本思想。通过这样一种管理，使学校的工作充满人文关怀，理顺领导、老师和学生的关系，理顺各部门和各教育要素之间的关系，使生活在这种环境下的人的潜力得到最大的发挥。和谐校园更是一种人文精神❶，在诚信守信、和睦共处的人际环境中，所有人都能得到尊重和呵护。

和谐校园建设不是一朝一夕的事情，而是一个系统工程，在这个工程中，人的和谐是和谐校园建设的核心。校园中的人主要包括领导、教师和学生。和谐校园建设不是没有原则的放纵，更不是无组织无纪律的放任，而是指学校的各种要素处于一种相互依存、相互协调和相互促进的状态。只有对校内各层次人员进行全面合理的分析和定位，才能形成对管理活动的理性认识，并有效地推进高职和谐校园的建设。

（1）和谐校园应具备和谐有序和良好稳定的人际环境

校园人际关系大致分为三种：一是领导与群众的关系；二是老师与职工的关系；三是老师与学生的关系。和谐有序的人际关系应该具有制度健全、管理有序、上下通顺、安居乐业的特点。无论是领导、老师还是职工都能够按照一定的规范，各得其岗、各司其职、各享其成。❷

领导与群众的关系要体现教职工的主人翁地位。根据《中华人民共和国高等教育法》规定："高等教育实行民主管理。"教职员工有权参与学校管理工作。无论是从事教辅和后勤工作的职工，还是从事教学工作的老师，不应该认为是简单意义上的受管理者和受支配者。和谐校园很重要的标志就是看教职员工能否以主人翁的姿态参与学院管理，推动学院发展。学校的任务是培养人才，教师是专门从事教学工作的专职人员，教师队伍的质量决定了人才培养的质量。因此，无论是工作环境、职称待遇还是政

---

❶ 李鑫. 教学管理的人本化问题研究［J］. 山西青年，2017（18）.
❷ 陈锐. 论人本化理念下的高职教育管理机制［J］. 职业技术，2018，17（9）：6-10.

治地位都应该向教师倾斜,以确保教师的主力军地位。这是办好教育和学校发展的内在需求。

办学校的目的在于培养学生,良好的学习环境能提高教学质量,学校要从制度上保证学生在学校的主体地位,教师要用自己高尚的师德来教育和影响学生。和谐校园能为学生提供一个平等、宽容和自由的生活和学习环境,以确保学生的全面发展。

(2) 和谐校园应该具有人尽其才和公平公正的育人环境

人本化管理就是要体现人尽其才,物尽其用。无论是职工、教师还是学生,都能处在一个公平公正的环境中,都能充分发挥自己才华与能力,这是和谐校园的必备条件。

在学院干部的任免上,要实行能者上,庸者下,尊重知识、尊重人才;要避免任人唯亲,用人唯近。更不能够出现山头横行、派系林立。

教师的岗位聘用和职称评聘要实行公开、公平、公正。不论什么人,都可以通过公平的竞争获得自身的权益,实现个人和学校的共同发展。教职员工的合理诉求应得到领导应有的尊重,学院管理靠疏不靠堵,这样才能够调动教职员工的积极性和创造性。❶

教育需要公平、教学也需要公平。教师对学生不能分三六九等,要一视同人。学生的成长和成才都需要一个公平公正的育人环境。无论学生会干部的选拔还是班干部的选举,都应该体现公平。在助学金、奖学金的评定上,要依法依规,不得营私舞弊,假公济私。和谐首先体现在公平上,这样才能形成团结互助、平等友爱、和睦融洽的校园环境。

(3) 和谐校园应该具有充满活力和健康向上的文化环境

校园文化是指学校在长期的教学实践中自觉形成的一种基本精神和凝聚力,其基本内涵是学校全体教职员工认同的价值观念、理想信仰、校园风尚和道德行为准则。学校环境文化是一种"隐性教育",能产生一种文化底蕴,陶冶学生的情操,净化他们的心灵,有助于学生的个性发展和文明素质的提高。

---

❶ 王霞. 人本管理视域下民办高职校企合作研究 [J]. 文教资料, 2017 (8): 118-119.

学校是创新的摇篮，充满活力和创造力。和谐校园文化能营造健康向上的氛围，调动一切积极因素，使一切有利于人和社会发展的创造愿望得到实现，创造活动得到支持，创造才能得到发挥，创造成果才能得到肯定。

和谐的校园文化应该体现"以人为本"的要义，把尊重人、关心人和理解人作为精神理念，关心人的全面发展，注重人的个性培养，以此形成生动活泼、文明进步良好局面。

第三节 "以人为本"高等教育教学管理模式的特征

1. "以人为本"教学管理模式的驱动性

在一个管理组织系统中，只有当组织规范内化为管理对象的自觉意识、组织目标转化为管理对象的自觉行动，管理对象的内在驱动力和自我约束力才会产生。"以人为本"的管理模式是依靠管理对象内心深处激发的内在潜力、主动性和创造精神而进行的，而不是依赖高校权力的影响力，因此，"以人为本"的教学管理模式具有较强的驱动性。[1]

2. "以人为本"教学管理模式的文化性

文化是一个群体（可以是国家，也可以是民族、企业、家庭）在一定时期内形成的思想、理念、价值观、行为准则的整合。在高等教育学校内部，无论是学校制度还是专业知识都受到文化的强烈影响，并包含相当多成分的文化因素。"以人为本"教学管理模式不仅依靠"服务"和"命令"的方式来驱使管理对象的行为，而且依赖营造精神氛围来激发人的积极性，借助管理者自身高尚的人格魅力和良好形象潜移默化地影响管理对象的思想和行为。

3. "以人为本"教学管理模式的激励性

根据马斯洛的需求层次理论和赫茨伯格的双因素理论，生理需求、安全需求、社交需求都是为维持生活所必须满足的低层次需求，而被尊重和

---

[1] 付冰. 人本主义视角下的旅游高等职业教育课程项目化研究［J］. 科技视界，2012（13）：61.

自我实现的高层次需求是属于高层次的激励因素。而"以人为本"的教学管理模式正是一种能够满足管理对象的尊重与自我实现高层次需要的管理模式。❶

第四节 构建"以人为本"高等教育教学管理模式的基本策略

1. 树立"以人为本"的教学管理理念

"以人为本"的教学管理理念就是要从"学生和教师"的本位出发,一切措施和制度安排要尊重学生和教师的权利,不能忽视学生和教师的需要。

首先,树立"以学生为本,培养学生成才"的教学管理理念。"以人为本"的教学管理就是为学生的成才提供优质的教学服务。尊重学生对专业与课程的自由选择,根据社会的需求和学生的兴趣爱好,合理组织教学,加强专业素养和职业能力的培养,使其由一个具有基础知识与能力的人转变为一个能满足社会需要的高素质的专业人才;尊重学生自主学习的权利,在教学过程中,把学生放在平等的位置,改变传统的"我讲你听"的教学方式,采用自主、合作、探究的教学方式,引导学生自主学习,重视培养学生的动手能力和解决实际问题的能力;尊重学生的全面发展,既注重培养学生的科学素质,又重视学生道德素质和人文素质的培养;尊重学生的个性发展,按照人才成长的规律和成才的需要合理配置教学资源,优化教学元素,为促进学生全面而有个性的发展创造优良的教学环境和有效的教育平台。❷

其次,以教师为本,注重教师的参与意识与创造意识。高水平的教师队伍是一个高等院校教育事业发展的最关键因素。"以人为本"的教学管

---

❶ 付冰. 人本主义视角下的旅游高等职业教育课程项目化研究[J]. 科技视界,2012(13):61.

❷ 孙露. 人本主义视角下的中等职业学校分层教学再思考[J]. 现代职业教育,2017(6):34.

理要充分调动教师的参与意识和创造意识，使教师的才能得到充分发挥，人性得到不断完善。教师不仅是管理的客体，更应是管理的主体，❶ 学校应该通过多种渠道和方式让教师参与到教学的管理工作中来，这样不仅可以激发主人翁意识，增强工作责任感，而且能够提高学校教学管理的可信度和透明度，增强教师的归属感和认同感。另外，积极营造人尽其才、优秀教学人才脱颖而出的和谐环境，运用奖励机制等手段，激发教师的创造意识，增强教师的自我效能感，提高工作效益。❷

2. 实施人本化管理的教学评价机制

教学评价对高等教育教学改革发展具有监控、调节、改进、甄别、选拔、发展等多种功能，"以人为本"的教学管理模式要求必须实施人本化管理的教学评价机制。就教师的评价而言，过去我们比较重视教师教学技能的评价，很少涉及教师的人格力量、自律意识、奉献精神以及自身的发展提高方面的评价。教师也是有幸福感、价值感的人，而不只是一个掌握知识、传授知识的机器。因此，在对教师的评价过程中，要确立与科学发展观相适应的评价标准，营造宽松的环境、提供优厚的精神和物质奖励激发广大教师从事教学工作的兴趣和热情。就学生的评价而言，过去我们比较重视学生的课业成绩，而很少涉及学生的道德素质、创新精神、动手能力和发展提高能力。因此在对学生评价过程中，要设置弹性的评价标准，采取多元化的评价方式，注重对学生综合素质的评价，注重学生创新精神和实践能力的评价。

3. 形成有共同价值观的学校文化

当前，致力于学校文化的建设已成为高等教育改革新的生长点，成为高等院校发展的新趋势与新境界。学校文化包括物质文化、制度文化与精神文化，是学校办学理念、办学传统与校容校貌的综合体现，反映了学校成员的整体精神、共同价值标准，内含了学校管理中最隐蔽最深层的因

---

❶ 孙露. 人本主义视角下的中等职业学校分层教学再思考 [J]. 现代职业教育，2017 (6): 34.

❷ 韩树杰. 以人为本：高等职业教育管理理念的核心 [J]. 国土资源高等职业教育研究，2005 (4): 9 – 11.

素。因此，要采取多种措施，以优美的校园环境、丰富多彩的课外生活、充满朝气的氛围净化师生的心灵，改善师生的心态，陶冶师生的情操，增强学校向心力、内聚力和持久力。

总之，"以人文本"的高等教育教学管理模式是真正把学生和教师的需要作为管理的目标，改变了管理者与管理对象之间的支配与被支配的主客关系。在教学管理过程中，管理者应有"俯首甘为孺子牛"般的工作姿态和精神意识，不断通过学生的成长和教师的发展而获得人生的价值与幸福。

第五节 人本化教育的实施路径

人本化教育作为一种教育理论，并非具体的教育措施，它只能通过影响教学过程，从整体上发挥指导性作用。教师、课程、学生是教学过程的三要素，如果要在高职创业型人才培养中全面实践人本化教育理论，需从这三个维度着手采取措施。

1. 教学设计人本化

在人本化教育里，教师的角色由知识的传播者转变为学生学习的促进者和帮助者。这就要求教师设计人本化教学，以促进、帮助大学生学习。那么，高职院校教师应该怎样设计教学以开发学生的潜能、培养学生创新能力呢？具体说来，可以采取如下手段。

第一，在教学手段上，使用现代信息技术革新教学内容、教学场地，重新规划学时安排，为学生自主性学习、研究、实务训练提供充足、合理的时间和空间；第二，在教学方法上，教师应多利用先进教学方法，引导学生找出问题，由单调灌输知识的教学向有趣、实践性强的教学转变，调动学生主动性，让学生乐于分析问题，通过此种教学，最终提升学生解决问题的能力；[1]第三，在学生学习结果的评价上，要采取开放的态度，注

---

[1] 段姣雯，杜庆. 职业教育现代化人本范式研究 [J]. 齐鲁师范学院学报，2018，33（2）：15-19.

重"授之以渔"而非"授之以鱼",强调学生自主、独立、开拓能力的评价,使学生由教师评价走向自我评价,这样将有助于发展学生的独立性、创造性和自主性。

2. 课程设置人本化

每个人都具有心理潜能,所谓潜能自是内在潜藏的。潜能的外在表现多是需要,而需要促使人的价值实现。所以,课程的教育价值虽表述繁多,但其实就是激发学生的潜能和满足学生的需要。传统高职课程是学科型的,过于注重学科的理论性,对高职教育培养目标来说,是一种畸形化的课程,不利于挖掘高职学生技能方面的潜能,更不能提高高职学生的创新意识与创新能力。

因此,作为有别于普通高教的高职教育,其课程设置必须改变这种过分注重专业需要和偏重知识传授的做法,以人本化教育理论为指导,设置人本化课程:第一,课程设计应注重拓宽高职学生基础知识,加强技能教育和创新能力培养;第二,优化课程结构,精选教学内容,利于"做中学""学中做"的进行;第三,提升高职学生选修课程的权利与能力,不仅是在选修课中,而且在核心课程和专业课中也同样适用,以促进学科之间的交叉和融合。美国大学生可以在一定的学科范围内,自主选择自己需要的课程,这种灵活性选课模式,满足了大学生的发展需要。

3. 学习人本化

人本化教育充分肯定了学生的中心地位,提倡学生进行意义学习。所谓"意义学习"相对于"机械学习"而言,不是死记硬背,不是不讲方法,不是让学习者疲惫地丧失学习热情,而是使个体的行为态度、个性以及价值观与学生的学习发生联系,相互促进,事半功倍。"意义学习"要求学习的内容知识与生活现实发生联系,但在今天我们的高职教学活动中,学生与现实生活碰到的真实问题距离遥远,这损害了高职学生的意义学习,不利于高职学生联系实际,进行创新。因此,"意义学习"要求激发高职学生学习动机,引导他们挑战各种复杂的问题情境,并创造条件让他们感受社会各行各业人员所面临的问题,成为真正的自主、创新学习个体。另外,还要保障高职学生学习过程的自由与开放,学习路径应利于发扬学生个性；学生、教师之间改变单纯学与教的关系，双方互动、协作，这种互动、协作不仅是学习上的，还包括思想、人格的平等交流，促进高职学生独立意识的觉醒、自我概念的强化，在此基础上发展他们的创新意识，为创业做好精神准备。

第九章

高等职业教育的社会贡献度分析

大学作为高等教育机构，其主要功能被认为是教书育人、科学研究和社会服务。高等职业院校作为高等教育的一个分支，是与社会生产联系最为密切的教育类型，其社会服务功能显得尤为突出。国务院《关于大力发展职业教育的决定》已经明确指出，职业教育的根本目的是提升劳动者的素质，尤其是劳动者的职业能力。就我国的具体情况来说，职业院校要有助于实现劳动者的再就业，通过多种方式开展技能培训和创业培训，积极推进社区教育，多渠道多形式地满足广大群众不同学习的需求。

第一节 我国高等职业教育社会服务职能的诞生与发展

一、社会服务职能的内涵与诞生

社会服务职能是高等职业教育的最终目标，高等职业教育的发展要与经济和社会发展相适应。高等职业教育的三个功能也是高等职业教育发展的三个层次。[1] 最初高等职业教育是为了面向职场培养与其需求相适应的

---

[1] 刘红. 2017年我国高等职业教育发展成绩、问题与挑战——基于《2018年中国高等职业教育质量年度报告》的分析[J]. 中国职业技术教育，2018，674（22）：23–28.

第九章 高等职业教育的社会贡献度分析

专业人才，而后其发展的中级阶段，高等教育面向社会提供各种职业技能培训，最终高等职业教育的发达阶段是为了广大群众提供多样化的学习需求。

20世纪80年代，随着我国产业机构的逐渐调整和升级，各行业对拥有熟练技术的员工需求激增，最早一批高等职业技术院校应运而生，如金陵职业大学。由此可见，我国高等职业技术院校发展的最初目的是培养应用型技术人才。到了20世纪90年代，我国的高等职业教育日趋成熟，各院校在学科设置和教育规律的把握上日趋明朗。在此基础上，《中华人民共和国职业教育法》应运而生，它以法律的形式确立了我国高等职业院校的具体地位，对学科设置、办学规模、培养方向、办学方式等方面进行了明确的规定，促进了高等职业教育在我国的正规化发展，但教学职能上仍以人才培养为主。因此，20世纪80—90年代是我国高等职业教育的初步建立和正规化阶段，该阶段的社会贡献简单而且单一，即以培养社会经济发展所需要的专业技术人才为目标，这一职能也是与我国高等教育发展的阶段相适应的。

二、新时期高等职业教育的发展阶段

20世纪90年代末，高等教育在我国的发展已经日渐成熟，其社会职能和社会贡献也日趋多样化。高等职业教育在我国高等教育体系中占据了重要比重，我国的高等职业院校超过千所，招生也占据了高等院校在校生的一半左右。高等职业院校在招生规模、基础设施建设、课程设置和教学模式，以及教学改革等方面都获得了长足的发展，培养出大批面向就业、技术过硬的一线工人和职场员工。在新的社会背景下，教育部出台了《教育部关于加强高职高专教育人才培养工作的意见》（教高〔2000〕2号），对高等职业教育提出了新的要求，即高等职业教育要积极投身于科技工作中，以技术推广、生产服务、科技咨询和科技开发为主要目标，发挥高等院校的社会服务职能。由此，高等职业教育的职能由单一的人才培养拓展为科技服务，以至于最终面向全社会提供多种多样的社会服务。

进入21世纪，我国高等职业教育在规模上不断突破，而且逐渐由外延

式发展转向内涵式发展,涌现出一批与企业建立紧密联系,实现从"产学研"紧密结合的高质量、现代化的高等职业院校。❶ 国家为了推动高等职业教育的深化改革,顺势而为,出台了一系列政策措施,如《关于实施国家示范性高等职业院校建设计划加快高等职业教育改革与发展的意见》(教高〔2006〕14号)、《关于进一步推进"国家示范性高等职业院校建设计划"实施工作的通知》(教高〔2010〕8号)和《教育部关于推进高等职业教育改革创新引领职业教育科学发展的若干意见》(教职成〔2011〕12号)等文件,强调高等职业教育的社会服务和贡献应更包括职业培训、对外交流和对口支援,这三项职能是对高等职业教育社会服务职能的深化和拓展,也是与我国具体国情相结合的特色。综上所述,到现在为止,我国高等职业教育的社会贡献形成了以人才培养为主,职业培训、技术服务、对外交流与对口支援等多种内涵并举的高等职业教育社会服务职能,且更加强调社会服务的横向性、区域性、互动性,彰显了高等职业教育特色。

第二节 我国高等职业教育社会服务典型经验

随着我国经济的转型,产业结构的不断调整和升级,对高等职业教育不断提出新的预期和要求,整合现有教育资源,建立完善的现代化的职业教育体系已势在必行,而社会服务功能显得更加明确、更加实际、更加迫切。社会服务职能作为高等职业院校的核心功能,已经越来越受到政府、学校以及社会各方面的重视,并吸引了大量的资源投入高等职业院校。由此也引发了高等职业院校教育的一系列改革和创新,各学校在教学、实践、技术研发、校企结合等方面积累了诸多经验,推动了经济和社会的发展,其中一些学校的经验颇具典型性,值得大范围推广和借鉴。

一、"社会服务平台"模式

"社会服务平台模式"是由陕西国防工业职业技术学院探索出的一条

---

❶ 呈现高职教育发展态势 共享中国高职模式经验——2017中国高等职业教育质量年度报告发布〔J〕. 广东教育:职教,2017(9):4-5.

校企结合的新型模式。它是通过学校发挥服务平台的作用，依靠自身的硬件设施、社会声誉和资金支持等资源为教师和学生提供发挥其专业技能的条件和平台。设立如"×××技术实验室""×××技术工作室"等对外技术、咨询服务机构，依靠将自身的技术特长与学校的资源相结合，对内、对外提供各种社会服务，如技术支持、项目管理、专业咨询等。❶ 这样的模式使教师所组建的社会服务机构成为一个自主经营、自负盈亏的经营主体，调动了教职员工的积极性，增加了学校与企业间的联系，为产学研的顺利结合搭建了桥梁。该模式的优点主要体现在以下四个方面：（1）教师和学生直接面向社会需求，在与企业的交流中不断磨炼自身的专业知识和技能，提升了教师的教学水平，增强了学生的实践能力，缩短了学生职业适应的时间。（2）强化了学校与企业间的联系，诞生了一系列具体、灵活的校企合作方式，推动了科学及技术的推广与应用，为学校的科学研究面向应用，提供了新的具体思路和路径。（3）依靠学校的平台和管理，实现了学校、企业、教师三方利益的科学分配和风险共担机制，使企业获得了利润，教师取得了收益，学校增加了收入。（4）让学校师生深刻认识到高等职业院校社会服务功能的经济意义和社会意义，以经济利益驱动为起点，以服务社会为终点，体现了高等职业院校在整个教育体系和社会中的地位和作用。

二、"校企合作工作站"模式

"校企合作工作站"模式是以学校为主体与企业建立长期的、固定的合作关系，在校内设立"工作站"式的独立机构，作为企业科研、实验功能的外延，将企业的技术需求与学校资源有效地进行整合，配置专门的工作人员，建立学校与企业共同管理的机制。该模式是以校企资源的优化配置为目标建立的合作机制。其优点主要体现在以下三个方面：（1）加强了企业与学校之间的联系。该种模式使学校能够直接了解企业的技术需求，

---

❶ 刘小英. 高等职业教育对经济增长的贡献分析——以呼和浩特市为例［J］. 现代国企研究，2018，134（8）：199.

从而优化课程设置，改革教学方式和方法，使学生在校期间所学技能能够紧贴实践，为今后的职业生涯打下坚实的实践基础。（2）整合了学校与企业的资源。该模式使二者取长补短，互为补充，提高了学校和企业资源的配置效率。（3）为企业提供了实力强、成本低的研发机构。企业通过付出少量的合作经费或投资，获得学校大量优质的智力资源和研发能力，为企业技术改造、产品创新、管理咨询、职业培训和技术成果的推广和转化提供了研发基地和培训场所。❶

三、"创业园区"模式

"创业园区"模式是高等职业院校与科技园区合作，以推动科技创新和企业孵化为主要目的的社会服务模式。依据国际经验，发达国家的许多新型企业的孵化都是从学校诞生的。大学内有优质的研究资源和人才，老师或学生在教学、研究的同时，形成研究成果。创新的研究成果需要资金、技术和其他资源的培育才能形成生产力，诞生新的高科技企业。而科技园区恰恰具有孵化作用。因此，高等职业院校与科技园区相结合，将学校师生的科研成果经过科技园区的培育和孵化，可以极大地激发学校师生的创新创业热情，同时将"创业园区"模式推向社会，使之成为一个优质的创新创业平台，成为促进区域经济和社会的发展动力。

第三节　国外高等职业教育社会服务职能经典案例借鉴

虽然我国高等职业教育的社会服务功能已经取得了长足的发展，但相对于一些发达国家的成熟职业教育体系的社会服务功能仍显得较为稚嫩，在此也对发达国家职业教育的社会服务经验做一个简要介绍，以期能够为我国职业教育的社会服务功能的进一步发展提供借鉴。

---

❶ 刘晓宇，张昭俊. 高等职业教育对内蒙古经济增长贡献率的实证分析［J］. 内蒙古统计，2016（5）：7-9.

第九章　高等职业教育的社会贡献度分析

一、美国面向社区的社会服务模式

在美国，高等职业教育体系是由各个社区的社区学院构成的。社区学院的主要功能是面向社区培养社区所需要的各类技术和管理人才，并利用学院资源满足社区内公民的不同学习和培训需求，推动社区的发展。其主要职能体现在：（1）通过开放式办学，灵活的课程设置，弹性的学习时间，面向社区成员提供各种职业培训和技术咨询，实现学院教育和其他资源的社区共享。❶（2）根据社区需求调整专业设置，建立课程体系，培养现代化的技术人才和管理人才，以满足社区发展的需要。（3）建立校企合作机制，与企业共同建立研发中心、培训中心、实验基地、科技园区等产学研合作实体，共同完成企业所需的技术研发和成果转换。

二、德国全方位立体式社会服务模式

德国的高等职业教育主要采取科技大学的形式。其设置要依据国家和社会的发展需求，学校的开办、专业特色的设置以及学生的培养方式要与当地行业发展特色相一致。学校还可设立专门为培养学生实习和实践能力为目的的技术园区和技术分校，且选址大多在产业集群周围，以便加强学校与企业之间的交流，让在校师生更容易与企业建立技术联系与交流。❷基于此种模式，德国科技大学可以为企业和社会提供全方位、多方面立体式的社会服务，与此同时，学校也可以建立与企业和行业发展的联动机制，时刻关注行业发展动态，调整课程设置和培养方式，从而保持学校办学的活力，提升学生的职业竞争力。德国的科技大学模式实现了服务企业需求与学校持续发展的双赢。

德国科技大学的社会服务方式主要体现在两个方面：专业人才定制和技术研发合作。专业人才定制是指企业直接向学校提出用人需求并参与学校人

---

❶ 胡元庆，袁世军. 高等职业教育对区域经济发展的适应性与贡献率研究综述［J］. 科技、经济、市场，2017（11）：77-78.

❷ 李名梁，徐甜. 回顾与前瞻：职业教育社会认同度问题研究［J］. 职教论坛，2018，699（11）：20-25.

才培养方案的制订，学校根据企业的要求对学生的专业知识和技能进行针对性的培训和培养。同时，企业为所培养学生提供实习机会，并派遣具有丰富实践技能的导师进行实践指导。通过该种方式不但实现了学校与企业资源的有效结合，还满足了双方在人才培养和人才使用方面的需求，从而使学校和企业在双赢中相互促进。技术研发合作是指在技术创新、新产品研制、技术咨询等方面，学校和企业建立多种形式的合作机制，从而将学校和企业各自的研发能力有效结合，取长补短，从而实现研发过程的低成本和高效率。

以上是发达国家先进高等职业教育服务社会的几种具体形式，随着社会经济的发展，技术的进步，高等职业教育社会服务的内涵和形式将会更加丰富、多样。因此，应该根据我国国情，在借鉴发达国家先进经验的基础上，积极探索我国高等职业教育社会服务体系，建立高等职业院校服务企业的有效机制、模式和途径。让社会服务功能成为学校和企业的共识，让贡献社会成为职业教育与社会互动的桥梁，学校和企业在相互参与、相互合作、共谋发展的过程中成长，实现企业和学校的共赢，这也是社会服务职能的最终目标。

第四节　高等职业教育社会服务的未来——社区综合服务

随着社会的不断发展，城市社区逐渐兴起和繁荣，人们的大部分生活与社区紧密联系。而高等职业院校作为应用型教育，对其所在社区的社会贡献将越来越大，其发展也越来越依赖社区，最终将与社区融为一体。因此，面向社区提供教育、研究以及其他形式的社会服务，将成为高等职业教育责无旁贷的职能。❶ 在我国，积极调动高等职业院校的各种资源，为社区提供多种多样的职业培训，为社区企业提供在职培训和技术研发，以满足社区内居民和企业的综合需求，将成为未来我国高等职业院校社会服务的未来发展方向。

---

❶ 刘蓓蓉. 基于 DEA 方法的高等职业教育融资效率分析［J］. 现代管理科学，2018，303（6）：65-68.

第九章　高等职业教育的社会贡献度分析

一、我国高等职业教育社区服务研究溯源

"社区"这一概念起源于社会学,最早由德国社会学家斐迪·滕尼斯在其著作中提出。后传入我国,推动了我国社区实践和社区研究领域的发展。我国关于社区研究与实践起源于 20 世纪 80 年代。虽然经历了近 40 年的发展,在许多城市社区已经初具规模,但社区教育的发展程度仍局限于开展社区文体活动、卫生服务等简单功能的完成上,尚未将社区教育融入终身教育体系中。

1. 社区教育研究取得的主要进展

通过对社区教育的相关文献进行搜集和整理,可以发现当今学术界对于社区教育的主要观点可以归纳为以下几个方面。

首先,一部分学者对社区教育的内涵进行了界定,并对社区教育进行了深入的剖析和阐述。如陈乃琳(2013)认为,新时期社区教育应以促进人的全面发展为中心,将社区教育当成一项系统工程来看待,不断完善和创新,力求建立起一套科学合理的社区教育可持续发展机制。其次,学术界对社区教育的方式和内容进行了界定。傅松涛(1994)认为,社区教育的内容和方式可以借鉴各级各类教育的模式,将不同类型教育的特点、方式、主体和对象融为一体,以便与社会需求有效结合,成为一套能够满足不同层次和不同需求的社会化教育体系。❶ 其核心就是要将教育的社会化和社会的教育化有效结合,让教育体系走出象牙塔,渗透到社会的方方面面,在社会发展的各个领域中获得认同和支持,并发挥教育应有的作用。社区教育的形式也应该因地制宜、灵活多样,既有校内教育也有校外教育,既包含正式教育也包含非正式教育,既可以是普通教育也可以是各种专业技术培训。总之,社区教育将渗透于社会生产和生活的方方面面,为未来社会公民实现终身学习提供强有力的支撑。最后,学术界对社区教育的理念阐述更加明确。厉以贤教授认为,社区教育的范畴较为宽广,可以称之为大教育概念。主要体现在:①社区教育的对象十分宽泛,受众面向

---

❶ 杨智丽. 江苏省高等职业教育对经济增长贡献率的研究[D]. 南京师范大学,2015.

广大社区成员；②社区教育的目标比较宏大，要满足社区成员不同层次不同目的的教育需求，以提升社区人员的整体素质为己任，通过教育活动的开展和实施提升社区成员的生活水平和质量，推动社区的不断发展；③社区教育内容的多元化，社区教育要因地制宜，结合本社区特色开展多种形式、不同内容、层次各异的教育活动；④社区教育的动力机制植根于社区，通过教育与社区的相互参与、相互渗透，实现教育与社区的互惠互利，协同发展；⑤社区教育的组织方式灵活多样，社区教育实现了校内与校外、正规与非正规等教育形式的相互融合与补充；⑥社区教育的体制呈现柔性化特点，社区教育可以将社区内的各种教育资源和教育要素有机组合，融为一体，实现教育资源的优化配置；⑦社区教育的实质是促进教育与社区的沟通与融合，实现教育与社区的协同发展和共同进步，最终培养社会成员终身学习的习惯，实现学习社会化。

2. 我国社区教育发展过程中的不足

尽管我国社区教育在发展中取得了一定的成就，但由于社区发展水平和教育现代化程度的限制，仍存在诸多不足。主要体现为：①区域间资源分布不平衡，我国东部发达地区在教育投入、学生升学率以及文娱活动方面支出较大，而中西部地区略显不足；②社区居民可利用学习环境不足，由于我国高等教育资源大多集中于学校内部，因此，在社区内部很少具备图书馆、自习室等学习条件，社区居民暂时无法获得良好的学习环境；③在县级及城镇社区中，教育管理的行政色彩浓厚，教育资源无法实现合理的配置；④社区教育活动的开展无法冲破行政管理体制壁垒，社区居民无法从体制内自由地获取教育资源。此外，在县级以及城镇级地方政府的管理中，社区教育理念尚未真正树立，其对教育的管理方式和手段较为落后。这些都是制约我国社区教育发展的障碍。

二、高等职业教育与社区教育的耦合性

我国的高等职业教育经历的几十年的发展，已经从最初的起步期进入了高速发展时期，其教师数量和质量不断提高，办学模式和经验不断成熟和完善，办学规模也呈现出逐年扩大的趋势，这些优势都为高等职业教育

第九章　高等职业教育的社会贡献度分析

与社区教育的有效结合提供了资源和机制上的可能。

1. 高等职业教育体系已经实现了与市场经济需求的有效衔接

高等职业教育体系能够根据市场需求的变化及时调整课程设置，这为高等职业教育开展社区教育服务提供了前提条件。社区居民的学习动机大多为职业提升、就业和再就业，其主要目的是为谋生创造条件。而高等职业院校所开设的课程恰恰具备了很强的实践性，这类课程在社区范围内的推广，可以帮助社区成员掌握一技之长，从而顺利实现就业和再就业，甚至还可以为在职人员提供进修的机会，帮助其实现技术和职位的跃升。❶

2. 高等职业院校拥有丰富的教育资源

资源的有效利用成为高等职业教育提供社区教育服务的物质基础。经过几十年的发展，我国高等职业教育在教师队伍、软硬件设施和办学场地等方面积累了大量优质的资源。这些资源的开放和分享可以为社区教育的发展提供极大的便利。良好的师资，为社区成员的学习引领了方向；充足的教学场地和设备，为社区成员提供了优质的学习环境；现代化的图书馆、阅览室以及丰富的网络资源，为社区成员打开了资讯的窗口。因此，高等职业院校资源的有效利用将极大地推动社区教育的发展。

3. 高等职业教育的教学理念与社区教育相一致

我国高等职业教育一直秉承"实践为主，就业导向，产学研相结合"的发展思路，在注重"教"的同时，更注重"学"，在传授理论的同时更注重学生实践能力的培养，并且强调个性化学习。而社区教育的目的是注重实践，强调提升受教育者对职业的适应能力，帮助受教育者掌握学习技能和生存技能，提升社区成员的职业胜任力。因此，在教育理念上高等职业教育与社区教育具有一致性，高等职业教育必将成为社区教育发展的强大推动力。❷

---

❶ 赵晓爽. 京津冀职业教育规模对经济增长的实证研究［D］. 天津职业技术师范大学，2018.

❷ 吕烈兴. 四川省高等职业教育对经济增长的贡献率［D］. 西南财经大学，2016.

三、高等职业教育在开展社区教育过程中的经典模式

高等职业教育与社区教育的结合，要依据社区特点与学校特点相结合的原则，因地制宜地开展多样化的教育模式。既要发挥高等职业院校的特色，又要能够满足特定社区的需求。在实践中摸索，逐渐形成几种有效的经典模式。

1. 职业培训模式

高等职业院校的课程设置大多面向职业需求，其教育特点决定了高等职业院校可以更快更好地帮助受教育者掌握职业所需要的技术和技能。基于此，高等职业院校大多也会开设一定量的培训课程，但这些课程大多局限于特定的对象和领域，并未向全社会范围内开放。而基于社区教育的理念，高等职业院校可以充分调动自身职业培训的资源，面向社区和社会开展长期和短期、校内和校外、正式和非正式的多种形式的培训课程，以满足社区居民对知识和技术的渴望，帮助其掌握一门到几门谋生的技能，推动其职业生涯向前发展。而对于社区在职人员的培训可以帮助其提升职业素养，使其职业生涯走得更加顺利、更加长远。❶

2. 教育基地模式

高等职业院校还可以与社区资源进行整合，建立符合社区特色的教育基地。教育基地的建立是高等教育与社区教育相互融合、相互渗透的典范。教育基地的建立可以为社区提供相对固定的教育场所，根据社区成员的需求调整课程设置，使高等职业教育所提供的教育资源更加契合社区的特色和需求。同时，教育基地还可以为高等职业院校提供校外实习的场所和条件，加强在校学生与在职人员的交流，让学生更加贴近职场，在实习中收获更多的实践技能。因此，教育基地模式有效地实现了高等职业教育与社区教育的相互促进、协调发展。❷

---

❶ 袁国铭，冯吉斌，杨文有. 我国高等职业技术教育发展的经济学思考［J］. 纳税，2018（30）：204.

❷ 刘晓明，王金明. 浙江省高等职业教育对经济增长贡献率的实证分析［J］. 中国职业技术教育，2011（18）：36－40.

3. 校社协议模式

该模式即为高等职业院校与社区签订长期合作协议。通过该种模式高等职业院校可以与社区开展多种形式的教育活动，如在社区定期举办讲座、开展社区内的短期和长期培训、高等院校教师下社区"一对一"辅导等。同时，社区居民也可以在特定时期或通过特定通道进入高等职业院校，进行校内学习。该种模式为今后高等职业院校与社区探索多形式、多样化的合作提供了平台。

第五节 高职院校提升社会服务能力的对策建议

一、厘清学校办学定位，明确社会服务对象

以上关于社会服务绩效指数影响因素的分析中，院校所在省域、市域的相关性过低，从一个侧面说明当前高职院校在办学定位上并没有有效聚焦。在"一个地级市设置一所高等职业院校"的国家政策设计早已实现的前提下，却没有实现高职院校真正以服务区域发展为宗旨的目标。尤其是在经济欠发达、产业欠发展地区，高职院校可能会从学校生存和发展的角度，更多地与长江三角洲、珠江三角洲等产业发达地区企业合作，导致其社会服务面向宽泛化。在当前从规模扩张向内涵发展的转型过程中，高职院校必须进一步厘清、明确、坚定学校的办学定位，明确学校服务对象和服务域。即便这对很多高职院校而言暂时非常艰难，但精准的办学定位，不仅对提升学校社会服务能力具有先导意义，也是学校实现健康协调可持续发展的一个重要前提和基础。

二、深入推进内涵发展，提升综合办学实力

正如前面相关性分析中体现出来的，高职院校社会服务绩效与学校综合办学实力以及内涵建设的深入程度密切相关。作为高职院校，必须在推进内涵发展中树立现代职业教育发展理念，并将理念全方位地贯穿于学校办学的全过程；必须在推进内涵发展中提升办学基础能力，改善办学基本

条件；必须在推进内涵发展中调整优化专业结构，增强专业设置与区域产业结构的对接性和匹配度；必须在推进内涵发展中加强教学团队建设，提升师资队伍的质量和水平；必须在推进内涵发展中深化校企合作，尤其是与本地中小微企业的合作，切实帮助企业解决发展过程中面临的技术技能人才需求、新技术新产品的应用推广问题；必须在推进内涵发展中面向社区、面向人人，有效发挥学校在区域终身教育体系建设中的积极作用。只有学校综合办学实力得到有效提升，其在区域经济建设和社会发展中的参与度和贡献率才会有大的飞跃。

三、促进产教深度融合，充分融入区域发展

从前文相关性分析的结果来看，即便从整体上看高职院校应有的办学定位未能有效聚焦其社会服务对象，但在培训服务能力等分项指标仍然与所在省份、所在城市表现出明显的相关性。这至少说明，高职院校作为社会服务的供给侧，没有很好地适应区域产业发展上的需求。高职院校必须不断创新深化产教融合的体制机制，充分融入、参与到区域发展中来。笔者认为，高职院校内部至少可以从两个层面着手进行改进：其一，在内部推动专业结构调整和优化。高职院校应立足学校专业集群与区域产业集群的匹配与对接，立足同一区域内不同高职院校专业群建设上的差异化错位发展，不断调整和优化专业结构，整体性优化专业布局，努力提升专业建设与产业发展的契合度。其二，在外部推动产教融合平台建设。对大多数高职院校而言，校企合作上更多面对的还是中小微企业，合作成本相对较高导致合作很难取得较好成效。在高职院校融入区域发展的过程中，必须要积极争取地方政府的支持，着力通过区域性职业教育集团或职业教育联盟的形式，为深化产教融合搭建平台。从近年来各地职业教育集团化办学的实践看，这样的区域性职业教育集团，不仅可以推动高职院校与本地企业建立起千丝万缕的联系，让校企双方建设利益共同体成为可能；更重要的是，借助这样的"一校对众企"平台，使高职院校和本地中小微企业在合作中的时间成本、人力成本和财力成本得到有效降低。

四、统筹开展社会服务，着力形成系统合力

从目前高职院校开展社会服务的形式看，虽然还较为单一，但高职院校完全可以借助与产业发展的紧密联系，依托校企合作的办学模式，统筹推进社会服务工作，着力形成社会服务上的系统合力，提高社会服务的质量和水平。根据前文所作相关性分析，笔者认为，高职院校目前至少可以从以下四个方面努力，提升社会服务的针对性和实效性。其一，推动协同创新平台建设，积极争取地方政府和举办方政策扶持和经费支持，在校企共建大师工作室、共建实验实训基地、共建实习就业基地、共建招生招工服务机构、共建技术技能人才队伍等方面创新探索；加强与政府政策部门、科研院所、高校和企业合作，着力通过课题研究项目等载体深化产学研合作。其二，创新社会服务体制机制。出台激励措施，充分发挥专业带头人的作用，在确保教育教学质量的前提下，统筹推动教师为行业企业和区域社会发展提供优质服务。建立和完善教师科研成果转化机制，鼓励教师将科研资源转化为教学资源、社会服务资源，着力打造教师面向中小微企业的技术开发能力和难题解决能力。其三，推动信息化技术应用。加快和完善智慧校园、信息化校园建设，重点打造学校社会服务门户网站，引导、鼓励和支持广大教师开展"互联网+课堂"，建设并依托现有资源尽快建成一批依托互联网的共享性教学资源库，加大与国内外先进院校、行业企业的交流合作力度并积极引入优质教学资源，着力打造服务区域经济社会发展的资源和信息高地。其四，加强社会服务资源开发。高职院校在充分了解需求的前提下，可以充分发挥在信息、技术和资源上的优势，整合校内外力量，开发多样性的社会服务资源包，为服务对象提供精准的服务。比如，面向区域现代农业发展，高职院校可以开发从种养技术应用推广到"互联网+农业"再到农产品加工、营销、仓储、物流等全系列的定制式服务"菜单"。相信只要朝着这个方向努力，在不远的将来，高职院校社会服务的能力和绩效一定会有质的飞跃。

五、走社会化办学的道路

高等职业教育院校是地方经济社会发展的重要支撑力量，在全面发挥社会服务功能的同时，也要开放办学，以不求所有但求所用为原则，大量利用社会资源，与社会进行人员、信息、设备等方面的广泛交流。一是要改变封闭式教师队伍建设的路子。专职教师采取社会公开招聘，兼职教师大量从企业聘任，打破教师知识技能陈旧、业务背景单一、能进不能出的僵局。同时，通过增加兼职教师和聘任非固定行政人员，优化人员结构，增强学校组织的弹性。二是要改变教学设备、设施自给自足的建设方式。院校可以吸引企业把实习、实验和研发中心建在学校，使资源充分利用，双方共享。院校的体育文化设施应向所在地区开放，提高设施利用率，部分服务收益可以用于运转、维护费用。三是要改变教育教学考核评估的内部性。院校评估应吸收更多的用人单位和毕业生代表，有条件的应交给社会评估机构，通过第三方评估提高教育评估的社会信度。推进高职院校的职业资格证书考核工作，利用证书的先进性、权威性、通用性推动学院内部教学改革，提高教育培训的社会认可度。四是要进一步推进院校后勤服务社会化，减轻院校负担，减少不必要的办学成本和行政管理费用。

第四编 高等职业教育的国际化研究

第十章

阿特巴赫教育理论与高等职业教育国际化

第一节　高等职业教育国际化的概念

高等职业教育的国际化在学术界存在诸多争论，归纳起来可以分为四种代表性的观点。一是从各个高等职业院校的具体活动出发描绘教育国际化现象。主要包括高等职业院校课程的国际化改革，与其他国家高等职院校的学生交换培养、师资交流、技术交流和合作等活动。二是从高等职业院校进行国际交流的具体目的来界定国际化。主要包括培养学生新的知识和技能，提升教师的职业能力等角度出发进行国际交流。三是从高等职业院校的国际发展理念角度界定国际化。高等职业院校如果更加注重面向国际的发展理念，支持跨文化发展，能够与国际接轨形成国际化的文化氛围，则认为其国际化水平较高。四是从高等职业院校的组织结构对国际化进行界定。高等职业院校在组织管理、学术活动等方面更加体现国际的维度和观念，其管理模式更能融入全球化进程，则称其为国际化。综上所述，高等职业教育国际化是一个持续、动态的高等职业教育改革过程，其目的是为了对经济全球化进行有效应对，并在此过程中使用本国的高等职业教育水平获得提升。其具体路径是，通过与不同国家进行高等职业教育的交流与合作，吸取其他国家先进的教学理念、成功经验实现高等职业教育的跨国界、跨民族、跨文化发展。其特点是在培养目标上更加面向国际教育市场，在教育模式上更加适应国际交流的需要，充分利用和整合国际各种教育资源，培养具备国际竞争意识和国际交往能力的专业技术人才。

二、高等职业教育国际化的内涵

高等职业教育国际化主要包括教育理念的国家化、培养目标的国际化、课程设置的国际化和积极的国际交流与合作。

1. 教育理念的国际化

教育理念的国际化是高等职业教育国际化的前提，也就是说高等职业院校要站在国际化的视角对教学运行和学校管理进行改革，这是高等职业教育发展的重要途径。通过国际化的交流与合作可以帮助学生获得新的知识、技能和思维方法，有助于拓宽本国高等职业教育的视野，推动其可持续发展。另外，经济全球化虽然为各国带来了机遇，但同时也使各国不得不面对全球竞争、环境恶化、资源紧缺等一系列问题。随着问题的加剧各国纷纷认识到国际合作日益重要，因此，培养具有国际主义精神的高素质职业技术人才，是各国经济社会发展亟待解决的问题，所以高等职业教育国际化也是适应经济社会国际化需求的必然选择。

2. 人才培养目标的国际化

高等职业院校的根本目标是培养专业技术人才，而为了应对全球化的趋势，高等职业院校国际化的根本目标是培养拥有国际意识，能够适应对外交往需要，具备国际竞争力的专业技术人才。并通过高等职业教育的发展，带动全社会国际化的进程，培养大批面向国际的合格公民。

国家化高等职业技术人才的培养是一个长期、系统的过程，主要可以从两个方面着手。其一是树立国际化的理念。国际化人才首先要求具备全球视野，以平等开放、服务全球为指导思想，强化国际理解教育，以增进民族间的沟通和文化交流为目标，帮助学生在立足本国传统文化的基础上，兼容并包地吸纳多元文化的精华，以便在国际交往中能够具备顺利沟通、准确判读和独立思考的能力。其二是培养应对国际化的能力。参与国际交流和竞争需要让学生具备基本的国际知识和技术技能，如熟练的外语能力、熟悉国际先进技术的发展趋势、了解国际流行的经营管理模式、通晓国际贸易规则、了解国际金融和法律知识等。通过技能的培养，让学生能够应付全球化交流、学习和工作中可能遇到的各种情形，走出校园后能够迅速地融入国际化的工作与生活中。

3. 课程设置的国际化

高等职业教育的国际化首先要从课程设置的国际化开始，它是培养合格的国际化高等职业人才的重要保障。因此，各高等职业院校在设计教学计划的时候要对高等职业教育的国际通行课程进行充分的调研，了解其他国家同类专业的课程内容、培养要求、教学方式等重要环节，结合本国传统文化和社会经济发展需要，对引入的课程进行创新和加工，构造出适合本国高等职业教育发展的国际职业教育课程体系。具体可以通过在现有课程中增加国际通行规则中要求的内容；开设国际流行且本国急需的课程；在各专业技术课程中设置双语教学环节；增加英语课程的内容和创新英语课程教学方式等。通过课程的科学设置和教学内容的创新，增强学生的国际化适应能力，以便更好地参与国际竞争。

4. 国际交流与合作

国际交流与合作实质上是跨国间以教育为目的的人员互动活动，其中以学生留学、跨国联合培养、学者访学和专家研讨会等形式最为常见。通过国际交流与沟通，可以帮助学生了解其他国家的经济社会、风土人情、高等职业教育的发展状况，学习国际先进的科学技术、管理经验，拓宽了学生的交往范围、开阔学生的视野，它是课程设置国际化的有效补充。且国际交流与合作的组织方式较为灵活多样，可以满足不同专业职业教育的需要，是一种被广泛采用和推广的国际化形式。国际交流的方式和类型多种多样，但大多集中于一线教师和学生身上。

第二节　阿特巴赫教育依附理论与高等职业院校国际化

1. 阿特巴赫教育依附理论的内涵

阿特巴赫引入了发展经济学的"中心"与"边缘"概念，运用"中心—边缘"二元分析框架来描述和解释国际教育发展不平衡现象。"中心"

与"边缘"既是阿特巴赫教育依附论的核心观点,也是分析国际教育不平等依附关系的基本框架。

阿特巴赫作为当今高等教育国际化研究的大师级人物,其研究首先对"国际化"与"全球化"进行了区分。他认为,两个概念是截然不同的范畴和现象。"全球化"是指社会的发展趋势,包括经济、技术和科学等领域的发展,以及由此而带来的高等教育的发展。在现实中体现为信息技术的广泛应用、跨国学术交流、跨国通信、高层次专业人才的跨国流动以及跨国出版商等现象的出现。"国际化"则是指各国政府、主管教育的部门以及各级各类教育机构在面对全球化趋势下所选择的应对方式和策略,主要表现为支持本国学生和教师海外留学、鼓励跨国学术研究与合作以及与其他国家的教育机构建立联合培养机制等。❶ 由此可见,阿特巴赫将"全球化"看成是推动高等院校国际化的动力,这一趋势是不可阻挡的。而"国际化"则是各国教育组织应对全球化的策略,各国教育组织通过模式和途径的创新逐渐融入全球化进程中,并为多元文化的传递做出贡献。

此外,在学术研究与办学实践中,一部分学者将教育国际化等同于跨境教育。在此,阿特巴赫也对两个概念进行了辨析。高等教育国际化根据国际化的对象可以分为"国内国际化"和"国外国际化"。"国内国际化"主要侧重点在于国内教学课程的开设要涉及全球化、多元文化、比较教育等内容,或者在接收海外留学生、海外教师讲学等方面开展活动。"国外国际化"主要侧重于教育的海外拓展、开展国际间的学术交流与合作。由此可见,跨境教育仅仅是教育国际化的一种方式,与"国外国际化"的内容类似。❷ 因此,依据阿特巴赫的理论,我们应该对教育国际化有一个全面的了解,而高等职业教育也是高等教育的重要组成部分,其国际化的过程也可以以阿特巴赫的理论为指导。

综上所述,依据阿特巴赫的高等教育国际化理论,可以将高等职业教育的国际化过程归纳为四个方面。其一,高等职业教育的国际化是活动与

---

❶ 周岳峰. 阿特巴赫:2018 年国际高等教育前景不容乐观 [J]. 世界教育信息,2018 (5).

❷ 余咏梅. 阿特巴赫比较高等教育思想研究 [D]. 河北大学,2009.

第十章 阿特巴赫教育理论与高等职业教育国际化

过程的统一体。在现象上，高等职业教育的国际化体现为一系列与国际交流有关的活动，如海外留学、设立海外教育分支机构、拓展国际化课程等。在本质上，高等职业教育的国际化是一个教育与国际接轨的过程。通过具体的国际化活动，一国的教育体系逐渐与国际教育体系融合，并在多元化文化发展中贡献出自己的力量。其二，高等职业教育的国际化是教育主体的多元化。教育主体既可以是政府、高等职业院校，也可以是企业大学、专业协会等。其三，高等职业教育的国际化是一个主动适应的过程。全球化是人类社会发展的必经阶段，各个组织和机构虽然不可抗拒，但可以通过主动适应在全球化的过程中抓住机遇，应对挑战，不断磨砺，使自己变得更加完善。其四，高等职业教育的国际化按对象范围可分为"国内国际化"和"国外国际化"。[1]

2. 阿特巴赫教育思想与高等职业院校的国际化

首先，理性认识和理解我国高等教育体系。从国家视角来看，我国高等教育发展的关键在于理清我国高等教育体系，明确各类教育的角色问题。阿特巴赫的教育依附论有利于探讨国家内部体系的教育差异性，即存在不同层级的"中心"和"边缘"。非均衡或不平等也是我国高等教育发展的一个重要特征。不平等的客观存在则需要明确各自不同的办学目标，采取不同的发展战略，即明确各自的角色及其职能。

其次，阿特巴赫尤为注重教育之间的联系与交流问题。他曾批判第三世界"边缘"大学过多地依附西方"中心"，以致忽略了与本区域和本国大学之间的联系。他就第三世界国家高等教育发展策略提出建设性意见，第三世界"边缘"大学可确立并优先发展某些具有潜力的研究领域，加强与具有共同利益诉求且处于相似地位大学之间的联系与合作。该思想也同样有助于我们完善高等教育体系的建立，即建构基于有效沟通规则的高等教育体系。也就是说，我国高等教育体系并非机械式非此即彼的二元结构，而是一个能够相互沟通，整合资源的体系。对高等教育体系明确的区

---

[1] 王茜. 阿特巴赫发展中国家高水平大学建设思想及其中国意义 [J]. 西北师大学报（社会科学版），2012, 49 (2)：111 – 116.

分是为了使其厘清各自角色,从而实现其目标,充分发挥各自功能,而不是让它们彼此隔绝,僵化地培养具有等级标签的人才,刚性地把人才划分到不同的轨道。实际上,现代社会发展需要的复合型人才;同时,个体的发展也并非线性模式。因此,高等教育体系须搭建供不同类型及不同层次大学之间有效"互通"的"立交桥",不断整合资源,才能促进我国高等教育的整体发展。

最后,在各类型、各层次高校在实现其办学目标的进程中,还应注意阿特巴赫时常提及的国际视野、批判精神、学术自由与自治、政策支持、经费保障、基础设施完善和传承本土文化传统等要素,充分调动各类型层次高校的积极性,促使它们最大限度地发挥其社会功效。

由此可见,我国高等教育发展不能一味地盲目模仿或全盘西方模式,必须摒弃奴役式的单向度的依附思维,客观地认识并结合本国具体的经济、文化及教育等实际,建构一个比较稳定的、类型层次清晰的高等教育体系。高等教育体系虽非恒定不变,但也具有相对的稳定性。在该体系中,各类型、各层次高校不能盲从布署高校发展模式,须要明确自身角色定位,采取符合且可引领本地或本区域经济、文化及教育发展的战略。与此同时,在各类型层次高校办学目标明确,办学特色鲜明,且能充分发挥各自职能的高等教育体系中,还应建立合理有效的"互通"规则,整合资源,以形成有效的知识创造、传播和运用体系,促进不同类型、不同层次大学之间的相互交流,进而从整体全面提升我国高等教育质量。❶

第三节 高等职业教育国际化的发展模式与路径

基于各个国家不同的文化传统、社会环境、经济发展水平的不同,各国高等职业教育实践的方式和内涵也存在很大差别,受到国内和国际环境的影响,各国在不同历史阶段,高等职业教育国际化的地位和表现形式也有所不同,或以输入为主,或以输出为主,或者从某种目标出发,最终形

---

❶ 王建慧. 阿特巴赫高等教育国际化思想研究[D]. 华中科技大学, 2011.

第十章 阿特巴赫教育理论与高等职业教育国际化

成了高等职业教育各具特色的发展路线和模式,归纳起来可以分为六种模式。

1. 澳大利亚贸易导向模式

高等职业教育国际化的一个重要特点是高等职业教育资源在国际间按照市场经济的配置原则进行流动,从而实现教育资源在全世界范围内的优化配置。由此,产生了以市场规则为主导的高等职业教育国际化模式——贸易导向模式,其代表性国家为澳大利亚。澳大利亚高等职业教育国际化的最大特点为出口教育,即为其他国家提供以市场为导向的高质量高等职业教育服务,并从中获得出口收入。20世纪90年代,澳大利亚确定了"全面融入亚洲"的发展战略,由此,澳大利亚将高等职业教育的出口重点聚焦在亚洲。经过十多年的努力,澳大利亚职业技术学院(TAFE)和设有职业技术学院的大学已于世界30多个国家和地区建立了交流合作办学关系。同时,澳大利亚还积极开发远程学习课程,通过网络学习可以实现高等职业教育学院与境外学生直接交流。❶ 如今澳大利亚高等职业院校的线上和线下课程需求日益增长,其高等职业教育已经在国际市场占有较大份额。

2. 欧盟区域一体化模式

此种模式主要出现在欧洲,它是欧洲政治经济一体化趋势的结果。欧盟成立后,在思想上更加强调"欧洲公民"意识,并在教育领域推行一体化政策。1994年,欧盟提出了"达芬奇计划",旨在推动打破国家界限的职业教育与培训行业的发展,推动教育制度和体系的变革,力图建立具有欧洲特色的职业教育制度和实践的体系。2008年,欧盟委员会发布了《欧洲议会和部长理事会关于推荐建立欧洲职业教育和培训学分体系的建议书》,在文件中提出建立欧洲职业教育与培训学分系统(ECVET)。这一体系的建立推动了欧盟各国高等职业教育的发展,打通了各国高等职业教育体系的障碍,欧洲各国公民可以选择在不同国家的高等职业院校接受教育

---

❶ 杨洁,王建慧. 阿特巴赫高等教育国际化研究的理论框架[J]. 长春理工大学学报(社会科学版),2013(6):152–153.

和进行培训，所获得的教育学历和技能资格认证可以得到欧盟各国的承认。该体系的建立使欧洲高等职业教育更加具有普适性、可比性和流动性，实现了欧盟的高等职业教育资源共享，为人才培养流动提供了便捷的通道。2010年欧盟又发布了《支持欧盟2020战略：欧盟职业教育和培训合作的新动力》，该战略明确了欧盟职业教育未来的趋势为"开放式协作"，为欧盟的高等职业的"一体化"进程提供了持续的推动力。

欧盟的区域一体化模式为跨国教育资源共享和合作开立了先河，国际高等职业教育界逐渐认识到调动利益相关者力量，争取国际社会的支持，对于推动高等职业教育发展的巨大作用各国纷纷开展高等职业教育的国际对话和合作，并从短期拓展到长期，从欧洲拓展到了亚非拉地区，区域一体化模式对于高等职业教育的促进作用得到了充分的体现。

3. 新加坡互动融合模式

互动融合模式是一种学习型模式，主要以新加坡为代表。新加坡高等职业教育在国际化的过程中强调与澳大利亚、加拿大、法国、德国、瑞士、英国和美国等国家的相关教育机构进行合作，依据本国的社会经济发展和资源禀赋，通过与其他国家互动的方式走出一条具有新加坡特色高等职业教育发展路径。❶ 新加坡高等职业教育的特色可以归纳为"教育工厂"，即构建一个教学环境与企业实际工作环境相结合的平台，为学生、教师和企业的全方位合作提供支撑。新加坡高等职业教育的发展模式是与其外向型经济紧密联系的。为了适应其经济结构的需要，新加坡高等职业院校在课程设置上形成了完整的国际化课程体系，培养了大批高水平的国际化师资队伍，并建立了完善的国际合作与交流机制，使这一互动融合模式不断完善，为新加坡外向型市场经济和跨国公司培养了大批优秀的专业技术人才。

4. 美国学校自主模式

学校自主模式的主要代表为美国。由于美国政府对高等职业教育采取自主管理的模式，因此美国的高等职业院校在学校办学和管理方面拥有很

---

❶ 王光妍. 阿特巴赫高等教育思想研究［D］. 西南大学，2016.

大的自由度。这使美国的高等职业院校面对全球化的趋势，更能够采取灵活多变的方式适应全球化对高等职业教育的需求。很多学校能够以国际市场为导向，通过制度创新推动本学校的国际化进程，如招聘外国籍教师、课程融入国际化内容、接收外国留学生、重点资助某一国家或地区的学生、开办国际化研讨会、强化外语技能的培训等。美国的高等职业院校主要以社区学院的形式存在，承担美国高等职业教育国际化的主要任务。❶

5. 德国政府主导模式

德国是政府主导模式的代表。德国在高等职业教育国际化的过程中，政府进行了积极、广泛的参与，对于国际化课程中的重要环节进行考核和考试。在教育内容上，将国际化素质融入各个学科领域，以专题项目的形式展现知识要点，并制定严格的考试标准进行考核。在教育体系方面，设置与国际接轨的通行标准和国际流行的学科专业，并给予一定的政府支持。同时，加强外语及相关国际化素质的教学和培训，制定灵活的教学制度，为德国高等职业教育走向国际提供便利。

6. 国际组织主导模式

国际组织和民间组织也是高等职业教育国际化的重要推动力，其中联合国教科文组织、世界银行、国际劳工组织均对各国高等职业教育政策产生影响。国际组织在高等职业教育国际化的过程中主要发挥研究和沟通桥梁作用。非政府组织由于其组织形式灵活，服务方式多样，也可以成为政府推动高等职业教育国际化的重要补充。

第四节　中国高等职业教育学发展的路径

面临国际化浪潮如何推动中国高等职业教育的发展，成为当前高等教育的突出问题，在厘清我国高等职业教育现实情况的同时，更要对当今高等职业教育的时代环境有清醒的认识。高等职业教育应如何积极面对全球

---

❶ 菲利普·G. 阿特巴赫，莱特简，别敦荣，等. 高等教育国际化的前景展望：动因与现实[J]. 高等教育研究，2006（1）：12-21.

化，在全球化过程中创新模式，拓宽道路，走出具有中国特色的高等职业教育国际化之路，成为未来高等职业教育界的一个重要课题。

当今世界政治经济格局和国际准则，主要由西方发达国家主导，但随着发展中国家的崛起，世界多极化趋势日益明显，发达国家在国际舞台上所发挥的作用越来越重要。因此，发展中国家的高等教育国际化过程，并不一定要像阿特巴赫所描述的那样，毫无自主性地依附西方发达国家高等教育的发展。基于此，我国的高等职业教育要走出一条拥有自己特色的国际化道路是有可能的，更是很现实的选择。而要实现高等职业教育国际化的独立自主发展，就要积极主动探索、规划和创新，在国际高等职业教育的舞台上，争取一席之地。但也应该清楚地认识到，这一过程并非一蹴而就，而是一个漫长、曲折的斗争过程。发达国家在全球化过程中居于主导地位，利用这一优势在全球化进程中获得更多的利益，而发展中国家需要一个长期的学习、发展的过程，才能够具备与发达国家平等竞争的机会。[1]在此过程中，发达国家力图通过自己的优势地位将发展中国家的高等职业教育诱导为自身高等职业教育的延伸和附庸，从而对发展中国家实现文化上的侵略。当前，在教育国际化的进程中，存在一个全世界范围内的不平等的国际知识生产和消费产业链，发达国家通过一套成体系的不公平国际知识网络，将自己的高等职业教育体系置于"中心"地位，而发展中国家的高等职业教育体系处于"边缘"地位。发展中国家的高等职业教育体系、培养模式、课程设置大多模仿发达国家的高等职业教育，所培养的人才也都基于西方的评估体系进行评价，许多发展中国家对于本国高等职业教育发展的趋势和对职业人才的需求并不清楚，盲目照抄照搬西方模式，缺少对本国经济发展水平、产业发展现状以及社会民情的基本考察，在高等职业教育国际化的过程中，充当了发达国家的输出对象和知识消费终端。因此，各发展中国家，尤其是我国应注重对本国具体情况的分析，明确本国高等职业教育的优势和需求，认清国际化过程中的机遇与挑战，结

---

[1] 卓梅英. 基于阿特巴赫高等教育国际化思想的中外合作办学探索——以闽江学院爱恩国际学院为例[J]. 闽江学院学报，2014，35（4）：117-122.

第十章 阿特巴赫教育理论与高等职业教育国际化

合本国特色不断创新办学模式和教育体制,走出一条具有本国特色的高等职业教育国际化道路,打破"中心—边缘"禁锢,在国际高等职业教育体系中拥有自己的一席之地。❶

在西方发达国家构造的不平等的知识网络中,发达国家采用潜移默化的方式诱导发展中国家高等职业教育向发达国家看齐,其主要手段是强调发展中国家的高等职业教育体系要与国际对接。而这种对接的标准则是以发达国家的教育体系、文化特征和学术规则为模板制定的。发达国家通过交流、讲学、评比等方式诱导发展中国家接受并认同该体系,最终完成教育、文化和价值观念的输出,是发展中国家的高等职业教育体系依附发达国家。近些年,发展中国家在推进国际化的过程中,出现了一股热潮,许多发展中国家主动要求接受发达国家教育体系的认证,以期获得与发达国家"平等"对话的地位。尽管在形式上,发展中国家获得了发达国家的认可,缩短了与发达国家间教育体系发展水平上的差距。但实质上,也反映出发展中国家在全球化浪潮中,逐渐丧失了文化自信,对发达国家的文化输出丧失了基本的判断力。这一情形在我国出现并开始蔓延,许多高等职业院校在国家化交流的过程中,看到了西方高等职业教育体系的发达,教育模式的先进,便逐渐丧失了文化主体意识,甚至出现了崇尚西方贬低本土文化的思想,盲目引进西方的职业教育理念,照抄照搬发达国家的高等职业教育模式,对外来的教学内容和教学方法不加批判地吸纳推广,在学术交流中崇洋媚外。这些不良现象加速了我国高等职业教育被西方同化的进程,也使我国高等职业教育在一定程度上缺少了本国的特色,所培养的专业技术人才并不能满足我国社会经济发展的需要。因此,我国在推进高等职业教育国际化的进程中,要积极吸收发达国家优秀的经验,同时更要加强传统文化、民族情节的教育,立足本国文化和社会需求,吸纳全球优秀文化的精髓为己所用,走出一条具有中国特色的高等职业教育的国际化

---

❶ 高杭. 全球视域下的国际比较教育研究——美国著名比较教育学家阿特巴赫教授专访[J]. 比较教育研究,2017,39(9):7-12.

道路。❶

  高等职业院校是国家高等职业教育的载体，因此，各高等职业院校的管理者和教师必须要对高等职业院校的国际化具备清醒的认识，对西方发达国家的文化输出引起警觉。在推进高等职业教育的国际化过程中，坚持"教育的文化性格"底线。杜绝教育和学术上的盲目崇拜，就不同文化传统下的教育体系而言，很难通过单一标准的比较而判定哪一个更加科学，各国的教育体系都是基于本国的文化传统、价值体系发展而来的，更加反映本国教育规律的特性。此外，就全球化而言，其所代表的高等职业教育也并非整齐划一，而是百花齐放。因此，发展中国家的高等职业教育与发达国家的高等职业教育更多的是类型的差异，而不能简单地用"科学"与"不科学"来评判。而当今，国际流行的培养模式、培养体系、课程设置等大多以发达国家的高等职业教育为标准，这一评价准则最初用于自然科学领域，且取得了一定的成就，在一定程度上推动了发展中国家高等职业教育中技术技能教育的发展。但近年来，有一部分高等职业教育者过度鼓吹发达国家标准的"科学性"，希望将其在认为社会科学、价值观和思维方式等领域进行大力推广，并以此在一定程度上否认传统文化的"科学性"。对于此种现象，各高等职业院校应保持最基本的警惕性，对于西方"标准"采取批判地继承原则，以社会主义核心价值观和本国传统文化为基础，吸纳西方高等职业教育的精华，避免受到西方文化输出的侵袭，而丧失本国的文化自信。

  因此，照抄照搬发达国家的高等职业教育理念和模式并不是我国高等职业教育国际化的根本途径。想要追求高等职业教育的独立化、特色化、国家化必须从我国的文化传统和高等职业教育实际出发，实行"立足本国，兼容并包"的策略，通过"前期借鉴学习，中期平等交流，后期超越引领"的三步走战略，走出一条属于中国高等职业教育自己的创新道路。具体可分为以下三个阶段。首先，"借鉴学习"阶段。在这一阶段里，要

---

❶ 沈文钦，王东芳. 世界高等教育体系的五大梯队与中国的战略抉择［J］. 高等教育研究，2014（1）：1-10.

第十章 阿特巴赫教育理论与高等职业教育国际化

积极扩大与国外高等职院校的交流与合作，吸收国外的先进经验和成果。借鉴学习是推动发展的有效途径，不同文化、不同国家之间的交流学习可以拓宽我国的高等职业教育的办学视野，在学习中激发自身的创造力。同时，学习也是一个相互的过程，在交流中其他国家也会学习我国的成功经验和优秀成果，有利于扩大我国文化和理念在国际上的影响力。因此，保持对外交流过程中的主动性和互惠性，对外来文化报以"取其精华，去其糟粕"的态度，是我国高等职业教育国际化的第一步。其次，挖掘我国传统文化的优势，保持文化自信。在高等职业教育国际化的过程中，由于大量发达的国家新观念、新模式、新教学方法的涌入，在与我国传统教学理念和模式进行碰撞、对比中，难免发现我们自身的差距与不足，但差距和不足的存在并不是自我否定的理由，而应将其看成是我国高等职业教育进步的空间，在继续发扬原有优势的基础上，吸纳国外的成功经验，加快我国高等职业教育发展的步伐。发扬本国优秀文化传统的重要作用在于可以增强民族自信心和自豪感，增强民族凝聚力，在国际化过程中保持文化信息的先决条件。最后，我国的传统文化是一个庞大的知识宝库，在高等职业教育发展过程中，从传统中不断汲取养分，是实现特色发展，走出适合我国国情的高等职业教育国际化道路的重要保障。

第十一章

构建高等职业院校核心竞争力

第一节 高等职业院校核心竞争力的内涵

核心竞争力（The Core Competence）这一名词最先出现于美国管理学家普拉哈拉德和哈默尔发表于《哈佛商业评论》的文章中，意指企业的竞争力构成要有一些区别于其他企业的特殊能力，这些特殊能力是形成竞争力的关键。进入21世纪，知识经济的高速发展使核心竞争力理论获得迅速发展，不但在商界备受瞩目，甚至被引入教育系统，学术界开始探究高等教育的核心竞争力问题。高等职业教育是高等教育中与实践联系最紧密的部分，对其核心竞争力的探讨有助于拓宽办学思路，提升其发展的科学性和规范性。[1]

高等职业院校的竞争力主要表现为横向之间的比较，即与同类型高等职业院校在资源争夺中所表现出的竞争优势。其竞争的资源主要包括生源、师资、学科投入、国家经费、社会资源及其他外部资源等。而高等职业院校的核心竞争力主要表现为在争取国家教育经费、科研经费、生源和社会认可过程中表现出来的差异性能力。高等职业院校的核心竞争力主要具备以下几个特征。

---

[1] 范忭斐.″双一流″背景下职教师范院校核心竞争力研究——以8所全国职业教育师资专业技能培训师范单位为例[J].科技创业月刊，2018，31（3）：75-78.

第十一章　构建高等职业院校核心竞争力

整体性：高等职业院校核心竞争力是实践教学水平、职业人才培养质量、社会认可度等构成的综合能力体系，而不是单一的某个方面，这些能力需要在长期的教学和人才培养中不断磨合、有机结合，最终形成一个系统性的能力体系。

持续性：高等职业院校核心竞争力的形成是一个长期而持久的过程。它需要在生源、师资、国家经费等方面持续性地投入和积累，使其形成一个有别于其他高等职业院校的优势。这一优势取得以后又可以依靠这一优势获得更加丰富和多样化的资源。

进化性：高等职业院校的核心竞争力形成以后并不是固化的，而是要随着内部发展和外部环境变化不断进行调整和适应，其内在本质和表现形式也会在不同时期呈现出不同的状态。因此，其核心竞争力的培育和维持是一个不断进步，与时俱进的过程。

21世纪初，普拉哈拉德和哈默尔首次提出"核心竞争力"的概念。这一概念一经提出，便受到学术界的广泛关注。对于核心竞争力的本质在学术界一直存在争论，其主要观点包括以下几种：①资源观。该观点将企业的核心竞争力看成是一种特殊的资源，这一资源的合理运用能够提升其他资源的使用效率。②能力观。该观点将企业的核心竞争力看成是一系列能力的组合，这些能力使企业在获取资源过程中呈现出与其他企业明显的差异性。③资产观。该观点将企业的核心竞争力看成是企业的一种资产状态，它是企业核心资产的一部分，能够带来差异性的收益。④制度观。这一观点认为企业的运行机制和管理体制构成了企业的核心竞争力。⑤消费者剩余观。该观点认为核心竞争力体现了企业的核心价值，能够为消费者创造更多的剩余价值。⑥创新观。该观点认为企业的核心竞争力是一种持续管理创新的能力，它可以帮助企业实现管理、营销等领域的持续创新。

对于高等职业院校核心竞争力的概念，国内学者也从不同角度进行了探讨，主要包括能力整合观、构成要素观和核心能力观。能力整合观由赖德胜和武向荣提出，认为高等院校的核心竞争力是一种整合科研、教学、管理等多个方面资源或通过强化某一资源，使学校获得持续竞争优势的能力。构成要素观是一种从办学实践角度出发提出的定义，它认为核心竞争力的培育应从学校的实际情况出发,形成具有各自特色的核心能力。❶ 本书认为,高等职业院校的核心竞争力应是学校通过整合内部资源,充分利用外部环境而形成的具有自身特色的持续性竞争优势,这一竞争优势具有明显的差异性,在一定时期内不易被其他院校模仿。

随着高等职业院校之间竞争的加剧,高等职业院校核心竞争力的培育和发展成为各高等职业院校的工作重点。而哪些要素影响高等职业院校核心竞争力的形成?各高等职业院校核心竞争力的培养应从哪些方面着手呢?通过对文献的分析和对实践的总结,从两个角度加以分析。

一方面,从供求角度看,学校的竞争力构成主要包括资源、能力、知识和文化积累四个方面,而这四个方面可以具体化为人力资源与物资、技术与知识、治理与文化三个要素。因此,高等职业院校核心竞争力的培育可以从以下三个方面着手。首先,提升人力资本要素数量和质量。高等职业院校应遵循教书育人、学以致用的原则,有效组合和提升自身的人力资本资源,使其成为知识技能传承的载体和技术创新的动力源泉。这是形成高等职业院校核心竞争力的首要因素。其次,推动技术和知识的创新。高等职业院校是高等教育中最贴近实践的教育环节和体系,其教学和科研活动紧紧围绕生产一线的需求展开。因此,高等职业院校核心竞争力的培育应直接面向技术和知识的创新,将教学与实践有机结合,使自身的教育活动成为推动技术应用、推广和创新的重要动力。最后,强调科学治理与文化熏陶。高等职业院校的科学管理应依据基本的人文主义精神和知行合一的实践精神,同时营造科学创新的文化氛围,从而实现校内外各种资源的有效整合,这是培育高等职业院校核心竞争力的重要途径。❷

另一方面,从供给角度看,核心竞争力的本质是具有差异性的,各高等职业院校对核心竞争力的培育要符合高等职业教育发展的规律和本学校的实际情况。高等职业院校教学所形成的各项教育成果无论是其所培养的人才还是其取得的研究成果,都不能仅局限于社会现实需求层面,而应上

---

❶ 秦建莉. "四环"战略构建核心竞争力 [J]. 新闻战线, 2017 (5): 56-58.
❷ 潘子超. 打造学校发展的核心竞争力——南京江宁高等职业学校师资队伍建设实践 [J]. 职业, 2017 (13).

升到引导社会发展和进步的高度。尽管很多学校都强调技术创新能力、人才竞争力、治理能力和实践驱动力，但这些能力属于具有普遍性、一般性的竞争力。唯有各个高等职业院校所拥有的特殊资源、特殊培养能力以及特殊技术创新能力等具有差异化的品质才是形成核心竞争力不可或缺的因素。而不同的高等职业院校所拥有的核心竞争力也集中体现在其资源的差异性上。

因此，高等职业院校的引导力，尤其是在思想、理念、技术、思维以及治理等方面的引导力，构成了高等职业院校核心竞争力的关键要素。因此，本书中供给角度下的高等职业院校核心竞争力的构成主要体现在对职业教育的引导力上。这一引导力的形成必然要求高等职业院校具备高于日常状态下的组织品质，这种品质可称为新常态组织品质。新常态组织品质所呈现出来的特征具有各个高等职业院校所具备的特殊性和差异性。因此，高等职业院校核心竞争力可以归结为新常态下的"差异性引导力"，它基于常态下"适应力"之上的延伸性能力。这种延伸性能力称为各高等职业院校培育核心竞争力的源泉。

第二节　高等职业院校核心竞争力的品质

分析大学核心竞争力的品质构成，需要首先回答何谓竞争力要素，何谓竞争力，何谓核心竞争力。

竞争是比较优势或者比较劣势环境下组织的一种存在形式，是同一生产场域中两个以上主体之间的相互比较、相互作用的结果，即竞争的出现与形成，需要同一生产场域中有两个以上主体相互比较、相互作用。在此过程中，那些有利于产生动力、引力、支持力、向心力的要素，便是竞争力要素。就大学而言，力是源于大学组织内部或者外部的一种作用，单据效果来分，其种类就有办学的压力、动力、引力、阻力、张力、向心力、排斥力、支持力等。竞争力是指有利于推动大学组织发展的动力、引力、支持力和向心力等内部和外部的力量之和；核心竞争力就是指在同一生产场域中，能够在促进组织个体发展中起到主导性和关键性作用的各种力量之和。核心竞争力虽由组织的各种竞争要素生成，但是又与核心竞争力的构成要素的内涵有着结构性的不同，亦即，不能把核心竞争力构成要素等同于核心竞争力。[1] 大学组织的竞争要素只有具备了优良的品性，并且其要素构成具有形成合力的有效机制时，竞争要素才能发挥有效的功用，即各竞争要素才能转化为竞争力。尤其是，核心竞争力作为一种力量之和，其构成要素只是其中可能发挥某种作用的一种力量要素，并非力量本身。这些力量要素能否发挥作用，其发挥作用的大小以及发挥功能的正向与负向，关键在于其要素的整合方式与程度。无论是大学的物质资源，还是大学的文化与精神资源，都不能视为大学的核心竞争力，只能说它们是大学核心竞争力的重要构成要素。只有当各要素通过有机的资源整合，要素所蕴含的能量才能以力的形式发挥应有的作用。正如汽车的发动机，在单一分散的状态下，发动机的每一个构成部件都不可能发挥力的作用，只有将各个部件通过有机的要素整合并纳入运行环节，其各个部件才能以力的方式发挥其应有的动力作用。构造不同的发动机，其动力发挥的品质也不相同。由此可知，大学核心竞争力的品质应由两个部分构成：一是大学核心竞争力的品质取决于其各个要素的品质；二是大学核心竞争力的品质取决于其要素构成的结构性品质。限于篇幅，本文仅对第一个论断做简要分析，即提升大学核心竞争力需要首先提升其要素自身的品质。

如前文所述，从需求侧来看，大学核心竞争力的关键要素是其适应性。这些适应性分而述之，包括人才的适应性、学科的适应性、专业的适应性、治理的适应性、文化的适应性等。由于社会需求的客观性，即社会需求对各个大学的要求具有相对的一致性和稳定性，因此，各大学必然会按照社会的客观要求决定组织的自我行为，最终产生组织的趋同、组织的模仿等现象。人们可能会好奇地追问：我国的大学何以会出现千校一面的现象？何以会产生追逐热门专业、热门学科等情况？其根本的原因不是"适应"本身有何过错，而在于千百所大学不约而同地依据极度相似的核

---

[1] 刘智平，韩国梁. 高等职业学院核心竞争力的构建 [J]. 德州学院学报，2005，21 (4)：108 – 110.

第十一章 构建高等职业院校核心竞争力

心竞争力，去追求适应性的办学目的，实现"天下大同"的办学目标。我们当然不能说追求这些大同有何过错，但是"适应性"的办学目的导致的结果必然是资源浪费，竞争的无序，竞争力的偏差。其表现就是：人才缺乏个性，学科专业类同，成果缺乏创新性，服务缺乏品质，人才培养质量下滑，就业创业动力严重不足。形式化的活动多，实质性的效果小，诸多变革往往以轰轰烈烈开始，以华而不实、销声匿迹而终结。由此导致的高等教育资源的严重浪费，高等教育发展机会的错失，令人痛心不已。追逐世界一流的办学目标往往流于空谈，提升办学质量成为一句空话，所谓的诸多改革其实难以真正取得成效。大学发展的诸多无奈，不能不说与当下"适应性"的核心竞争力的品质不无关系。大学发展的美梦与当代理想，迫使人们不得不对"核心竞争力"的概念、内涵和功能进行新的审视和审定。

依据供给侧理论，大学核心竞争力的关键要素品质是其引导性。首先，所谓引导性，源于大学理念的引导性，源于其治理思维模式的引导性。大学应具有区别于企业、区别于政府的独特属性。或说是人们对大学属性的认知能力和把控能力。❶ 大学理念是人们审视大学的基本观念，具有本体论的认识意义。它包括大学固有的义理和秩序，也包括人们对大学组织的认识和觉悟。大学不是企业，也不同于政府机构，因此大学不能按照企业和政府的运行模式进行治理。大学的治理思维模式既不能学习企业以追逐利益为最高目的，也不能学习政府以大一统的天下大同为治理目标。大学是自由人的自由联合，追求真理、崇尚学术、坚守正义、兼容并包，是大学的神圣使命和最高治理法则。没有这样的办学理念和治理思维，大学竞争力就难以具有国际性品质，在推动大学发展过程中也难以发挥真正的富有成效的实际效益。其次，其引导性还源于其人才培养的引领特色。从就业方面看，培养适应社会需求的人才固然重要。但是，大学欲担负起推动社会进步之责，就必须使培养的人才具有引领社会的能力。任何社会的发展，无不需要与其特定社会的发展规律相一致的正向引导。一

---

❶ 张象成，王红彬. 高等职业院校内涵建设与核心竞争力的构建 [J]. 中国成人教育，2015（2）：84-86.

个缺乏正向引导的社会，其自身亦难以健康顺利发展。除了思想与理论的引导外，最重要的还需要实践的引导，即一个良好的社会需要千千万万个具有引导素质的建设者去构建。而大学要具备引导的素质，就需要具有理性、反思能力、批判能力、创新能力，并据此培养具有引导力的人才。而这些正是当下大学发展最为需要、最为关键的核心竞争力品质。最后，其引导性还源于大学生产的精神产品即其生产的思想、理论、知识、技术的引导性。大学生产的思想、理论、知识、技术，虽然都源于实践，但是更需要高于实践，而这就需要大学进行可持续的创新。创新是大学核心竞争力构成要素的核心品质，没有创新就不可能发挥引导作用。创新时常伴随对旧事物的否定，没有对旧事物的否定就不可能创新；而对旧事物的否定就需要大学具有批判和反思的品质，批判和反思就需要理性，需要自由意志，需要宽松的学术环境，需要构建特定的大学文化。文化引导与环境构建是大学核心竞争力最为关键的构成要素。文化引导与环境构建，依赖于人们对高等教育规律的准确把握。遵循并构建符合大学自身发展规律的特色文化和特色学术环境，是大学提升自身核心竞争力最为关键、最为急切的行动所在。

总之，本书提出的大学核心竞争力的品质，不单是立足在"竞争"基础上的要素自身品质，而且主要是立足于"发展"基础上的要素整合品质。虽然竞争与发展具有内在的相关关系，但是竞争并不必然会带来发展。相反，无序的竞争还会给大学的发展带来致命的打击。从根本上解决大学竞争要素失效问题，就必须按照供给侧理论对竞争要素进行结构性整合。这一结构性整合，不仅需要关注大学核心竞争力的层次、类属与区域的差别，而且需要在关注影响数量指标的要素同时，强化对影响质量的理念、文化、精神、环境等要素的关注和整合。通过要素的取舍与整合，进一步厘清政府和大学的关系，激活大学办学主体的活力，解放大学学术生产力，摒弃大学办学过程中的功利化做法，避免大学供给侧的持续失灵，最大可能地发挥竞争的有效性，最大限度地提升包括人才贡献率和科技贡献率在内的大学社会贡献率。

第三节　高等职业院校核心竞争力的构成要素

1. 完善的资源整合系统

美国学者巴顿认为，核心竞争力不能完全等同于企业资源数量的多少，也不等同于简单地理解为某种技术或人力技能的高低，它是一个制度体系，其作用是将生产技术、劳动者技能、管理机制、实物物资、企业文化等一系列企业的资源进行整合，实现资源间的相互联系，作用互补，最终产生一种不容易被外界模仿的竞争力知识体系。从巴顿对核心竞争力的界定中可以看出，核心竞争力是一个制度化、系统化、长期化的知识体系。普拉哈拉德与哈默尔等也对核心竞争力进行了界定，认为其是一种对企业所拥有的资源与技能（如战略管理能力、业务拓展能力、技术能力、组织治理能力）进行科学配置与整合的能力。这种系统的整合能力将渗透于组织管理中的方方面面，使组织获得良好的资源配置结构和吸纳资源的能力。[1]

高等职业院校是与企业联系得最为密切的教育机构，可以看作是一种特殊的组织形式，其与企业既有区别也存在诸多相似之处，企业核心竞争力理论也能够在高等职业院校的管理与运行中得到很好的体现。高等职业院校是高等教育与企业沟通的载体，是对高校资源与企业资源的整合。高等职业院校不但拥有雄厚的知识技能资源，还拥有优化的制度资源。这些资源将成为高等职业院校培育核心竞争力的基础和要素。首先，高等职业院校的组织结构是形成核心竞争力的前提。高等职业院校由于其与企业联系较为紧密，因此其组织结构兼具高等院校与企业的双重特征，能够有效地实现学校与企业的顺利对接，高效地整合学校和企业的各种资源，这将成为形成其核心竞争力的重要前提。其次，高等职业院校的运行机制是形成核心竞争力的重要保证。高等职业院校的运行主要围绕着课堂教学和企业实习两个关键点展开，因此其运行机制成为沟通企业和学校的桥梁和纽带，实现了教育资源、人才培养与企业人才需求、技术需求的有效结合，

---

[1] 李力. 构建高职院校核心竞争力的路径 [J]. 南方农机，2006（4）：18-19.

为其核心竞争力的形成提供了重要的保证。最后,高等职业院校的资源整合能力是形成核心竞争能力的关键。高等职业院校由于其教育的特点,需要走出高等教育的象牙塔,与社会进行广泛融合,一方面要从社会吸纳各种资源以维持其发展;另一方面要面向社会输送专业技术人才,提供各种社会化服务。在这一过程中,高等职业院校磨砺出了较强的资源整合能力,这一能力是形成其核心竞争力的关键。综上所述,以产业需求为导向是高等职业院校的办学宗旨,实现与行业企业的无缝对接是高等职业院校的办学架构,面向全社会的多元协同治理理念是高等职业院校的办学理念,这些要素共同构成了高等职业院校核心竞争力的源泉。

2. 拥有独特的专业集群

巴顿认为,组织成员的技能、技术、组织的管理水平、组织文化都属于组织技术的范畴,即这里的技术与技能包含了"硬技术"与"软技术"。组织的核心竞争力应该包括其核心技术,也就是说组织所具有的知识或技术水平在很大程度上决定了组织核心竞争力的大小。技术的竞争力主要体现在技术的难以模仿或难以复制性上。美国学者巴尼(Jay B. Barney)指出,许多实物资源是很容易被模仿的,竞争对手完全可以通过建立类似的工厂对过程技术予以复制,但那些基于团队工作、文化和组织程序的能力就很难模仿或复制,因为这些资源属于"软技术"的范畴,必须经过长时间的积淀而形成,组织的所有行为与决策都对组织能力的形成产生影响。巴尼以惠普公司为例指出,惠普公司有着良好的团队激励机制与跨部门协作机制,可以将技术运用到不同的产品中并实现兼容,尽管竞争对手可以复制惠普的产品技术,但根本无法复制其核心技术——"文化软技术"。

高校产业学院的核心竞争力也并不完全表现在物质资源等"硬技术"层面,其"软技术"在于独特的专业集群。产业学院往往拥有若干代表区域先进水平和战略需求的特色专业或专业群,这些专业集群聚焦于特定的新产业、新业态,发展定位清晰、准确,建设目标明确、可测。同时,人才培养过程也是产业学院的"软技术",产业学院通过与行业企业共建人才培养体系,使行业企业参与人才培养的全过程,可以将行业企业对人才的需求与高校的知识优势结合起来,畅通了信息传递渠道、优化了校企沟通协调机制，使各类人才培养要素得到优化组合，再经过高效优质的内部运作使资源优势转化为人才培养优势，并成为产业学院核心竞争力的显性要素。产业学院的这些"软技术"具有很强的排他性、难以模仿性以及建设的长期性等特点，竞争对手往往可以模仿但却难以复制与超越。

3. 拥有高质量的毕业生

市场是企业决胜的擂台，也是检验企业实力强弱的裁判，市场的认可度是判断企业核心竞争力强弱的重要指标。一个企业或者组织的核心竞争力不仅仅体现在资源整合与组织文化方面，最终还是要体现在企业的产品与组织业绩方面，也就是说，企业的核心竞争力一定要在产品平台得到体现。所谓的产品平台就是产品赖以存在或交易的平台，如市场就是企业核心竞争力得以实现的重要平台。❶

人才培养、科研与社会服务是高等学校的核心职能，因此，人才质量、科研与社会服务质量是高校的"产品"。就产业学院来说，高质量的毕业生是其核心竞争力重要的外在显现。人才培养质量包括人才与社会需求的吻合度、毕业生职业满意度和用人单位满意度，体现在毕业生知识能力与新产业、新业态的衔接度，毕业生对职业发展的满意度以及用人单位对毕业生综合素质的美誉度。同时，产业学院的服务是面向行业、企业的研发需求，具有直接开展科技项目对接、技术成果转化的特点。这些是衡量产业学院核心竞争力是否具有持久价值性、产业学院的学科实力是否围绕新产业与新业态发展而形成稳定的学科研究领域、是否产生一批高水平学术研究和技术应用成果、学科研究成果向教学转化成效是否明显、特色学科是否具有较强的竞争实力和一定影响力等重要指标。

第四节 高等职业院校核心竞争力的构建

1. 以职业竞争力为着眼点构建高等职业院校的核心竞争力的基础

高等职业院校的核心任务是培养实践型人才，因此，学生的职业竞争

---

❶ 党彩莉，曹婷帅. 管理服务类高职院校社会服务体系构建研究［J］. 杨凌职业技术学院学报，2018，17（4）：82-84.

力也就成为其核心竞争力的首要构成要素。各高等院校可以通过全校范围内的调研与评估，构建本院校的学生职业竞争力培育模型。该模型应大致包含主动学习能力、实践能力、积极开朗的性格、自我管理能力、人际协调能力五个方面。其中，主动学习能力主要包括求知欲、完善的学习方法和学习技巧、挖掘自身潜能等能力。积极开朗的性格主要是指学生能够在生活和学习中形成乐观的心态、一定程度的抗挫折能力、成熟的自我决定心理机制等优秀品质。❶ 自我管理能力主要包括对学习和工作基本的计划组织能力，对于实践中突发事件的应变能力，以及对任务计划完成过程中的时间管理。人际协调能力主要包括基本的协调沟通能力、团队合作能力以及构建人际关系网络等。高等职业院校只有依据自身的资源特色和优势在以上五个方面为学生构建完善的职业竞争力教育体系，才能够形成使人才培养成为高等职业院校的核心竞争力培育的首要要素，而且这一竞争力将成为其开发其他核心竞争力要素的基础。

2. 依托"互联网+"构建高等职业院校核心竞争力的驱动力

依托互联网推动行业的发展已经成为各行各业推动自身发展，形成核心竞争力的重要工具。高等职业教育也应抓住"互联网+"这一未来发展趋势，让其成为推动高等职业院校核心竞争力培育的重要推动力。当今，各高等职业院校已经完成了信息化建设，很多学校都拥有自己的教学运行系统、图书文献资料查询系统、教学资源管理和共享系统、一卡通管理系统、就业信息系统等现代化互联网管理工具和体系。因此，各高等职业院系应将这些互联网信息系统进行优化和整合，不但要实现校内互联，更要实现与企业、社会互联，使学校的课程建设、教学运行、师资队伍、图书资源以及学校管理等活动成为与企业和社会对接的"大数据"。通过信息化系统的建设，使企业和社会对专业人才的需求与高等职业院校人才培养的供给之间形成有效的联动机制，为高等职业教育培养体系的建设提供决策依据。如通过建立毕业生社会需求与质量跟踪评价系统，追踪毕业

---

❶ 胥斌雁. 核心竞争力视角下高职院校的内涵建设研究［J］. 文教资料，2017（22）：64 - 66.

生的就业状况等相关信息,及时关注社会对人才需求的趋势,从而有效地调整课程设置和培养方案,在人才培养上实现与社会需求的无缝对接。❶因此,"互联网+"将成为未来推动各高等职业院系培育其核心竞争力的驱动力。

3. 校园文化建设是构建高等职业院校核心竞争力的关键

校园文化是学校的灵魂和软实力,它决定了学校的气质和学生的精神面貌,因此,校园文化建设是构成学校核心竞争力的重要因素。高等职业院校也应积极地营造体现本学校特色的校园文化,将校园文化建设作为培养核心竞争力的重要方面。如通过校史馆建设,充分展示学校发展历程中可歌可泣的感人事迹和学校师生艰苦创业的历程,向学生传递学校的精神,阐释校训的内涵和意义,帮助学生养成符合本学校文化特色的精神面貌和独特气质。同时,还应积极运用微信、QQ、微博等新媒体传播手段,助力校园文化建设,在校内形成特定的文化氛围。综上所述,校园文化建设将涉及学生、教师、教学、管理等学校的方方面面,渗透到日常教学的各个环节,其影响的广泛性、独特性和不可复制性决定了校园文化建设将成为各高等职业院校培育核心竞争力的关键要素。

4. 搭建综合性平台是构建高等职业院校核心竞争力的途径

高等职业教育的目标是面向职场培养社会所需要的各种专业技术性人才,因此,高等职业院校的主要活动将围绕教学、实践和就业三个方面。这三个方面是相互衔接、不可分割的主体,三个方面的有效结合与协同发展是一个学校核心竞争力的重要体现。基于此,高等职业院校应积极打造教学、实践和就业三方相结合的综合平台,以实现三方资源的整合和信息的互通,从而实现以就业为导向,以实践为载体,以教学为手段的全方位人才培养模式。使学校的课程设置和教学活动能够紧跟就业趋势,密切联系实践,在提升学生就业竞争力的同时,这一协同发展平台和机制也就形成了各自院校所拥有的不可模仿的核心竞争力。因此,综合性平台的建立

---

❶ 徐丹. 核心竞争力视域下高职示范校建设实践研究[J]. 黑龙江生态工程职业学院学报,2017(3):80-82.

是高等职业院校核心竞争力培育的重要途径。如现今大多数高等职业院校在教学领域都以课程教学、主题训练和讲座沙龙等形式建立了不同风格和内容的教学平台，实现了教学资源的整合；在实践领域通过实践基地、"校企合作"、现代学徒制等形式，搭建了较为完善的实践平台，为学生实践技能的培养提供了可靠的保障；在就业领域通过职业生涯课程、就业咨询、创业辅导等形式形成了多样化的就业平台，为学生顺利就业和学校人才培养与企业需求的对接建立桥梁和纽带。❶ 但这些领域的平台大多处于有限连接状态，不同平台的不同资源和信息难以实现有效的互动和衔接，尽管有些高等职业院校在教学、实践、就业三个方面中的某个方面建立了优势，但由于木桶效应难以将三者有机结合使其蜕变成高等职业院校的核心竞争力。因此，各高等职业院校在发展三个方面能力的同时，应注重三个方面综合平台的构建，使三种资源和能力获得有效的整合，促使其实现从优势到核心竞争力的顺利转化。

---

❶ 刘丽. "互联网+"时代下高职院校学生核心竞争力探析［J］. 文存阅刊，2017（8）.

第十二章

高等职业教育教学体系分析

第一节 高等职业教育体系的内涵

高等职业教育体系是我国"现代职业教育体系"的一个重要组成部分。我国早在2012年党的十八大报告中便提出了"加快发展现代职业教育"的要求，而后于2014年中央政府决议中提出了"现代职业教育体系"的概念，并于同年公布了《国务院关于加快发展现代职业教育的决定》，标志着我国打造"现代化职业教育体系"的决心。2014年6月16日教育部联合其他五个部委共同印发了《现代职业教育体系建设规划（2014—2020）》，这一文件是对我国现代职业教育体系的整体构想和工作部署。因此，加快构建高等职业教育体系，协调其与中职、专科、本科以及研究生教育之间的关系，构建现代化职教体系，已经成为我国职教建设的重要任务。

一、职业教育的起源

"职业教育"属于舶来品，最早诞生于中世纪的欧洲，经过数百年的延续与发展，世界各国已将其作为一个专有名词看待，它是区别于普通高等教育的，专指提供面向职业培训和技能的教育类型。我国的职业教育虽然在中华人民共和国成立后得到了较快的发展，但办学目标较为单一，教育体系不够完善，只停留在面向中等及以下的职场专业人才的培养上。因此，我国的职业教育类型被限制在中等职业教育的层次，导致在国民的认知中，职业教育被认为是较低的教育层次，缺乏与高等教育的竞争力。而我国的高等专科教育本应是职业教育向更高层次的进阶和延伸，而在实际发展中由于受到社会对高级人才需求的影响，其办学目标更加倾向于普通高等教育，成为普通本科教育的"速成班"，并未纳入职业教育体系。因此，国家提出建立"现代职业教育体系"的理念。❶

随着社会的发展和对人才需求的多样化，我国现有的职业教育体系培养的中等职业教育人才已经难以满足用人单位的需求，需要大量的受过高等职业教育的人才填补职场中的职位空缺。因此，国家提出建立"现代职业教育体系"的理念。希望职业教育打破中等职业教育的局限，将人才培养的目标扩展到高等职业人才的培养，为社会输送面向职场的具有专业知识和技能的人才。

二、高等职业教育的内涵

我国目前的高等职业教育院校大多以"××职业技术学院"命名，办学层次以专科为主。但依据教育部的规定，高等职业教育是高等教育的一个类型，与普通高等教育具有同等的地位，其发展路径与普通高等教育是并行的，而非从属关系。而后国务院于2014年出台的相关规定中，明确提出要探索本科职业教育和专业学位研究生培养模式，建立符合职业教育特点的学位制度。基于此，如果我们可以把长期以来局限于中等教育层次的"职业教育"理解为"传统职业教育体系"，那么包含中等职业教育、专科、本科甚至是研究生的职业教育体系，可以被认为是"现代职业教育体系"。❷

与此同时，我国还出台了《职业教育法》，为高等职业院校办学提供基本的规范和法律保障。高等职业教育在我国虽然经历了较长时期的发

---

❶ 彭新宇. 论高职院校核心竞争力的构建［J］. 河北职业教育，2008（6）：128.
❷ 陈楠. 以特色化学科建设提升高职院校核心竞争力的思考［J］. 山海经：故事，2017（8）.

第十二章　高等职业教育教学体系分析

展,但培养目标、办学层次、教育理念和人才定位等方面一直处于较为模糊的状态,对于哪些教育领域可以做、哪些不可以做、哪些可以变通缺乏相应的指导和规范。《职业教育法》的出台为我国高等职业教育的发展指明了方向,为建立现代职业教育体系提供了方向指引。

高等职业教育是面向职场,与经济、社会发展最为密切的教育体系。因此,其要面对更多来自社会、行业、职位乃至学生和家长的不同需求和期待。经济的不断发展和社会的不断进步,要求劳动者所掌握的知识和技能也在不断变化。因此,高等职业教育应适应这一需求和变化。但各院校在学科设置、教学模式、教学手段和师资配备等方面上有一定的稳定性,这难免导致高等职业教育相对于社会需求具有一定的滞后性。因此,高等职业教育的多样化和多元化成为高等职业教育未来改革的方向。这就要求国家和社会多方参与,为高等职业教育提供宽松的政策,赋予各高等职业院校灵活的办学权力,制定弹性的学制规范,帮助学校与社会需求进行良性的对接。❶ 同时,打破地域、制度和学校间的壁垒,整合教育资源,推动各院校与职业需求紧密连接。另外,大力发展第三方评价机制,为高等职业教育的良性和规范化发展保驾护航。

职业教育最大的特点是面向职场,必须与生产实践相结合,与企业建立良好的沟通桥梁,这是众多国家发展职业教育的共同经验总结。因此,高等职业技术院校与企业建立良好的校企合作关系是高等职业教育良性发展的必由之路。前总理温家宝在 2007 年的《政府工作报告》中指出要强化工学结合、校企合作,深化我国高等职业教育体系改革。

第二节　高等职业教育体系的特点

现代职业教育体系的构建,必须建立在对职业教育的本质深入研究的基础之上。只有当这一研究具有跨界的视野之时,才可能于追问之中获得

---

❶ 郭凯明. 高等职业教育创新创业教学体系构建刍议 [J]. 卫生职业教育, 2018, 497 (14): 9–10.

创新的突破。笔者以为，基于跨界研究的以下三个方面的追问，可为职业教育体系构建的理论支撑找到答案。

一、技能与技术是伴生的关系——关于技能教育与技术教育内涵的追问

职业教育涵盖的技能教育与技术教育是层次关系吗？破解这一问题的核心，是厘清职业教育内涵定位所涉及的技能与技术的关系。技术从形态上来看，可以划分为实体性技术、规范性技术和过程性技术。实体性技术是一种空间形态的技术，包括物化的设备、工具等。在这里，技术是以技术工具和技术装置等物化实体的形式存在的。规范性技术是一种时间形态的技术，包括文本的工艺、规则等。在这里，技术是以技术文本（信息）和技术程序（工艺）等符号规范的形式存在的。过程性技术则是一种时空形态的技术，是关于人类目的性活动的方式或序列的技术，包括个体的经验、策略等。在这里，技术是以改变或控制周围环境的处置或方法等行动过程的形式存在的。❶

实体性技术和规范性技术是可以脱离个体而存在的技术，而过程性技术则是不能脱离个体而存在的技术。若将实体性技术与规范性技术归纳为"为某一目的共同协作组成的各种工具和规则体系"，那么可视其为基于"物"载体的技术，常被称为专门技术，更多地以"结果"形态存在；若将过程性技术归纳为"根据自然科学原理和生产实践经验而发展成的各种工艺操作方法"，那么可视其为基于"人"载体的技术，即应用专门技术的技术，更多地以"过程"形态存在。一般来说，书面语言所说的技术，是指属于工程科学范畴下的工程技术，是技术研发和技术设计的技术，是结果性的技术；口头语言中所说的技术，是指职业科学概念下的职业性技术，即所谓人类行动技能的技术，是"在利用自然物质和自然力并考虑自然法则的情况下关于产品、装置和工艺的创造性的工作"，如从事某项活

---

❶ 李焦明. 高等职业教育多元化实践教学体系的构建 [J]. 成人教育，2009，29（9）：35 – 36.

第十二章　高等职业教育教学体系分析

动的高超技艺、技巧，更多地显现为过程性的技术。那么，这种基于"人"的过程形态的技术，即人所掌握的应用专门技术的技术，就是"技能"。正如1992年商务印书馆出版的《现代汉语词典》所解释的那样，技能是应用专门技术的能力。由此引发的追问之一为技能与技术是什么关系？技能是"人化"的技术，或称为"身体技术"，是使"物化"的技术为社会创造实在价值的基础，例如只有人运用其所具有的经验和策略，才能生产出手机并使其发挥作用，制造出宇宙飞船并使其腾飞上天；才能使财会事务得以处理，使酒店运营得以成功。换句话说，只有技能才能使形式存在的技术——设备、工具或规则、程序等，转换为真实存在的技术。这就是说，技能通过应用——操作、制造、维修以至管理，开启了技术发明的构想、技术物的运行。技能与技术之间，是随动的、伴生的、互动的。所以，技能与技术不是层次的关系，技能是对技术的开启。这表明，技能作为人所掌握的技术，不是低级的技术，它有一个符合自身规律的层次递进发展的时空。[1]

由此，要最快最好地获取技能——这一"主体在已有的知识经验基础上，经练习形成的执行某种任务的活动方式"，就需要通过教育手段去培养和开发，从而最大限度地挖掘人自身的潜能。经过教育，主体所具备的技能水平越高，就越能使那些"潜伏"的实体性技术和规范性技术变为现实。

二、中等职业教育与高等职业教育是同类型不同层次的教育——关于中等职业教育与高等职业教育异同的追问

中等职业教育与高等职业教育的异同及其确定的依据是什么？破解这一问题的核心，是厘清职业教育层次定位所涉及的经验技能与策略技能的关系。技能从层次上看，可以分为经验层面的技能和策略层面的技能。所谓经验层面的技能，是指如何在"感知过的事物、思考过的问题、体验过

---

[1] 孙殿林. 高等职业教育教学体系建设和教师队伍管理［J］. 锦州医科大学学报（社会科学版），2003（2）：58-59.

的情感和操作过的动作"基础上,回答"怎样做"的技能,是个体在经验学习中,通过积极的、主动的和可以观察得到的与环境的"范例性"互动中获得的,是一种建立在经由主体的直接经历所形成的经验的"心灵仓库"基础之上,对其进行信息加工的技能。这一积极的互动体现为个体在工作过程中与实践的"量性"接触。所谓策略层面的技能,是在"目标和条件与行动链接起来的规则"的基础上,解决"怎样做更好"的高级技能,是个体在策略学习中,通过自觉的、反思的和可以观察得到的与情境的"系列性"互动中获得的,是一种建立在经由案例、项目或任务的演示、处理和加工的行动过程所获经验的基础之上,对其进行反思而逐步生成的"操作系统",并能在新情境中迁移运用的技能。这一自觉的互动显现为个体在工作过程中与经验的"质性"接触。❶

由此引发的追问是经验与策略是什么关系?经验与策略的关系体现为:经验是策略的基础,策略是经验的升华。这表明,策略的构建、迁移和内化是建立在经验的获得、保持和使用的基础之上的。但是,经验并不能自动地转化为策略,只有对经验实施系统化、集成化、网络化的处置,亦即只有经由一个对经验多次加工的"创造性和构造性的过程",才能使经验逐步升华为策略。如果说,"熟能生巧"中的"熟"是经验,那么"巧"就是策略。所以,经验与策略是层次关系,而非类型的区别。可以说经验技能是初级技能,策略技能是高级技能。

由此,要使学生掌握经验层面的技能,就要开展经验学习,即通过经验的形成与积累来学习。在学习过程中,强调学生通过主动地与自身的感觉、情绪、氛围和身体的"对话",促使个体对职业世界和生活世界进行整体观察、发现结构关联、获得学习经验、形成经验技能。这一学习过程不应是对具体职业实践的单纯复制,而应是实践与理论的组合性集成,使获取认知能力的内容与方式的行动融于经验学习之中。

而要使学生掌握策略层面的技能,就要开展策略学习,即通过策略的

---

❶ 王丹,常亮. 高等职业教育教学质量评价体系的构建 [J]. 中国卫生产业,2017,14 (22): 79-80.

第十二章 高等职业教育教学体系分析

生成与积淀来学习。在学习过程中，强调学生通过主动地对自身已有经验、典型情境和学习内容的深刻反思，促使个体对职业世界和生活世界进行时空观察、发现内涵关联、获得学习策略、形成策略技能。这一学习过程不只是对具体职业经验的熟练掌握，而应是经验与策略的整合性集成，将提高认知能力的水平与效率的行动，融于策略学习之中。

从纵向维度分析，技能是职业教育的核心概念，由于经验技能是策略技能的基础，以获取经验技能为目标的经验学习，与以获取策略技能为目标的策略学习的关系就体现在：经验学习是策略学习的平台，策略学习是经验学习的延展。经验学习更多关注"由不会到会以至精湛的会"这一复制、熟练、累积的过程，而策略学习则更多注重"由会到'巧'以至创新的会"的系统思维、整体思维及其方法论的训练。[1]

基于此，"经验技能"和"策略技能"指的是技能层次而非技能类型，那么，旨在掌握初级技能的职业教育，属于中等职业教育；旨在掌握高级技能的职业教育，属于高等职业教育。高等职业教育建立在中等职业教育基础之上，是同一类型教育中不同层次的教育。从经验层面的技能向策略层面的技能的提升，正是高等职业教育与中等职业教育的区别所在。层次是职业教育赖以发展的空间，是职业教育对发展权的呼唤。

结论是，将基于"动作难度增大"的技能与基于"知识含量增加"的技能视为技能类型的不同而非技能层次的区别，有利于开拓从中等职业教育到高等职业教育的发展路径，建立涵盖技术员与技师培养的非学术性的职业性或专业性高等职业教育，实现中等职业教育与高等职业教育的衔接和沟通。这不仅有利于结束中等职业教育与高等职业教育长期以来被视作"断头"教育的尴尬局面，而且有可能为世界职业教育的发展做出创新性的贡献。

---

[1] 莫毅，谢彤. 高等职业教育课程体系浅谈[J]. 东方企业文化，2012（4）：185.

三、职业教育与普通教育是同层次不同类型的教育——关于职业教育与普通教育等值的追问

职业教育与普通教育的区别及其等值的判据是什么？破解这一问题的核心是分清不同教育类型定位所涉及的教育目标与教育内容的关系。

教育从类型上看，其判定的主要标志为：一是培养目标的区别；二是由此导致的教育内容的差异。正是由于这两点才产生了不同的教育形态。

教育类型不同的第一个标志是培养目标不同。无论是中等职业教育还是高等职业教育，都要为"满足人民群众接受职业教育的需求，满足经济社会对高素质劳动者和技能型人才的需要"，实施就业导向的教育（不等于就业教育）。❶ 对职业教育来说，不管是"培养高素质劳动者和技能型人才"的中等职业教育，抑或是培养"高素质技能型专门人才"的高等职业教育，都要以技能型人才培养为目标，因此与"注重培养学生自主学习、自强自立和适应社会的能力"的普通高中教育，以及注重培养"高素质专门人才和拔尖创新人才"的普通高等教育，有着明显不同的目标指向。这表明，培养目标指向一致的中等职业教育和高等职业教育，都要遵循基于职业属性的教育规律，也就是要融职业性的社会需求与教育性的个性需求于一体，因而是同一类型的教育。基于这一培养目标的教育规律，既体现在国家"以就业为导向、以服务为宗旨"的职业教育发展大政方针的宏观层面，又体现在"校企合作、工学结合"的办学体制机制建设的中观层面。

教育类型不同的第二个标志是教育内容不同。无论是中等职业教育还是高等职业教育，都强调人才培养必须遵循职业教育的教学规律，这集中体现在致力于实现职业教育培养技能型人才这一目标所制订的工学结合的人才培养方案之中，涉及专业建设的职业分析、课程开发的工作过程导向、教学实施的行动学习以及实习实训的职业情境创建、学习评价的需求

---

❶ 吴学敏. 高等职业教育实践教学体系的构建——以南京工业职业技术学院为例[J]. 中国轻工教育，2010（6）：3-5.

第十二章　高等职业教育教学体系分析

定向和师资培养的"双师"建设等微观层面。而作为人才培养核心的课程，始终是各类教育培养目标的载体。职业教育基于工作过程系统化的动态的课程结构，不同于普通教育基于学科知识系统化的静态的课程结构，它是一种强调适应企业发展变化的生态系统的课程范式，并非是诸多课程模式中的一种，因此，它对中等职业教育和高等职业教育的教学都具有普适性的指导意义。

由此引发的追问在于职业教育与普通教育是什么关系？联合国教科文组织 1997 年修订的"国际教育标准分类"（International Standard Classification of Education），对各级（层次）教育都进行了类型的划分。其中，无论是第 3 级教育，即（高级）中学教育（第二阶段教育），还是第 5 级教育，即高等教育（第三阶段教育），都有 A、B 两类。A 类，特别是在第 5 级教育阶段，主要指向"理论型的，为研究做准备的或从事高技术要求的专业"；B 类，主要指向"更面向实际，适应具体职业，主要目的是使学生获得从事某职业、行业或某类职业、行业所需的实际技能和知识"。也就是说，从中学教育阶段开始，教育就划分为普通教育和职业教育两种类型，这就确定了在各教育层次中，职业教育与普通教育并列、平等的地位。[1] 这表明职业教育与普通教育是同层次不同类型的教育。

由此，职业教育这样一种具有与普通教育平等地位的教育类型，其目标与内容的差异所凸显的与普通教育的本质区别，就在于就业导向的职业教育已经跨越了传统学校的界域。如果说，传统的企业培训是定界于企业的一种思考，传统的学校教育是定界于学校的一种思考，那么职业教育必须从定界的思考升华到跨界的思考。这意味着，职业教育不能只遵从教育规律和认知规律，还要遵循职业发展规律和职业成长规律。跨界的职业教育必须有跨界的思考，职业教育的发展与改革，要"跳出学校看学校，跳出教育看教育，跳出知识看知识"，也要"跳出企业看企业，跳出培训看培训，跳出技能看技能"，以逐步形成"合作办学求发展、合作育人促就

---

[1] 梁燕. 高等职业教育体系建立的现实基础 [J]. 现代教育管理，2009（4）：53–56.

业"的良性互动机制。❶

从跨界维度看,"校企合作、工学结合的职业教育"正是充分体现职业教育跨界本质的表述,因为:第一,校企合作的办学形式,必须关注现代企业与现代学校的融合;第二,工学结合的人才培养模式,必须关注工作规律与学习规律的融合;第三,职业教育的发展与改革,必须关注职业及职业成长规律与教育及教育认知规律的融合。跨界必须架桥,职业教育立交桥的构建就成为一个不可避免的问题。我们不仅要架设不同教育层次,即中等职业教育与高等职业教育在纵向维度的立交桥,还要架设横向维度的,也就是在不同教育类型,例如,职业教育与普通教育之间的立交桥。

模糊不同教育类型的培养目标,混淆不同教育类型的教育内涵,将会导致处于发展中的职业教育的衰落。如在我国"学而优则仕"的传统文化影响下,在现代化教育资源还不十分丰富的情况下,现阶段废弃中等职业学校而只办综合高中是不适合中国国情的,因为重升学、轻职业的倾向,很可能会使其演变为"第二高中",最终结果可能会"消灭"中等职业教育。同样,如果高等职业教育与普通高等教育在培养目标、教育内涵以至课程体系方面没有区别,那就意味着高等职业教育可以被取而代之,从而失去其存在的理由。特别是,我们必须清醒地认识到,我国还处在工业化的中期,发展装备制造业将是中国发展的一个长期战略,由此急需大量高素质的技能型人才去满足经济发展的需要。而发展肩负技能型人才培养重任的职业教育,就绝不是权宜之计,而是长远之策,具有不可或缺性。所以,职业教育只有清醒地把握自身定位,才能在系统特征上成为无法替代的教育类型,职业教育才能得以生存。类型是职业教育赖以生存的基础,是对职业教育生存权的张扬。

结论是,应该既在纵向建构一个完整的职业教育体系,又在横向架设沟通职业教育与普通教育的桥梁;既发展规范过程又规范结果的基于机构

---

❶ 程宜康,李平. 论高等职业教育实践教学体系构建 [J]. 中国成人教育,2010 (16): 50 – 52.

第十二章 高等职业教育教学体系分析

的职业教育，又发展只规范结果而不规范过程的职业培训，而由此所获得的学位在层次和价值上都应该是等值的。在我国，基于机构的普通中等教育与中等职业教育，是高中阶段教育的两种不同的教育类型。同样，高中后的高等教育阶段，有学术性大学、工程性大学，以及应用性大学、职业性大学（职业技术学院）等。从人才培养目标的内涵考虑，如果把应用性大学也纳入高等职业教育范畴，那么在高等教育阶段，也存在基于机构的普通高等教育和高等职业教育这两种类型。所以，同层次不同类型的教育所培养的人才，是不可替代的。高等职业教育培养的技能型或技术应用型人才，与普通高等教育培养的学术型或技术研发型人才，是同层次且等值的。这一等值，绝不能仅仅是价值意义上的形式等值，而必须是社会地位上的实质等值。

综上所述，普通教育往往只是在学校这个"围城"里办教育，而职业教育已经跨越了"围城"，走向一个更为广阔的时空。传统的观点往往认为只有学校和实验室才是知识产生的圣地，知识的转换只能是从学校到企业的单向转换；现代的观点认为，企业及工作过程更是知识产生的摇篮，知识的转换更多的是学校与企业之间的双向迁移。因此，校企合作、工学结合的中等职业教育和高等职业教育，已经不再是传统意义上的学校式的中等教育和高等教育，已经不再是学术领域的中等教育和高等教育，而是有两个甚至多个学习地点的中等教育和高等教育，是一种具有新话语体系的创新的中等教育和高等教育。现代社会对通过非正规（Informal）或非正式（Nonformal）的教育所获得的技能、知识和能力，给予与正规教育（Formal）同等的地位，这也是世界教育发展的趋势。所以，不能用传统的普通教育的规范、标准来判定和确认职业教育的学历、学位的层次及其价值。教育形式在现代社会呈现出多样性的特点。正因为如此，我们需要一个严谨而科学的社会认证，一个系统且合理的顶层设计，目标是建成一个国家资格框架，它涵盖普通教育、职业教育以及与之等值的学历（学位）资格与职业资格（包括通过非正规或非正式学习，例如培训获得的学历资格或职业资格），进而在这个国家资格框架内，实现同层次各类教育真正

意义上的等值。❶

传统的学科分类按照层次来划分,而现代科技发展表明,"考察学科分类和知识体系,也可以从知识的类型、人们活动领域的类型的角度来进行",这表明,学科分类还可以依据类型来划分。显然,跨界的职业教育所涉及的范畴远远超出了传统的普通教育学研究的疆域,职业教育学是"对人们就业以及在社会上承担社会与生态责任的生活所需的资格与能力获取过程的前提和条件、目标、可能性与现实性进行研究"的科学,它伴随着经济、社会和科技的发展而发展,所以,从教育类型的角度考虑,应该给予职业教育学以一级学科的地位。

第三节 我国与其他高等职业教育体系的比较

一、德国的职业教育体系

德国职业教育的发展,处于全球领先地位,根据权威组织的统计,德国普通的学科型大学的毕业生仅为同龄人的20%,其余80%接受的是职业教育,并以此走上工作岗位。成功的职业教育为在全球享誉盛名的"德国制造"提供了大量优秀的产业工人,也成为德国国家竞争力的重要源泉。在实施联邦制的德国,根据宪法(德国称为《基本法》)的规定,各州在多数类型的教育体系建立上拥有自主权,但职业教育除外。德国政府专门制定了《联邦职业教育法》,规范全国范围的职业教育行为。

根据2005年4月1日颁布并生效的新《联邦职业教育法》,在德国,职业教育包括职业准备教育、职业教育、职业进修教育以及职业改行教育等部分。职业准备教育的目标,是通过传授获取职业行动能力的基础内容,从而具备接受国家认可的教育职业的职业教育的资格。职业教育旨在针对不断变化的劳动环境、通过规范的教育过程传授从事合格的职业活动

---

❶ 郑佳. 论高等职业教育体系、定位、发展与模式的构建 [J]. 现代职业教育, 2017 (6): 168.

第十二章 高等职业教育教学体系分析

必需的职业技能、知识和能力（职业行动能力），并获得必要的职业经验。职业进修教育应提供保持、适应或扩展职业行动能力及职业升迁的可能性。职业改行教育则传授从事另一种职业的能力。

德国职业教育最重要的部分是由职业学校和企业共同实施的"双元制"职业教育，其教育层次与我国中等职业教育相同。在德国的教育体系中，第二阶段Ⅰ级教育（与我国中学教育基本相当）有不同的类型，分别被称为主体中学、实科中学、完全中学、综合中学，其规定修习时间从5年至8年不等，特殊情况甚至可以延伸到9年。"双元制"的主要培养对象是主体中学的初中毕业生，且学生进入"双元制"学习的形式不是由职业学校招生完成，而是以企业招收学徒工的方式实现。即进入"双元制"学习的学生，已经是企业的准员工，这保证了企业参与人才培养的积极性和责任感。在德国中学教育阶段，主体中学学生所占比例最大，可达学生总数的65%左右（这可能就是其被称为"主体"的原因），而主体中学的毕业生，进入"双元制"学习的又占大多数，比例超过70%。

德国的中等职业教育，除主体的"双元制"以外，还有职业专科学校、职业提高学校、专科高中、职业高中等形式。与"双元制"相比，这些中职教育以学校招生为进入形式，没有法律规定意义上的强制性企业参与。职业专科学校主要面向实科中学和主体中学的初中毕业生（少数学校或专业要求招收8年制完全中学毕业生），修习时间为1~3年，学生毕业后一般可以获得一种国家认可的职业资格证书。职业提高学校面向有职业教育基础的人员，学制最低为1年，可以获得等同于实科中学的毕业文凭。专科高中为两年制学校，是德国学制的11年级和12年级，主要招收实科中学和职业提高学校毕业生。如果入校的学生已经完成了一级职业培训，如先期已完成"双元制"学习并具有实科中学的学历教育文凭，则可以直接进入12年级学习。专科高中毕业生可获得专科大学入学资格。

应该注意的是，在德国职业教育体系，学校性质中的"专科"字样，与我国高等教育中的"专科"一词意义不同，不是一个教育层次的概念，主要是表达"专门学科"的意思。职业高中是架设在中等职业学校与高等学校之间的一座桥梁，其教育目标是使先期接受职业教育的人员，经过职业高中教育，获得进入大学深造的机会。

德国的高等教育分为专科大学、职业学院、综合大学三类，其中专科大学和职业学院具有明显的职业教育特征，可认为是德国的高等职业教育。在德国的高职教育中，专科大学是绝对主体，也被称为"应用技术大学"。专科大学学制四年，与我国现代职业教育体系建设中提及的本科层次高职教育相似，招收对象主要是职业提高学校、专科高中和职业高中毕业生。但德国的应用技术大学，除了四年制本科职业教育外，一般都会同时开展具有职教属性的研究生层次教育。职业学院的招生对象与专科大学基本相同，但其学制是三年，与我国大量职业技术学院开展的专科层次高职教育相同。德国职业学院的教学模式借鉴了中职"双元制"的经验，通常也被称为"双元制"高职。

双元制职业教育作为德国职业教育的核心，被看作是当今世界职业教育的一个典范。作为德国职业教育的主体，它为德国经济的发展培养了大批高素质的专业技术工人，被人们称为第二次世界大战后德国经济腾飞的秘密武器。目前，德国已建立了体系较完备，中高职并重，职业教育内部、职业教育与普通高等教育之间衔接贯通的现代职教体系，成为世界许多国家学习的榜样。

德国职业培训体系的主要特点如下。

（1）培训目标更符合企业的需要，学生的学习目的明确"为未来工作而学习"大大激发了学生的学习动机；

（2）真实的生产环境及先进的设施设备，使学生比较接近实践，接近未来工作的需要；

（3）能较早地接近新技术、新工艺、新设备、新材料；

（4）专业技能的训练目的明确，工艺规范等更符合企业生产的要求。

中国教育部从20世纪80年代初开始在这一领域和德国有关机构进行合作（如汉斯塞德尔基金会，德国技术合作公司），实施"双元制职业培训"试点工作。中德两国时任总理于1993年签署了职业教育合作的联合倡议书，足以说明两国政府对这项合作的重视。据不完全统计，由德国在中国资助的职教项目有30多个，分属不同部门。教育部还确定了无锡等六个城市为试点市。

二、澳大利亚的现代职业教育体系

澳大利亚的职业教育体系（VET）由三大核心部分支撑，《澳大利亚学历资格框架》（AQF）、《澳大利亚技术与继续教育》（TAFF）和《澳大利亚质量培训框架》（AQTF）。其中《澳大利亚学历资格框架》是体系构建的基础和灵魂，《澳大利亚技术与继续教育》是实施路径，《澳大利亚质量培训框架》是质量保证。

《澳大利亚学历资格框架》中的"资格"包含两类，一类是毕业生从业所需资格，即我国通常所说的职业资格；另一类是代表毕业生教育水平的学历资格。在《澳大利亚学历资格框架》中，学生的学习成果由5级证书和3级文凭所组成的体系体现。在该体系中，1~4级证书基本相当于普遍意义上的中等职业教育，专科文凭相当于我国专科层次的高职教育，高级专科文凭相当于我国将加快发展的本科高职教育，职业研究生证书和职业研究生文凭是研究生层次的职业教育，与我国的专业硕士学位教育大致相同。这样的5级证书、3级文凭，分别对应澳大利亚后义务教育水平等级的1至8级。值得注意的是，澳大利亚的高等教育也执行该等级水平规定，专科文凭与职业教育的专科文凭相同，为5级；学士学位与高级专科文凭相同，为6级；研究生证书和文凭分别与职业研究生证书和文凭相同，为7级和8级；再向上是仅普通高等教育可以授予的硕士学位和博士学位，职业教育与培训不再涉及。正是因为有了统一的等级水平规定，在澳大利亚，职业教育与普通高等教育的衔接路径十分通畅，学生可以凭借已获得的证书和文凭，自由选择职业教育或普通高等教育继续深造。

《澳大利亚学历资格框架》以文凭和证书的形式确定了职业教育的体系，而职业教育的实施则被称为"技术与继续教育"（Technical and Further Education，简称TAFE），所以TAFE是一种教育类型，而不仅是一类学校的名称。在澳大利亚，多种教育机构具有开展TAFE教育的资格，包括政府举办的技术与继续教育机构（常常被称为TAFE学院）、部分大学、部分中学、私立培训机构、对员工开展培训的企业等。

TAFE 学院可以提供澳大利亚职业教育体系中全部的证书和文凭教育及培训，其教育对象覆盖从初中毕业生到成人的各类人群。学生既可以从最基本的 1 级证书学起，也可以依据自身前期的教育背景，按照澳大利亚后义务教育水平等级规定，选择直接进入专科文凭、高级专科文凭等阶段的学习。TAFE 学院是澳大利亚职业教育最主要的实施者，全部为公立院校，由各州政府管理。

三、国内现代职业教育培养现状

1998 年原国家教委在《面向 21 世纪深化职业教育改革的意见》中提出了职业学校要加强"双师型"教师队伍建设的要求。目前，我国对高职教师的任职资格唯一能明确规定的是有关学历的标准，即作为一名高职教师至少应具有大学本科学历；此外，《中华人民共和国教师法》中对教师的资格还包括教育教学能力等方面的要求。对"双师型"教师概念的界定，研究者们的看法和表述不一。综合起来一共有以下六种"双师型"的观点：一是"双证"说，认为凡是持有"双证"（教师资格证和职业技能证）的教师就是"双师型"教师；二是"双能（双素质）"说，认为既具有作为教师的职业素质和能力，又具有技师（或其他高级专业人员）的职业素质和能力的专业教师，是"双师型"教师；三是"叠加"说，与以上两种对"双师型"教师概念的界定相比，此观点比较折中，也比较普遍，它强调的是"双证+双能"；四是"双职称"说，即要求"双师型"教师既具有讲师的职称，又具有工程师的职称；五是"双层次"说，认为所谓职业院校教师就是各级各类大中专职业院校中既能讲授专业知识又能开展专业实践，既能引导学生人格价值又能指导学生获得与个人个性匹配职业的一种复合型教师，其第一层次为能力之师，即经师（经典专业知识）/技师（精湛专业技术），第二层次为素质之师，即人师（价值引导）/事师（职业指导）；六是"特定"说，该界定没有对"双师型"教师概念给出具体的操作定义，只是指出"双师型"的提法只有在特定的情况下才有意义，这一特定的情况就是当前职业院校重理论、轻实践的背景。离开了这一特定的背景，"双师"的提法就不再有意义。

第十二章 高等职业教育教学体系分析

由于对"双师型"内涵把握的不同,在实际执行过程中,有关教育主管部门、职业师范院校及研究者等制订或提出了不尽相同的标准。较有代表性的有以下三种。

一是行政标准。教育部高教司在高职高专教育教学工作合格学校评价体系中提出的"双师素质"教师标准,要求"双师素质"教师应符合下列条件之一:①有两年以上基层生产、建设、服务、管理第一线本专业实际工作经历,能指导本专业实践教学,具有中级(或以上)教师职称,亦即相关岗位工作经验加教师职称。既有讲师(或以上)教师职称,又有本专业实际工作的中级(或以上)专业职称,即双职称,同"双职称"说的界定一致。❶ ②主持(或主要参加)两项(及以上)应用性项目研究,研究成果已被社会企事业单位实际应用,具有良好的经济和社会效益。该项主要强调科研能力。

二是院校标准。如天津工程师范学院(原名为天津职业技术师范学院)提出了"双师型"和"一体化"教师的标准。"双师型"教师指既能讲授专业理论课,又有一定实践经验(即具有所教专业相关的社会职业岗位经历、资格或能力)的教师。具体标准:大学本科及以上学历,具有中级以上专业技术职务,具有两年以上的相关专业经历或具有高级工及以上职业资格,接受过系统教育理论的培养和培训。"一体化"教师是指既能从事专业理论教学,又能指导技能训练的教师。具体标准:大学本科以上学历,具有中级及以上专业技术职务,具有高级工以上职业资格,接受过系统教育理论的培养和培训。"双师型"和"一体化"的关系是:"一体化"是"双师型"的一部分,因为"双师型"要求实践经历,但不一定必须具备承担实践教学特别是技能训练的能力。而深圳职业技术学院关于"双师型"高职师资概念及其标准的确定,具体参照的是上述教育部的"双师素质"说。

三是学者标准。有的学者提出,"双师型"教师应具备的职业素质标

---

❶ 杨国恩. 现代职业教育教学方法体系的构建[J]. 教师教育论坛,2007,20(5):46-47.

准是"一全""二师""三能""四证"。"一全"是指"双师型"教师具有全面的职业素质。"二师"是指"双师型"教师既能从事理论课或文化课教学又能从事技能训练教学、指导，既是教育教学活动的"经师"又是引导师范生成长成才的"人师"。"三能"是指"双师型"教师具有较全面的能力素质，具有进行专业理论或文化知识讲授的教育教学能力，进行专业技能或教师职业基本训练指导的能力，进行科学研究和课程开发建设的能力。"四证"是指毕业证、技术（技能）等级证、继续教育证和教师资格证等。

随着我国高职教育的发展，我国越来越重视对"双师型"师资队伍的建设和培养。但总体来看，目前我国"双师型"师资队伍建设同德国、澳大利亚等发达国家的职业教育仍然存在较大的差异。具体表现为以下三点。

一是投入主体差异。国外以企业为主导向学校提供资金办学的模式在我国很少出现，加之政府对职业教育资金投入不足，影响了我国职业教育的发展。

二是文化差异。文化在一个国家中对其公民的影响深远，它决定人的思维方式、处事态度等很多方面。企业文化方面，德国的企业文化与它的社会文化是一致的，注重以人为本，注重工人教育，更注重对刚入职工人的培养；在企业管理人才选拔方面更加看重工作能力、不屈不挠的创新精神以及坚强的意志力；工作时间上，德国企业工时不断缩短，但工资却不断提高。

三是师资结构差异。目前，我国绝大多数高职院校的生师比均在20∶1以上，且现有的专任教师基本由各高等院校的应届毕业生招聘而来，没有相应的教学经验和实践经验，无法适应高职院校职业技术人才的培养。各高校虽然已经通过聘用兼职教师的方式来解决这一问题，但兼职教师也基本为同类院校的专任教师，并非来自企业一线，缺乏行业实践经验，导致学校"双师型"教师数量不足。同时，学生接触不到来自一线的工作经验和管理方法，学习效率远不如发达国家。

第十三章

高等职业院校师资培养研究

近年来大学治理的主体问题、研究生教育、大学德育、高等职业教育、高等工程教育、大学理念与文化等已经成为我国高等教育学学科研究领域的热点问题。随着2005年重点建设100所示范性高职院校的提出，高职院校的体制、课程、教学、制度建设等问题被广泛关注，高职院校在政策与现实需要的引导下已经逐渐成为渐强型前沿研究话题。❶ 也因此，高职院校的建设被认为是当前高等教育的重中之重。作为高职院校建设重要组成部分的师资培养也必然地成为建设高职院校的关键所在。而高等职业院校以服务为宗旨、以实践为导向的自身属性更是要求它的师资队伍建设必定是以实践教学为主要目的的教师队伍建设。因此，以理论和实践结合为主的"双师型"教师队伍自然就成了高职院校师资培养的最佳选择。那么，什么是"双师型"师资培养模式？建设"双师型"的师资培养模式的意义和作用是什么？我国高等职业院校师资培养的现状是什么？在"双师型"建设中有哪些可以借鉴的外国经验？未来我国高等职业院校师资培养的出路在哪儿？本章将重点从这五个方面来对"双师型"模式展开讨论，以期能够为我国高等职业院校师资培养研究提供思路。

---

❶ 李贺伟. 高等职业教育教师专业发展的国际研究——以德国为例：辽宁省高等教育学会学术年会暨中青年学者论坛［C］. 2013.

第一节 "双师型"师资队伍概述

一、"双师型"师资队伍的定义

关于"双师型"师资队伍，我国出台的《教育部高职高专人才培养工作水平评估方案》（以下简称《方案》）已经做了较为明确的规定，即"双师型"教师是具有讲师或者以上教师职称，且具有下列条件之一的专任教师：一是具有相关专业实际工作的中级或以上的技术职称（含行业特许的资格证书）；二是最近五年的工作经验中有两年以上（可累计计算）的在企业第一线的本专业的实际工作经历，或者是参加教育部组织的教师专业技能培训后获得了合格证书且能全面指导学生实践实训活动；三是近五年来主持或者主要参与过两项校内实践教学设施建设或者提升技术水平的设计安装工作，使用效果好并且在省内同类院校中居于先进水平。同时方案还规定了兼职教师，即指学校已经正式聘任的且已经独立承担某一门专业课教学或者实践教学任务的校外企业及社会中实践经验丰富的名师专家、高级技术人员和能工巧匠。《方案》的标准化、具体化的规定为高职院校立足自身实际来培养"双师型"素质教师提供了依据。因此，对于"双师型"教师的含义我们可以分为两层来理解：第一个层面从高职院校教师队伍结构来理解，即专职教师和兼职教师共存，高校毕业生理论层面老师和来自企业的实践层面老师的共存，既有侧重专业理论教学还有侧重专业技能教学的老师。第二层面从教师个体来理解，教师的基本素质要求和资格是其主要构成部分，即高职院校的专业课老师除了要具备全面的专业理论知识更要有较强的本专业企业相关实践经验，向"教师—工程师、教师—技师（高级工）、教师—会计师"等复合型方向发展。对于专门从事文化基础理论教学的教师，也要尽可能地做到理论联系实际，走出校园，向社会和企业靠近，了解企业的生产和经营等情况，能够针对性教学；同时对于专门从事实践教学的教师，除了具备较高的技术水平也要加强技术理论

层面的能力。❶

二、加强"双师型"师资队伍建设的意义和作用

"双师型"教师除了是对高职院校所有专业教师的要求外，也是对高职院校实践教学教师的要求。因此，在当前加强高职教师"双师素质"要求对高职院校的发展具有极其重要的意义。

（1）高职院校的实践特点就要求了必须加强"双师型"教师队伍的建设。高职院校区别于其他高等教育的方式也是其最具特色的就是实践教学，而"双师型"教师素质则是主要弥补了实践教学的短板，企业第一线的工作经历和过硬的技术技能能力是"双师型"教师素质的主要要求，因此"双师型"素质教师在促进高职院校实践教学方面有极其重大的推动作用。

（2）加强"双师型"教师队伍建设能够满足高职院校提高实践教学水平的需要。鉴于当前我国高职院校实践教学教师面临学历水平不高、技能等级偏低等现实情况，加强"双师型"教师队伍的建设，以此来提升他们的理论知识水平、充实他们实践经验以及提升技能技术水平等方面就显得尤为重要。

（3）提高高职院校教师技术研发水平也是加强"双师型"教师队伍建设的重要原因和意义。高职院校的科研方向是技术研发和技术推广，但是仅仅具有深厚的专业理论知识或者只是具有较高的技能水平都不能承担得起技术开发的任务。而"双师型"素质能够较好地适应高职院校科研的双重能力，使"大师级"技术技能成为现实。

我国政府对于高职院校"双师型"师资队伍的建设极其重视，先后三次在正式文件提到，因此，这些政策文件对"双师型"教师队伍的建设起到了推动和指导作用。历经十几年的研究和探索，目前人们已经形成了较为完整的关于"双师型"师资队伍建设的地位及作用，其主要内容如下

---

❶ 李斌，梁艳. 高等职业教育师资队伍建设的创新发展研究［J］. 广东技术师范学院学报，2018，39（5）：31-35.

所示。

（1）"双师型"师资队伍对于促进高职院校培养技能型人才和技术应用型人才有着极其重要的作用，同时也是高职院校办学质量的根本保证；同时，作为高职院校实践课程开发和实践教学教材建设的重要推手，"双师型"师资队伍的建设成为了高职院校师资队伍建设的重要部分。

（2）培养实用型人才的基本途径是产学合作，而"双师型"师资队伍的建设是高职院校进行产学合作的重要支撑。

（3）拥有一支师资结构合理、数量充足以及专兼结合的"双师型"实践教学师资队伍是所有高职院校师资队伍建设的目标，同时，这样的师资队伍也是高职院校提升办学效益和教学质量的重要保证。

（4）建设一支"双师型"教师队伍同样可以提高教学组织形式的灵活性和教学质量，还可以降低办学成本。

（5）一支数量充足和结构合理的"双师型"教师队伍对于推动高职院校实践模式改革有着极大的推动作用，因此，"双师型"教师队伍对于高职院校实行教学改革来说是一支有力的生力军。❶

第二节　当前我国高等职业院校师资队伍存在的问题

1. 师资队伍结构不合理

通过查阅资料可以看出，当前我国高等职业院校的师资结构存在着年龄结构不合理和职称结构的不合理。首先是高职院校师资队伍中青年教师居多，但青年教师实践经验有限、专业技艺不精湛；其次是我国高职院校的师资队伍中高级职称偏少，而初级职称和中级职称则占了大多数。同时我们了解到，高职院校的师资来源渠道较为单一，普通应届高校本科生和研究生居多，而且这些教师仅有学科体系理论知识的教学能力，没有相关行业和企业的工作经验，从而缺少实践应用能力。

---

❶ 王晓峰. 高等职业院校教师顶岗实践初探 [J]. 职业教育研究，2011（1）：71-72.

2. 培训体系不完善

当前，我国的高职院校"双师型"教师培训正在走向系统化，但它仍然存在一些问题。一是培训形式单一，主要集中在院校举办的培训上，而在深入生产一线和行业内进行实际动手操作形式的培训较少；二是培训的内容针对性与实际一线教学的理论对接上有偏差，培训偏双师理论内容而缺少实际应用或者操作内容，无法满足"双师型"教师的需求；三是教师在培训中依然面临一些困境而无法得到有效的缓解，诸如教学任务中，精力和时间有限，学校经费支持力度有限，顶岗实践受限制无法真正接触到实际操作等问题。

3. 资格认定标准不统一

由于我国教育部尚未出台统一详细的"双师型"教师资格的认证标准，因此普通高等教育的测评标准仍然被高职院校"双师型"教师考评继续沿用；然而"双师型"教师能力重点偏重于理论教学、实际技能以及社会服务能力，这与"重科研轻教学、重理论轻实践"等普通本科院校的测评标准属性并不具同一性；因此，我们尚缺乏针对性的、操作性强的"双师型"教师的评价体系。同时，我们还缺少科学合理地针对评价内容和形式的能体现高职院校"双师型"教师能力的标准体系。❶

4. 理论与实践联系不紧密

现如今，高职院校"双师型"教师队伍的双师结构是指来自校内或校外兼职的理论教师或实践指导教师。但是理论教师在教学过程中，传统教育模式桎梏太深，教学主要以教师为主、照本宣科的现象比较明显。另外在高职"双师型"教师队伍中以直接从高校毕业的本科生和研究生为主，在学校中以担任理论型教师为主，实践教学能力不足，相应专业的行业经验太少。从企业行业退休或退居二线到高职院校兼职任教的教师主要担任实践指导教师的岗位，教学经验缺乏，理论功底薄弱。在高职院校中，校内专任教师与校外兼职教师在教学、实践、科研等方面缺少交流与沟通，

---

❶ 薛斌. 高等职业院校特色化师资培养策略研究［J］. 中国成人教育，2012（15）：87-89.

相互之间共同学习、取长补短的联系桥梁没有起到实质性的作用。

5. 发展激励制度不健全

我国的高职院校"双师型"教师的发展激励制度尚不健全，目前仍然面临着以下问题：一是教师整体工资水平标准一致，并未按照教师能力不同而有所区分，无法吸引和留住人才；二是教师的收入构成并不科学，难以提升高职院校"双师型"教师的工作热情；三是"双师型"教师的社会地位与其作用不相当。伴随着社会和经济的快速发展，教师关注的主要方向变成了个人职业生涯的发展，而目前我国高职院校在专业设置、课程体系设计等学校事务中并未让"双师型"教师发挥其自身知识和技能的条件。

第三节 国外高等职业院校师资培养经验介绍和借鉴启示

一、国外高等职业院校师资建设经验介绍

1. 美国社区学院的师资队伍建设

"社区学院、技术学院以及一些四年制的普通学校的独立学院"形成美国的高等职业教育，而社区学校作为典型代表，具有如下特点。

（1）教师资格认证的要求。在美国普通高等院校四年制大学的任职教师规定必须要有博士学位，而社区学院则没有此项要求，一般达到毕业研究生水平即可；其中社区学院对于专职教师的要求除了硕士研究生以上的学位要求外，还要求其要有一定教学和工作经验；与此同时，作为兼职教师，社区学院的学历要求则原则上也要有硕士以上学位，具备一定资格的条件者也可以做兼职教师。各地的社区学院对于教师证的要求并不一致，有的地区要求教师持教师证上岗，有的则无此方面要求，但上岗教师接受过正规形式的师范教育却是各地社区学院都希望的。

（2）兼职教师。专职教师和兼职教师是美国社区学院的主要组成，大部分的专职教师是从兼职教师做起的。基于高职院校课程实用性的特点，

第十三章　高等职业院校师资培养研究

有实践经验的兼职教师更加有利于课程的开展，同时兼职教师由于其社会实践的特点也能灵活地使教学和生产结合起来，根据社会的需求及时调整课程，以此满足学生的需求。同时在各类高等教育机构中，社区学院的兼职教师比例最高。

（3）教师的职前培养及职后培训。美国社区学院的教师发展项目在20世纪90年代开始了转向，以学习为中心代替了旧有的以教学为中心。与此同时，美国社区学院还注重学校管理者、教学人员和教学辅助人员的同步发展，除了开展入职前的教师证培训，还开始注重教师的继续教育，开始在职培训和进修，鼓励专职教师更进一步的专业发展和在职进修。

2. 澳大利亚高等职业技术教育的师资队伍建设

有百年发展史的澳大利亚高等职业教育（Technical and Further Education，简称TAFE）已经成为澳大利亚职业教育和培训的主力军。澳大利亚TAFE能够在澳大利亚高职教育系统内有此地位和成就得益于它拥有一支与生产紧密结合的、具有深厚理论知识和技能的高素质的师资队伍。TAFE在师资队伍建设方面的特点主要体现在以下几个方面。

（1）严格的教师聘任和准入制度。对于学生的实践能力和动手操作能力要求极为严格的澳大利亚TAFE学院，对教师素质的要求也十分严格和明确：至少要有3~5年与专业教学相关的行业从业经历，年龄在35岁以上的教师则要具有十几年的工作经验并且取得了教师资格证书。

（2）完整规范的在职教师培训机制。澳大利亚TAFE学院对于教师的培训有着明确的要求，新教师在进行教学工作的同时还要到大学教育学院进行专门的教师资格培训，培训结束后取得教师资格证书（教育文凭）。同时，教师除了担任教学任务外还需进入所教专业的行业协会，需要经常参加协会的活动，以此来获取行业最新的信息和技能。掌握熟练的教学方法，具备培养学生创新能力及教育学生如何做人等条件的教师才会成为TAFE的合格教师。

（3）全职和兼职相结合的教师队伍。TAFE学院始终坚持认为教师自身的素质和水平是决定教育教学质量的唯一因素，因此，他们不仅对全职教师有学历的要求即大学本科，还要求全职教师经过师资培训且已经取得相应的证书。而兼职教师则主要来自企业或者曾经在企业工作过的有相关工作经验并且具有熟练技术的人员。

3. 德国的高等职业教育师资队伍建设

作为教育远远走在世界各国前列的德国,在职业教育上也是名列前茅,他们一致认为既懂理论还有技能、既懂专业还有知识面、既会管理还善于协调的新型的技术应用型人才才是高等职业教育的培养目标,同时,集理论、技能和师范于一体的复合型人才也是从事高等职业教育的师资所需。因此,德国的高等职业教育师资队伍建设具有以下的特点。

(1)严格的教师资格制度。德国的高等职业技术师范学院是德国高等职业院校专职教师的主要培养机构;熟练的专业技能和宽厚扎实的专业理论功底是德国高等职业技术师范学院对专职老师的要求。德国高等职业技术院校的老师,除了需要从高等职业技术师范学院毕业以外还需要参加国家组织的第一次职业技术教师资格考试,考试合格后方可获得实习教师的身份;进而进入州政府外办的教师实习学院里进行为期两年的教学实习期,而这两年的教学实习期,有将近 2/3 的时间是由大师带领实习教学,另外 1/3 的时间则是在实习院校接受更高层次的师范教育;两年教学实习完成后需要继续参加国家组织的第二次职业技术教师资格考试,考试合格之后方获得正式的岗位资格证书,这就代表了教师可以应聘高职教师。德国的高等职业教育通过这样一套严格的教师资格制度培养出来的教师具备了相当雄厚的职业功底和很高的业务素质。❶

(2)职教师资的培养。德国通常按照"企业实习、学校实习、专业科学的培训和教育科学及方法的培训"四个模块分成三个阶段和两种模式来进行职教师资的培养。其中第一个阶段是大学学习阶段;第二个阶段则是为期两年的见习期,即见习教师在职业学校教学法研究班来接受为期两年的教学实践的培训,通过授课提高教学水平后再通过国家的考试;第三个阶段则是继续教育阶段,这个阶段的主要目的是让教师及时地了解、补充

---

❶ 赵艳云,于舒,高亚杰. 高职院校"双师型"教师队伍建设研究[J]. 科教文汇,2017(3):19–21.

和学习新的知识，掌握新的教学方法。两种模式中第一种模式是指"专业与示范教育叠加的模式"，这个模式是德国普遍采用的模式；而第二种模式是"专业与师范教育混合模式"。德国政府还制定了继续教育法规，要求在职教师在工作中要不断地学习和进修。德国严格的教师资格制度和继续教育法规及其教师地位的确立，使德国的职教师资社会地位得到了认可，也使教师师资的质量和数量得到充分的保证。

二、国外高等职业院校师资建设对我们的借鉴及启示

1. 健全我国高职院校教师教育体系，严格教师准入机制，推进职教教师教育一体化

我国高职院校的教师一般是从高等院校毕业后的本科生和研究生，缺少在专业行业或者企业的相关工作经验，缺乏实践教学能力；同时我国高职院校入职门槛低，教师质量参差不齐，因此对于提高人才培养质量、促进校科学发展来说，建立严格的教师准入机制极其重要。同时我们可以效仿德国设立技术师范院校或者在普通本科院校下设独立的技术师范学院，以此来建设专门培养高职教育所需的师资，并严格职业教师资格认证；同时可以与企业合作，让企业参与到师资力量建设中来，形成职前职后相结合、学校和社会相结合的职业教育师资培养系统。

2. 完善高职院校教师继续教育制度规定

职业技术教育与社会经济的发展如影随形，为了保证我国职业技术教育的质量，我国需要效仿德国严格规范高职院校教师继续教育制度。我国在推行"双师型"素质教师后，专职教师和兼职教师就成为高职教师的主要师资，他们在专业理论知识和技能实践方面需要不同方面的继续教育以弥补不足。因此，根据我国的实际情况，我国高职教师必须进行职教教师继续教育。我们应该注意，在进行继续教育的同时，应该针对专职教师和兼职教师的实际需求来区分继续教育；同时我们应该采取灵活多样的形式来完成职教教师的继续教育，校本培训、依托高校继续教育、企业顶岗实

践等可以成为继续教育的形式。❶

3. 建立科学的教师评价制度

我国的高职院校教师评价体系极具单一性，基本以学生测评为主要评价形式，尚未建立完善的考评制度。因此，我们可以借鉴国外高职院校那种有行业协会、院校、学生及家长等多元化的评价体制，且评价内容涉及多个方面，如教学方案、教学手段、教学方法等，以教师的知识结构和实践教学能力为主要侧重点，结合定性和定量的方式开展，其评价结果以意见性和建议性为主，且直接反馈给教师本人，并且配有完善的督导机制，而教师的评价结果直接与教师工作业绩挂钩、联动。

第四节　提升我国高等职业院校师资培养的建议

根据我国高等职业院校师资培养的现实情况，借鉴国外先进的高职院校师资培养经验，笔者试着对我国高等职业院校师资的培养提出建议。主要内容如下所示。

一、创新选拔配置机制

根据高等职业技术院校的战略发展和人力资源规划的需求，运用多种方式、渠道选拔有价值的"双师型"教师并配置到相应所需岗位的过程被称为选拔与配置。而选拔与配置的过程除了涉及外部引进人才还涉及学校内部调岗配置。

1. 按需设岗选拔人才

基于办学方向、培养目标、服务方向和自身实力等方面高职院校与普通本科院校的不同，高职院校更加致力于引进具有较高理论素养和较强实践能力的"双师型"教师的复合型人才。因此，高职院校在选拔人才时，首先应该就适应该岗位所需具备的知识、技能和态度等方面来进行分析，

---

❶ 赵艳云，高亚杰，于舒. 高职院校双师型教师培养途径研究 [J]. 辽宁高职学报，2017，19（7）：72-75.

以此为根据对应聘者进行各方面考察和了解。同时考察的内容也应该多元化，除了考察其专业知识、科研能力外，还应该对其人格魅力、实践技能和实践经验等进行考核。只有按需设岗，按岗招聘学校才能找到适合的"双师型"教师。相应地，应聘者也能找到适合自己的岗位，以此实现自己的人生价值。[1]

2. 大力引进兼职教师，拓宽师资来源渠道

兼职教师在当今高职院校"双师型"教师数量不断增加而真正能够对专业行业的操作技能做到熟练了解和掌握仍然不多的情况下，很大程度地弥补了教师在实践技能方面的欠缺短板。因此，高职院校应该拓宽师资来源渠道，积极引进相关行业工作经验丰富的兼职老师，以此完善高等职业院校师资队伍的建设。

二、完善培训体系

培训计划是建设高职院校"双师型"教师岗位的关键。基于社会经济的快速发展，科学技术的飞速变革，作为理论与实践相结合的"双师型"教师需要及时学习和了解最新的理论和技术。

1. 培训需求分析

培训需求分析是制订培训计划的第一步，即在"双师型"教师参加培训之前，利用相应标准，采取相应的办法和技术，对教师的各项岗位所需知识与技能、情感态度价值观等进行系统的分析和了解，再以社会对某类技能型人才的需求确定需要培训的教师及所需培训的内容。这种以教师的实际需求为导向确定的培训需求能够最大程度地满足教师的需求，同时也兼顾了学校、教师和社会的共同需求。

2. 制订培训计划

培训需求分析之后，我们就得出了社会对于某类人才所需具备能力的新动态以及学校课程改革的方向和教师所欠缺和需要提升的内容，以此我们结合学校的战略目标，把培训需求细化成各项目标，以期"双师型"教

---

[1] 王晨. 高职院校双师型师资队伍建设的现状与对策研究 [D]. 天津大学，2014.

师能够通过培训来达到胜任此需求的能力。同时根据不同层次、不同需求的教师来制定他们所需的培训形式、内容、时间和评估方式等。科学合理的培训计划是高职院校"双师型"教师培训有针对性高效运行的保障。❶

3. 培训效果评估

培训的目的在于提高"双师型"教师的知识水平、拓展实际技能、丰富企业实践经验、增强对自身及学校的认同感等。评价其培训效果，就是要看其岗位胜任力是否有所提高，在多大程度上有所进步。培训效果的评估可以通过在结束培训后一段时间内对参加培训的教师行为特征和工作绩效进行衡量，可以通过现场操作、总结汇报、相应任务完成情况、多元化参与评价等方式来评估培训效果，切实体现培训过程的有益性。

三、优化评价考核制度

在制订考核办法的时候，应该注意除了关注与高职院校战略目标直接相关的目标，更应该关注"双师型"教师个人岗位胜任需求目标的完成程度。这既弥补了传统教师考核的量化衡量标准，还能增加人的主观能动性的评价考核。

1. 制订针对性和操作性较强的考核标准

由于各地高职院校的实际情况不同，且对于"双师型"教师的内涵认识也并未达成统一，因此导致评价考核办法缺乏针对性和可操作性。因此，高职院校应结合地方经济特点与自身实际情况，在宏观政策的框架内建立自身的"双师型"教师考核标准。

2. 多元化评价主体

高职院校"双师型"教师工作的复杂性和角色定位的多样性决定了不能把全校教师视为一主体进行评价考核。对教师的考核评价主要包含三方面，即要对教师的人格魅力、教学素养、实践技能进行考核。学生、同事、学校领导应参与教师的人格魅力评价；教学素养主要在教学过程中得

---

❶ 李欣旖，刘晶晶，闫志利. 现代职业教育师资需求视阈下职技高师人才培养目标取向研究［J］. 新疆职业教育研究，2017，8（3）：44 - 49.

第十三章　高等职业院校师资培养研究

以展现，因此，学生最具有发言权；实践技能主要在实践教学和企业实践中运用，因此，学生和相应合作的企业对教师的评价十分关键。教师评价应是多元化评价主体，这样才能使评价公平公正、真实可信。❶

四、健全发展激励机制

除了在薪酬管理上反映出高质量工作成效以便取得高工资报酬外，"双师型"教师发展激励机制还需要更加重视教师的心理和精神需求。应鼓励教师提高自身综合素质，最大程度地实现自身的职业生涯规划，同时提升对学校的认可度，为学校吸引和保留人才。

1. 环境激励：重视"双师型"教师的心理需求

社会外部激励和学校内部激励是环境激励的主要内容。社会外部激励中，需要政府消除家长、学生、用人单位对高职院校存在的偏见，并且加大高职院校的经费和制度等投入力度，制定完善的教师专业发展制度，确立教师专业化地位；同时，用人单位也应该积极为"双师型"教师的培训提供资源，为搭建产学研一体的"校企合作"培训平台并为教师实践技能的提升给予帮助。同时在学校内部激励中，高职院校也应该通过营造校园文化以对"双师型"教师的思想、信念与追求给予足够的尊敬。为教师创设轻松的、适合人才生存和成长的、全员平等参加的、具有凝集力与亲和力的校园文化和学术氛围，增强教师自我实现感。

2. 政策激励：切实完善"双师型"教师的保障制度

政策激励是作为"双师型"教师素质提升的保障基础，教师的主观能动性能够通过相关政策的支持和保障而极大地提升，同时也会对自己职业生涯的发展充满信心。在高职院校已成为高等教育热点话题的今天，针对提升"双师型"教师素质，国家出台了很多相应的政策和制度为其发展提供保障。同时可由政府主导，促进高校和企业联合共建"双师型"教师培训基地，加大经费投入和建设力度，切实保证教师的双师素质提升；制定职业教师到企业实践的相关规定，加强校企合作的紧密联系，制订切实提

---

❶ 吉雪峰. 新建高等职业院校师资队伍建设的研究 [D]. 天津大学，2005.

升教师专业实践技能的培训计划；针对职教师资在本科专业学习期间的培养标准、方案以及课程设置进行创新完善，为培养能够胜任理论和实践"一体化"教学的"双师型"教师提供保障；关于高职院校兼职教师的聘请条件、程序、管理等进行了相关制度规定，对于引进具有实践经验的专业技术人员到校担任兼职教师，进而优化教师队伍结构以及提升教师队伍实践素养给予大力支持。随着相关政策的不断制定，切实完善了教师的保障机制，使"双师型"教师对未来自身职业生涯的发展有清晰明确的定位，不断激发自身内在潜能，提升自身对双师素质的胜任水平。❶

3. 事业激励：满足"双师型"教师自我实现需求

马斯洛需求原理的最高需求——自我实现的需要，已经成为人们选择工作或者人生价值的首要考虑因素。作为"双师型"教师，他们的岗位特殊性以及他们承担任务的重要性决定了他们对于实现自己理想工作价值的需求更强烈。同样基于管理学中赫兹伯格双因素理论，针对绩效优良的人才除了考虑其工资、待遇和工作环境等外在因素，更需要不断满足其内心对于自我价值实现的需求，因此我们在建设"双师型"教师队伍时，除了满足教师的基本生活需求更应该关注其自我实现的需求。

以为社会培养拥有较高素养和较强动手操作能力的复合型人才为主要宗旨的高职院校，其教师的素质是人才培养质量的保障。因此，建设一支既具有较强理论素养又能熟练掌握相应专业实践技能的真正意义上的"双师型"教师是高职教育进步的关键。制订出能够有效体现"双师型"教师素养的选拔、培训、评价、激励标准是其队伍建设取得实质进展的基础。我们应借鉴外国高职院校师资培养的先进经验，结合我国本土的实际情况，通过政府的制度支持、行业企业的配合、高职院校师资建设的改革等开展高职院校师资队伍的建设。

---

❶ 胡军，谢靖，庄玉红，等. 职业院校教师培养培训体系研究［J］. 现代职业教育，2017（35）：271.

第十四章

教学标准国际化的战略定位

第一节 教学标准国际化的定义

所谓国际化是指国际化的教学标准，包括服务产业的国际化和教育水平的国际化。服务产业的国际化即向国际化专业水平较高的企业学习，教育水平的国际化就是通过研究、学习、模仿和借鉴发达国家较为先进的职业教育理念、发展模式、教授方法等，结合我国职业教育发展实际，创新性地实现职业教育结构与教育模式的规范化，探究其运行机制和规律。构建高水平的服务产业的国际化和教育水平的国际化，进一步完善职业教育体系。

教学标准国际化的开发需要满足两个原则：一是结合职业教育发展的现状和我国产业发展的实际，借鉴发达国家的先进职业教育经验，从前瞻性的角度出发，在模仿、学习的基础上创新，构建具有中国特色的职业教育体系；二是以我国职业教育现状为基础，通过实地调研、分析、挖掘、提炼、总结和创新，建构适合中国国情的模型，将模型应用于职业教育实践中，在实践中对模型进行验证，及时进行修正和完善，逐步达到职业教育的目标。教学标准国际化的长期探索及完善的过程，具有持续性，需要根据产业演变、影响因素、发展规律等及时进行调整，需要在内容及表现

形式上不断更新，以形成较为完善的国际化教学标准。❶

第一，概念定位，即强调国际化教学标准参考体系定位。教育标准的国际化主要包括联合国教科文组织颁布的"国际教育分类标准"和欧盟执行的欧洲资格标准。以此为基础，结合我国职业教育实际，制定切实可行的职业教育标准。根据发达国家的职业教育，以欧盟资格标准等技能型人才的职业资格标准为依据，以发达国家完整职业教育体系为支撑，确定职业教育内容的标准化；专业教学标准制定方面，对于已经为发达国家职业教育所采用并得到验证的方法，结合研究实际进行适应性改善，形成适合我国职业教育实际有效的、先进的、科学的方法，即"方法的国际化"；此外，职业教育过程涉及的相关职业资格标准、产业标准、生态标准等，根据国际标准严格要求，逐步提升职业教育过程的国际化要素，采用与现代职业教育、现代产业紧密联系的国际通用标准，结合中国国情，制定相关专业的教学标准。

第二，层次定位，即强调国际化教学标准培养目标的定位。教学标准制定过程中，不仅需要解决职业教育中不同层次教育目标的衔接，如中职、高职培养目标和教授课程的衔接，更需要解决职业教育中不同层次的人才培养目标问题，宏观、中观和微观三个层次进行人才的培养。宏观层面，需要国家从顶层进行战略思考，制定职业教育人才培养的总体规划和教学标准，推进具有中国特色的国际化教学标准体系的制定和完善。高职学校和中职学校应协同作战，共同推进职业教育的进一步发展。中观层面，职业教育作为一种教育类型，是产业发展的需要，与专业型的技能人才培养紧密相关，需要参与到企业中，深入行业内，进行实地调研，切实掌握不同层次的技能人才所面临的最为迫切的问题。从社会学、管理学和教育学等多角度、多学科进行分析研究，推进职业教育人才的培养。微观层面，高职院校和中职学校应根据职业教育的需求进行专业设置，明晰中职、高职的技能人才层次上的培养目标。不同的专业开设在不同年级、不

---

❶ 谢祁. 高职院校品牌扩张的国际化战略［J］. 长春工业大学学报（高教研究版），2006，27（1）：70-72.

第十四章 教学标准国际化的战略定位

同层级的教学活动中，逐步确立人才的层次水平与相对的职业教育的专业相匹配，人与专业设置匹配、人与岗位匹配、人与环境匹配，最终实现职业教育人才培养的目标。

第三，内容定位，即强调国际化教学标准核心组成的定位。职业教育专业教学标准需考虑的组成部分，不同地区存在差异的组成要素，如上海市以中职学校为主的专业教学标准，主要包括 5 方面的组成部分，如职业能力标准、人才培养方案、专业设置条件、开发团队、可借鉴的国际职业资格标准。以高职院校为主的专业教学标准的天津市主要包括 7 方面组成部分，如课程标准、教学团队标准、环境标准和评价标准等。国际化教学标准是专业教学的依据，是最重要、最核心的要素。在对职业教学内容进行完善的基础上，需要制定职业教育的评价标准，判断职业教育的效果，在评价指标的选取上应主观、客观相结合，不仅体现对职业教育知识的传授和掌握，更与职业的胜任力相关，通过评价标准、评价主题的确认，实现职业教育内容的清晰定位。课程内容选择时，将理论知识学习与实践能力培养相结合，通过校企合作、工学结合等方式推动教学内容的改革，使教学内容更加凸显实践。

第四，原则定位，即强调国际化教学标准开发准则的定位。国际化教学标准是一个面向发达国家、发达地区的，旨在为先进制造业和现代服务业提供人才的标准体系。需要体现高标准的要求，不仅满足各地区、各行业的普适性的职业教育专业教学标准的最低要求，更需要呈现差异化特征，兼顾不同地区、不同行业的特质，"因地制宜，有所侧重"，突出区域特色，制定切实可行的国际化的专业教学标准。在一致目标的前提下，根据区域、环境、特色等差异，确立灵活的使用准则，既能够保证标准的质量共识，按照规范性、科学性的要求体现质量意识，又能够结合地区差异体现标准的灵活性、属地性。

第五，特色定位，即强调国际化教学标准职教属性的定位。职业教育具有职业性、开放性和实践性等特征，在职业教育过程中要凸显职业教育的特色。其一，职业教育的跨界特色。职业教育的学习区域、学习地点存在多样性，课堂教材的学习仅仅是职业教育的一部分，是理论知识的积累，通过课堂教授能够获得知识、培养思维方式，更需要将理论知识运用于实践活动中，鼓励学生参与到企业中，工学结合，学习现代企业的管理方式。职业教育要满足学校和企业的双重需要，将理论与企业实践活动相结合，推进学校和企业的协调发展。其二，职业教育的对象特色。职业教育的最终目的在于为社会、为企业培养应用型人才，职业院校要求学生具有更强的实操能力。这充分体现职业教育对象的特殊性，针对不同专业、不同类型的学生采用不同的标准体系，进行不同能力的培养，培养出适合职业教育的特色人才。其三，职业教育的功能特色。职业教育需以产业需求为基础，与产业需求相对接，培养适合产业需求的高水平技能型人才。改变传统职业教育的不同，以技能人才的成长规律为基础，从重课程、重知识存储向重视实践、重视知识应用转变，着重将"教学过程与生产过程"进行衔接。

第二节　国际化背景下高职院校教学标准的原则和特点

第一，科学性和实用性原则。科学性和实用性是指在高职院校的教学过程中，以行业、产业的实际需要为出发点，采用切合客观需要的评价方法，全面、实事求是地对评价对象进行客观的价值判断。高职院校教学标准只有与特定的行业现有标准保持一致，以行业所需人才的标准为依据，才能培养出行业所需优秀人才。在高职院教学标准的制定和评价过程中，需与行业、企业进行合作，按照学校要求和行业实际，确立能够凸显职业性的教学评价体系，这是职业院校教学标准及其教学评价的关键。对学生的职业技能水平的判定要与行业、企业用人评价体系接轨，重点在于对学生参与实践活动的评价，评价学生在实践教学课堂的参与程度、实际操作能力、岗位认知和完成能力、综合素质的体现等，尤其需要评价学生在面对困难、遇到问题时的表现和处理能力，综合评价学生。通过校企合作、工学结合，与相关行业、企业合作办学，由相关行业、企业为学生提供实习岗位。职业院校在学期内规定学生参加实习实践活动，构建职业院校与相关行业企业的互动机制，提升实践教学在教学评价体系中的比重，提升

第十四章 教学标准国际化的战略定位

职业院校教学过程与行业企业岗位要求的匹配程度，确保学生具备行业企业所需的专业能力，提高职业岗位的胜任程度，保证职业教育所培养的人才能够与职业岗位需求相适应。

第二，定量评价与定性评价相结合的原则。教学评价体系的构建需要采用多种形式、多样化的方法。多元化的教学评价体系能够更加全面、更加合理地评价教学过程，以定量评价为基础，以定性评价作为补充，从学生、学校、行业企业专家、教师自我评价等多主体出发，构建合理的教学评价体系。学生评价不仅可以对教师的教学方式、教学内容、教学效果进行检验，更能够使学生了解自己通过该课程获得知识和能力的程度，并达到课程反馈和自我提升的目的；学校对教学的评价能够了解教师教授状况和学生的学习情况，进一步规划、完善教学的安排和布局，体现学校对教学的监督和控制；通过行业、企业专家的评价，借鉴专家的意见，能够从行业、企业实际需求的角度明确办学理念，确定培养目标，获得更多的行业新信息，以进一步改进教学工作，使教学标准更多体现行业要求，将教学标准与行业标准相统一；教师是教学评价的对象，开展教师的自我评价实现评价客体和主体的统一，能够在评价过程中体现教师的需求，使教师感到被尊重和信任，调动教师教学活动的积极性和主动性，将更多的时间和精力投入到教学活动中。教师的自我评价能够让教师认清自己的特长、教授特点以及教授不足，激发教师进一步完善专业能力，缩小与其他老师的差距。

第三，一致性与灵活性相结合原则。教学评价是一个持续性、动态性的过程，评价的内容、方式、主体、指标等随着时间在变化。因而，评价指标的选取、评价标准的制定、评价方法的选择、评价程序的确定，需要考虑一致性和连续性，更需要注重个体的差异。教学评价体系要具有激励功能的发展性，其主体是老师和学生，教学过程是将老师的教与学生的学相结合，评价内容和评价手段、方法既要能够激发老师的教学热情，体现教学评价的激励功能，又要关注学生知识与技能的培养，从习惯、态度、情感、行为等多方面关注学生，确保学生在学习过程中形成完善的人格。教学评价体系应具有针对性、差异性，表现出更多的激励性评价，以表扬为主，批评为辅，激励学生更多地参与教学活动和实践活动，培养学生的自信心和抗挫折能力，并从心理上和精神上给予鼓舞，帮助学生追求更高的学习目标，促进其良好职业道德品质和文化素质的形成。

国际化背景下高职院教学标准的特点如下。

第一，国际教育教学标准评价指标呈现多元化。无论是发达国家和地区，还是发展中国家和地区，对于教育教学标准整体的关注并不一致，呈现多元化的发展趋向。首先，突出学习者主体的地位。在教育教学过程中，首要关注学习者的主体地位，了解学习者的需求，关注学习的具体过程和学习内容，注重学习方法的培养，创造良好的学习氛围，突出以人为本的教学理念，强调终身学习，实现学习者素质和能力的提升。其次，对学习结果的追求。高职教育需要突出学生的主体地位，要对学生负责，提升对学生关键能力的关注，着重培养学生实践操作能力，以将所具备的核心能力形成学生的独特竞争力，帮助学生在实训和工作中获取竞争优势，实现自我提高。

第二，国际教育教学标准呈现法制性的特点。国际教育教学标准是一种教学质量衡量的依据，其效果的产生需要依赖政策制度、法律法规、政府激励等，通过教育教学标准的评价能够对教学质量标准的执行进行有效的监督和评估。首先，课程是教育教学质量评估的载体，其标准的设定必须由国家制定，并经过实践的验证和改善，推进教学课程计划有序的开展，修正已建立的标准课程体系，不断丰富教授内容和教授形式，使教育质量得到了保障与提高；其次，国家通过制定政策或立法以推动教育教学标准的实施。教育教学标准的设立应能够体现国家意志，通过政策或立法保证教学标准的实施，以实现教学标准的权威性和不可侵犯性。政府通过正常的经费投入和绩效奖励推动教学标准的实施，并对学校的发展、教学质量进行考核，依此不断推进教育教学的法制化，保证教学水平的如期开展。

第三，国际教育教学标准具有监测评价功能。国际教育教学标准有关教育教学质量的规范要求，从制度层面规范了教学需完成的任务，体现了制度性的保障作用。教育教学标准能够显著促进教学质量的提升，通过第一手资料的搜寻，对教学过程进行有效监测，通过监测结果的评价，提出教学标准的优化。监测过程主要包括三个方面：学习主体的监测、学习规律的监测、能力应用的监测。

第三节 国际化背景下高职院校教学标准的现状和问题

现有高职院校的教学评价主要采用形成性评价和终结性评价进行。教学形成性评价体现在教学过程中，主要是对学生的出勤、课堂表现、作业完成等常规性的指标进行评价；教学终结性评价主要是针对学生的平时成绩、考试成绩、实习表现和论文答辩做出评价。无论是教学形成性评价，还是教学终结性评价都存在评价内容模糊、评价方式单一、评价体系不健全等问题，教师无法根据教学评价的结果对学生的平时和期末学习状况进行有效描述，难以发现学生学习过程中的问题和困难，无法及时给予帮助和指导。此外，由于教学评价关系到教师的荣誉和待遇，评价结果并非客观结果的呈现，教师无法根据教学评价结果发现自己教学中存在的问题，导致教师无法及时改进教学内容和教学过程，出现教与学严重脱节，难以取得有效的教学效果。在高职院校教学评价过程中主要存在以下问题。

第一，教学评价缺乏职业性。高职院校教学评价不仅需要关注和评价学生从课堂中获得的知识，更需要着重培养学生的技能学习能力。高职院校对于学生培养的偏重点在于学生职业技能和实践能力，能力的培养和提升应体现在日常的教学内容和教学评价中，形成以能力培养为核心的教育质量观，评价中凸显职业技能实践能力。然而，当前高职院教学评价侧重于文化知识素养的评价，对于职业技能和实践能力的评价较为缺乏，导致学生在学习过程中无法得到有效的实践训练，进入企业工作后缺乏技能实践经验，在早期难以快速转化为生产力。

第二，教学评价缺乏全面性。高职院校的教学评价主要为学校的教学管理部门和学生，缺乏实践领域的专家，职业领域的专家具有较高的职业技能和丰富的职业经验，对于行业有深刻的理解和认知，能够更加具体、更加贴近实际地对行业状况进行描述和分析。然而，现有高职院校的教学评价大多依靠学校教务部门和相关学校之间交流和评价，领域内的实践界专家和领导评价极为缺乏，国际化背景下教学评价体系缺乏全面性，评价体系在方位和层次方面不健全，需要进一步与行业的实际需求接轨。

第三，教学评价缺乏发展性。高职院教学评价指引教学发展方向，指导教师的教学工作，在教学内容、教学方式、教学效果等方面有重要的作用，其评价内容、评价方式、评价主体、评价手段应体现动态性和发展性。然而，国际化背景下高职院教学评价指标较单一，多是静态的，缺乏动态性，评价体系不健全，评价信息主要局限于校内相关部门和相关院校的交流，标准化、动态性程度较低，信息误差较大，难以有效适应国际化背景下高职院教学评价。

国际化高职教育教学标准的理论分析工具如下。

第一，观念层面需体现文化软实力。建设国际化高职教育教学标准是一种文化领域的全球竞争，体现了国家职教文化实力，文化软实力理论作为理论分析工具推动国际化高职教育教学标准体系的建设，能够实现国际化高职教育教学标准价值判断和趋势分析。文化软实力（Soft Power）概念最早由哈佛大学教授约瑟夫·奈提出，作者认为国家综合实力由硬实力（经济、科技、军事实力等）和软实力（企业文化、价值观、习俗等）构成。文化软实力理论强调软实力的重要作用，尤其通过文化、价值观、风俗习惯等去引导人们的观念和行为，建设具有国际化水平的高职教学标准是凸显国家职业化教育的重要内容之一。首先，国际化高职教学标准是对高职院校教学方式、教学质量进展的有效衡量，能够显著影响职业教育的发展，体现了社会大众对于职业教育的价值判断，体现了职业教育未来的发展趋势。在国际化职业教育不断发展、交流、融合的背景下，高质量的职业教育是职业教育软文化的重要体现，能够提升我国职业教育的竞争力。其次，文化软实力是一个国家、地区文化自信的表现。在全球化背景下，各国都在增强文化竞争力，通过构建高职教育教学标准体系增强职业教育的文化竞争力，能够进一步提升职业教育的国家化水平，增强国际化职业教育的文化自信。最后，高职教学应充分吸收发达国家和地区的职业教育经验，取其精华，洋为中用，更多地融入国际化职业教育中，结合我

第十四章 教学标准国际化的战略定位

国职业教育发展实际，构建具有中国特色的国际化高职教育教学标准。

第二，整体设计上凸显测量和评价。国际化高职教育教学标准的确立离不开对教育的测量和评价，所谓教育测量是指依据教育教学相关原理、规则，根据测量指标，运用测量工具对教育教学现象进行定量化研究；教育评价是指根据一定的教学标准，在特定教学目标指引下，运用切实可行的技术手段，对教学效果、教学内容等进行价值判断的过程。教育测量和教育评价被广泛应用于教学质量管理中，为国际化高职教育教学标准建设提供参考依据，能够及时监测职业教育的教学质量，对教学标准做出准确和有效衡量，以构建合理的国际化高职教育教学标准；对于国际化高职教育教学标准的可信度问题，需要更多地进行实践上的检验，通过检验对标准进行进一步修正和完善，提高教学标准的可信和可靠程度；此外，国际化高职教育教学标准需要反映职业教育的客观规律，体现教学标准本身的稳定性和教学实践的客观性，在一段时间内，不同国家或地区应保持高职教育教学标准相对恒定，呈现高职教育教学标准的一致性。

第三，实践操作上强调系统性。建设国际化高职教育教学标准是一个长期的、系统化工程，应当按照系统理论的要求和基本原理进行，从多个层次、多个侧面、多个角度探讨教学标准系统的整体性，全面考虑系统的结构与功能，明确系统的作用，梳理系统、要素、环境三者的关系，优化系统的运用，充分发挥系统的功能和作用。在探讨教学标准时，以"适度够用"为基础，根据学科知识的整体性、系统性，从教学知识的连接与关系，引导学生主动发现知识的魅力，促进学生自主学习，通过实践活动实现学生将知识用以实践；另外，教学知识的获得，理论的形成依赖于实践活动，应充分尊重实践过程中形成的规律，按照实践规律不断完善相关实训教学。在对教学标准进行制定和实施过程中，要突出职业教育的特性，注重现代产业在教学标准制定和实施中的主体地位，将理论教学与实训课程相结合，关注教学标准与产业发展之间的协调互动，实现产教融合、产学结合以及校企合作。在教学标准国际化过程中，注重教学标准的衡量与导向功能，紧密结合我国职业教育发展实际，以现代产业国际化为指引，根据发展国家和地区职业教育的先进经验和教学标准，结合我国职业教育传统和发展现状，制定出切实可行的、独具中国特色的、具备国际化水平的高职教学标准，推动我国高职教育教学标准不断完善和优化。

第四节 国际化高职教育教学标准的建设路径

在经济增长放缓的背景下，经济社会和职业教育均处于转型时期，建设国际化教学标准面临着教学路径选择和教学实践实施两大问题。

建设路径方面，需要与国际化教学标准相协调发展。国际化教学标准的建设路径分析是以一定的教学理念为基础，对相关教学标准进行国际化水平的发展，对国际化内涵、发展指标、构建内容进行梳理。在我国由制造业大国向制造业强国转变过程中，建设国际化教学标准需要能够充分体现中国特色，结合中国实际，构建具备世界水平的现代职业教育体系。国际化教学标准实施过程中，应着重强化教学质量的提升，实现教学标准的全流程贯穿，转变教学标准的建设观念，形成独具特色的专业化发展方向，打造具有国际化水平的专业，形成国际影响力，实现国际化技术技能人才的招收、培养。通过树立国际化教育发展理念，以我国职业教育的实践为根基，立足其优良文化传统和特色，注重借鉴、学习发达国家和地区的教育经验与模式，融会贯通，与发达国家和地区的办学理念、教学实践相结合，形成先进的、独具中国特色的教育思想。在国际化高职教育教学标准的建设过程中，充分体现开放、动态平衡的特性，紧紧围绕区域现代化产业和特色产业发展需求，结合学校实力，借助行业中资及外资企业的力量，多方参与，对高职教育教学标准合作制定并适时修订；又能够体现我国现有教育教学标准，实现与国际教学标准（或类似标准）有机结合，推进在核心构成要素方面的协调。

以上海、天津等地试点院校的经验为基础，应在人才培养目标、人才培养模式、专业课程体系、教学模式、教学方式等方面协调、融合。第一，人才培养目标方面。一方面，积极与国际高职院校进行合作，引入具有国际化水平的专业技术人才的培养标准，通过职业院校的国际合作，逐步消化、吸收、完善这些标准；另一方面，从实践角度更多地与国际化企

第十四章 教学标准国际化的战略定位

业进行合作，借鉴其先进的经验，将理论与实践结合，培养既能适应理论学习，又能服务区域经济社会发展，推动地区产业结构升级的要求，从事一线生产制造、经营管理的操作人员，还具备国际视野、国际化能力、素质结构的综合性人才。第二，人才培养模式的协调与融合。在高职院校的人才培养体系中，着重对师资、课程、教学内容、教学理念、教学方法等要素的综合应用，强调国际视野，借鉴发达国家和地区的先进人才培养理念，如可借鉴德国的"双元制"人才培养理念，以此为指导，按照国际标准着重实现人才的国际化。强调学生的基础知识和基础技能的培养，注重工学结合、校企合作，将学生培养成为具备综合技术技能、职业素养的高水平人才。第三，专业课程体系建构方面。高职院校应坚持育人的根本教育理念，以国家职业资格标准为指引，根据国际化教学标准，突出企业岗位技能的实际要求，着重培养学生的实践创新能力，将教学与企业实践有机结合，实现生产过程与课程教授衔接体系的构建；通过课程与职业需求的要求，实现毕业证书与职业证书相融合的"双证书"，突出综合实践能力培养，鼓励开展课程与职业需求相融合的一体化教学改革，逐步引入具有国际化水平的职业资格考试，将国际职业资格证书考试辅导纳入课程框架。广泛开展学习领域、企业参访、项目式课程等教学形式，教学过程突出企业实践能力培养，立足为实习企业解决技术上的实际问题，让用人单位能够得到具备实践技能的员工。第四，教学模式的协调与融合。教学模式的丰富和完善能够帮助学生在课堂获得更多的知识和技能，应以国际先进水平的教学模式为指引，坚持七个维度。实践教学中坚持以案例为指引，将真实的案例引入课堂，实现"真度"教授；对于新技术的应用，不仅需要破解技术的理论建构，更需要"深度"发掘，以问题教学为导向，培养学生解决技术难题的能力；实训教学中，不仅需要培养学生的技能，更需要对学生解决问题能力、职业素养、职业操守的培养，坚持创新空间的"广度"；丰富完善教学资源，扩展教学资源的"厚度"，让学生能够接触更多的、可实际操作的教学资源，丰富学生的知识链接，扩展学生的知识接触面；教学过程实现信息化，采用信息化手段创造良好的学习环境，虚拟仿真实际工作，培养学生面对真实工作场景中解决问题的"效度"；

学生最好的老师是兴趣，培养学生的学习兴趣，坚持教学与学习的"乐度"，从学生的兴趣出发，根据兴趣设置教学形式和教学内容，逐步提升学生对于学习的爱好和乐趣；根据学生的实际情况，设计教材的内容，使教材内容的"适度"与学生的真实情况相衔接，使教学和实训内容能够较好结合，难易程度适中。第五，教学方式的协调与融合。教学体现学生的主体地位，以学生能够接受的教学方式为基础，结合国外先进的教学方法，逐步实现教学方式的多样性。强化信息技术在教学过程中的应用，引入企业实践课程，搭建校企合作的信息化教学平台，丰富教学资源库，开展微课、慕课，拓展学生学习空间；采用"项目教学""流程教学""行动导向教学"等，突出教学过程的实践性；提供交流学习的机会，让学生更多参与到跨国企业的岗位实践学习中，提升学生的语言学习能力、适应能力，提高高职院校国家化实践教学和实践技能的管理水平。

　　教学实践支撑和实施方面，首先，国际化教学标准的制定是以国际化课程的标准为基础，要求现有高职院校在课程框架体系设计时，积极引入国际化课程，引进国际职业资格证书相关内容，根据职业教育的特点，推进外语教学改革，强化听说能力，突出职业教育实践应用能力；通过形式多样的课程，丰富各国家和地区间的文化交流，实现职业教育国际化水平的提升。其次，教师是职业教育的关键，国际化教学标准需要国际化教学团队的支撑。可以国内外进修和培训、参与企业项目开发和企业实践、引进外籍教师团队等途径实现国际化教学团队的建设，提升整个教师队伍的国际化水平。最后，国际化实训教学环境建设。国际化教学标准的实施需要国际化实训教学环境的保障，需要强化与国内外跨国公司的合作，校企合作，共建信息化水平高、操作性强的实训基地，建设仿真企业的校内实训基地，为学生提供实训的场所；紧跟行业企业发展趋势，充分考虑国际化发展实际，将理论与实践"一体化"教学相结合，推动实训项目、实训内容、实训形式的多元化，把实训基地建设成为融教学、培训、职业技能鉴定、技术研发为一体的多功能、开放型的高素质技术技能型人才养成基地。

第十五章

校企合作、工学结合

第一节 "校企合作、工学结合"的内涵及意义

"校企合作、工学结合"的概念主要包括以下4方面内容。

1. 协同创新理念

协同创新是基于各分项的部门协调合作,通过分部对接实现整体效应。相较于以往的协同概念,其含义更为宽泛,既指院校主体内部各体系之间的知识体系共享及传递,又意味着院校与其他社会主体进行产学协同。[1]

2. 校企合作

校企合作是基于"以就业为导向",学校和企业利用不同的环境、方法和要求,以协同共享为手段的高素质特殊教育模式。一方面,协同创新能够提高职业院校与校企合作中的主体地位,激发老师与学生参与企业实践工作的积极性;另一方面,企业可以吸收职业院校的科技研究成果,提升产品科技含量,还能将企业的产品试验与院校的科研师资相融合,提升企业核心竞争力。[2]

---

[1] 李志强,匡维."校企合作、工学结合"人才培养模式的内涵与特征[J]. 职业教育研究,2011(3):8-10.

[2] 邓意志."校企合作、工学结合"人才培养模式的研究[J]. 中国科技纵横,2017(19).

3. 工学结合

工学结合是伴随校企合作而衍生的并行结构,在教学研究中开发了许多诸如工作过程系统化、工学结合一体化等不同类型的分系,在系统化的指引下,各分系互为结合,相互补充,形成工学结合的整体内涵,实现完美统一。

4. 校企合作、工学结合的共融关系

校企合作和工学结合都是基于协同创新理念下的合作关系,两者是互为因果,互相联系。

因此,在深入研究校企合作人才培养模式现状的基础上,结合对"校企合作、工学结合"概念的理解,提出以校内外实践教学基地为依托,制订"工学结合"的人才培养教学计划,校企双方明确实践教学的人才培养目标,以人才培养目标为导向开发融合工作过程的课程体系,以建设和完善校内外实训基地的人才培养机制,为深入推进校企合作培养模式提供借鉴。❶

图1 校企合作架构

"校企一体化合作办学"是要基于传统的以学校及课程教学为中心的人才培养方式下,构建新的基于实践教学基地的合作人才培养体系和合作机制,为学生提供更为真实的职业体验和工厂实践经验,其主要内涵可以从以下两个方面来考虑。

第一,双方共建实践教学基地,合作紧密度进一步加强,融为一体。"校企合作"要求校企双方人员相互渗透,项目深层合作,组建人才培养及科研合作的利益共同体。企业可以向学校投资建设实习工厂或实验室,

---

❶ 刘秀艳."校企合作、工学结合"人才培养模式的实践探索[J]. 环球市场信息导报,2017(29):76.

建立生产性实习实训基地。学校原有的实践工厂等资源可以同企业技术人才及设备资源优势互补,实现校企人才培养无缝链接。

第二,学校培养方案和企业的需要高度契合,培养目标与企业对技术人才的要求一致。学校人才培养必须以市场需求为导向,以企业的技术人才的工作技能和产品的设计水准作为人才培养的指标,提升学生的知识水平的方向。校企建立教学指导委员会全面介入学校的专业设置、教学管理、课程方案及实践教学等环节,实现学校设置专业与企业岗位、教学内容与企业需要对接。

第二节 高职院校"校企合作、工学结合"的现状与问题

目前,我国高职院校的校企合作成果还不够全面化,效果不够理想,主要现状表现如下。

1. 实践教学机制不够完善

教学机制是教学活动顺利展开的重要保证,近年来虽然校企合作不断深入发展,但是相应的教学机制并不完善,这极大地影响了校企合作的深度与广度。第一,人才流动机制不完善,学校与企业之间存在诸多差异,包括人事管理、组织结构等众多方面,这对人才流动造成了一定的阻碍,影响人才参与工作实践的有效性;第二,教学实践缺乏长效机制,很多高职院校却没有树立正确认识,将注意力放在硬件设备方面,而财经类专业教师并不能较好地掌握实践教学的方法,致使校企合作、工学结合停留在表面上,长效机制难以形成。学校处于"一头热"的不佳状态,由于企业仅仅注重经济营销领域,并没有将目光聚焦在与学校的合作方面,只是短视地认为校企合作是多余而无益的,企业的决策层缺乏教育全局观念,没有教育与职业相匹配的长远战略规划。❶

---

❶ 黄贵军. "校企合作、工学结合"人才培养模式的探索研究 [J]. 经营管理者, 2017 (15): 381.

2. 实践基地的建设与管理不够完善

实践基地是实践教学中不可或缺的物质基础，高职院校应当根据财经类专业的实际需求建设完善的实践基地，为学生提供真实的实践环境，继而提升自身的职业能力与素养。由于财经类专业分类较多、专业课程较杂，对实训室数量的要求较多，而高职院校的场地与空间有限，实训室的数量与质量无法满足财经类专业的教学需求，且实训室设置分散，无法进行集中有效的管理。

3. 教学模式较为落后

当前，大部分高职院校的教学模式依旧较为落后，很多教师仅能根据教材内容以及自己的理解讲解相关知识，在实训中，无法给予学生必要的指导与帮助，学生的实践能力与专业知识素养并不能够得到大幅提升。在校企合作的过程中，教师与企业之间的沟通联系并不密切，致使企业无法对学生予以足够的信任，也不会将财经类的工作交给学生，学生在实践中无法接触到与专业相关的工作内容，导致学生后期的职业能力难以持续提升。

4. 实践教学的实践性不强

虽然实践教学得到了一定的关注，但是实践教学并没有突显出实践性的特征，教师在教学中仍以教材为核心展开活动，然而教材中的部分内容已经无法适应社会需求，新的内容并未被及时纳入到教材体系中。在此情况下展开的实践教学并不能取得理想的效果。学生的实践素养与企业需求之间存在明显的差距，进入企业后，学生需要从头学习。

5. 师资队伍的整体水平有待提高

虽然目前"双师"素质教师比率比以往有明显提高，但很多是仅通过参加一两次培训而获得的相应资格的"双师"，真正在企业有一两年实践经验的教师不多，也就是说真正具备较高学术水平又有丰富实践经验、能传授理论知识和指导实践操作的"双师"教师严重不足。这种不足一方面影响教学质量水平，不利于学生的创新力和可持续发展；另一方面真正意义上"双师"队伍的匮乏也不利于学校与企业开展的各方面合作，弱化了高职院校为企业提供技术支持解决生产研发中实际问题的环节，成为合作

第十五章　校企合作、工学结合

中的"短板",阻碍了工学结合模式的进一步发展。

6. 学生管理机制有待加强

"工学结合、校企合作"模式过程中,许多院校认为学生进入企业进行实习,应该归企业管理,学生在企业实习过程中出现的事情学校只需做好相应的配合工作,这种观念降低了学生的归属感,增加了企业的管理压力,减弱了企业的合作意愿。学生虽在企业进行实习,学校应该和企业共同管理学生,制定合理的管理制度,专业教师也要做好现场的指导工作,决不能放松对学生实习过程的监控。要形成以指导教师、企业师傅、班主任、辅导员等对学生多轨并行的管理机制,对学生进行跟踪管理。只有通过及时充分的信息沟通和及时有效的传授指导,才能达到理想的"工学结合、校企合作"的效果。❶

7. 欠缺合理的校企合作评价机制

校企合作是高职院校发展的必由之路。但如何衡量校企合作的成效,并未形成科学合理的评价机制。为了使校企合作全面、健康、持续发展,我们还需在校企合作过程中逐渐探索、摸索出一套适合院校与企业合作的科学的评价机制,相互监督和约束,共同提高合作成效,以利于校企合作教育向更高层次发展。

8. 学校与企业的目标冲突

根据调研发现,大部分高职院校建立"工学结合、校企合作"的人才培养模式的出发点是为了根据教学质量评估指标进行人才培养模式的改革与创新,以获得自身不具备的实习、实训条件,开展工学交替、顶岗实习等实习实训项目,从而增强实训环节的教学效果,以此来提高学生职业技能与就业能力。企业方面,其合作的出发点是人才储备和企业的长远发展,通过合作,吸收一批优秀的学生作为自己的员工,解决技能型人才紧缺的问题,从而降低自身用工成本和人才储备成本,并利用学校的社会知名度来提升企业的形象。这就导致企业的目光最终停留在经济利益的获取

---

❶ 周燕飞. "校企合作、工学结合"人才培养模式的探索与实践 [J]. 智库时代,2018,142 (26): 44-49.

上。由于双方没有形成统一的契合点，没能建立有效的共融机制，所以合作层次低，基础相对薄弱，质量不高甚至流于形式，学生沦为企业简单劳动的廉价劳动力，违背了学校进行校企合作共育的初衷。另外，由于合作企业的短视行为，在岗位提供和设计上随意性较大，造成企业提供的技术型岗位欠档次的现象。由于没有真正将技术专业型岗位交与学校进行实践学习，而只是将部分欠缺技术含量的辅助岗位作为校企合作的实践平台，学生无法从岗位中获取较高技术含量的能力锻炼，因此无法提高广大学生的参与热情。

第三节 "校企合作、工学结合"的国际经验与启示

1. 国际经验

德国的"双元制"模式。德国"双元制"职业教育人才培养模式是经历了漫长的过程才逐渐建立和完善起来的。"双元制"人才培养模式强调企业与职业学校合作开展职业教育。在校企合作中，企业占主导和核心地位，学校教育居于辅助地位，学生在企业和学校的一般时间比为3：2或4：1。企业与职业学校成为两个教育主体，企业着重进行实际操作技能的训练，学校着重理论知识的传授。

美国的"协作式"模式。美国的"协作式"职业教育人才培养模式的本质，就是"教学—科研—生产"型模式，其首先由美国斯坦福大学副校长特曼提出。这种模式强调大学是求知的场所，对经济社会的发展发挥重要的推动作用，其主要特征是分层次培养和注重职业技能、实行校企联合培养和双导师制度，定量设定标准、定性考核质量。

日本的"产学合作"模式。日本的职业教育尤其是高职教育始终将应用型人才的培养视为办学的中心任务，并努力寻求和塑造有别于一般院校的人才培养思路和人才类型。这种"产学合作"人才培养模式的主要特征是强调应用型职业教育特色，突出专业课程设置的灵活性与实践性，重视产学协作的共同教育以及注重"双师型"职业教师队伍建设。

新加坡的"教学工厂"模式。"教学工厂"是新加坡借鉴德国"双元

第十五章 校企合作、工学结合

制"提出的新的人才培养模式,是一种将先进的教学设备、真实的企业环境引入学校,将现代企业的生产、经营环境融合到学校的教学活动中,形成的学校、实训中心、企业"三元合一"的综合性教学模式。这种人才培养模式的主要特征是专业设置以市场为导向、项目教学贯穿始终、师资队伍建设体现"以师为本"的理念以及注重激发学生的潜能。

2. 启示

(1) 建立和健全职业教育的产学研合作机制是顺应经济高质量发展和建立创新型国家的要求。建议加快建立和健全我国职业教育产学研合作机制。

① 加快健全我国职业教育产学研合作的相关法律法规,对职业教育产学研合作过程中政府、企业、学校及社会之间的权利和义务进行具体可操作化的规定。

② 在职业教育领域牢固树立产学研合作的理念,鼓励、引导职业院校、企业和科研院所开展产学研合作机制创新。

③建立和健全职业院校与企业联合开发课程、联合设置专业的合作机制,使职业院校的教学行为与企业需求紧密结合。❶

(2) 推进校企合作为重点的现代职业学校制度改革。目前,我国职业教育领域的校企合作取得了长足进展,但是与建立现代职业教育体系的要求之间仍然存在较大差距。今后一段时期,建议加快推进以校企合作为重点的现代职业学校制度改革。

① 探索建立符合我国国情的职业教育校企合作模式,充分发挥职业院校和企业各自的优势,形成促进我国职业教育跨越式发展和推动产业转型升级的合力。

② 加快推进中国特色现代学徒制的探索,形成符合我国职业教育发展要求的工学交替模式。

③ 发挥各级政府在促进职业教育校企合作方面的主导作用,制定和完

---

❶ 刘凤云. 对"校企合作、工学结合"人才培养模式的思考与实践[J]. 教育与职业, 2009(29): 28-30.

善职业教育校企合作的相关法规，为职业教育校企合作提供法律保障。

④ 加快形成促进职业教育校企合作的多元化经费保障机制，鼓励和引导社会资金进入职业教育校企合作领域。

（3）完善以工学结合为核心的职业教育人才培养模式，形成和完善以工学结合为核心的人才培养模式，是发达国家实现本国职业教育与经济发展和产业升级"无缝对接"的重要举措。建议充分借鉴和吸收发达国家的成功经验，形成和完善具有中国特色的以工学结合为核心的职业教育人才培养模式。

① 强化职业教育的应用性导向，建立健全职业院校和企业联合培养技术技能型人才的体制机制。

② 探索建立理论知识学习与实践技能学习之间实现良性对接的方式和途径，从而既充分激发学生的潜能，又有利于推进"双师型"职业教育教师队伍建设。

第四节 工学结合人才培养模式对教师的新要求

1. 专业知识方面的新要求

传统的学科教育体系，可以按知识类型划分课程，老师可以各负其责，只对自己所任课程负责，不用对所有相关的知识都掌握，哪怕只是了解。而工学结合模式下，任何一个典型岗位，都需要多学科的知识作为支撑，这就要求老师了解这一典型工作岗位整个工作过程的全部知识，必然会跨课程、跨专业，甚至跨学科。❶

2. 专业技能方面的新要求

能说会做是"双师素质"教师的基本定义，是职业教育的基本要求。按任务类型划分课程，老师可以只掌握自己所任课程中涉及的专业技能。而工学结合模式下，任何一个典型岗位，都包含多个工作不同的工作任

---

❶ 齐绍琼. 高职校企合作、工学结合人才培养模式保障机制研究［J］. 教育与职业，2013（2）：30 - 31.

第十五章 校企合作、工学结合

务,这就要求老师了解这一典型工作岗位整个工作过程的全部技能。

3. 教学方法方面的新要求

工学结合模式下,不仅要求教师在知识讲授、原理演示、技能演示、技能实训的基础上,掌握项目教学任务驱动等教学方法,而且要求老师融会贯通典型岗位的全部工作任务,并应用现代教育技术展现出来,如制作微课、案例,通过顶岗实习、模拟仿真、虚拟仿真,实现全程体验、深度体验式教学。

4. 教学组织方面的新要求

职业院校的教师必须同时具备理论课和实训课的教学组织能力,而在工学结合模式下,还必须能够有效组织校内的理实一体课校外的顶岗实习,特别是突破课内课外翻转课堂。

5. 教育技术方面的新要求

学科体系教育技术是基于"讲授"的挂图、示教板、多媒体、课件;职业教育体系教育技术是基于"实训"的模拟仿真、虚拟仿真、数字化资源。而工学结合模式下的教育技术是基于"体验"的,利用"互联网+"、移动媒体技术,突破线上线下、校内校外的混合式教学。这就要求老师了解、掌握、运用更新的现代职业教育技术。❶

6. 育人能力方面的新要求

随着目标越来越具体,对教师的要求越来越高。而在工学结合模式下,更是具体到岗位标准,这就要求教师了解整个工作过程的全部细节。

表1 对比分析教师要求的变化过程

	学科教育的要求	职业教育的基本要求	工学结合模式下的新要求
专业知识	系统、完整的知识	联系实际的 以就业为导向的知识	以典型工作岗位的工作过程 为导向的知识 跨课程 跨专业 跨学科
专业技能	能把技能说明白	具备(某项)专业技能	掌握工作过程的(全部)专业技能(能说或者会做)

---

❶ 陈永刚. 高职院校开展校企合作工学结合教育模式研究[D]. 华东师范大学,2010.

续表

	学科教育的要求	职业教育的基本要求	工学结合模式下的新要求
教学方法	知识讲授、原理演示	知识讲授 技能演示 技能实训	能用现代教育技术再现工作过程 全程体验　深度体验
教学组织	理论课	理论课 实训课	理实一体课 顶岗实习 翻转课堂
教育技术	挂图、示教板、多媒体、课件	模拟仿真 虚拟仿真 数字化资源	"互联网+"时代的网络教学 混合式教学
育人能力	综合素质	职业素养	岗位标准

7. 面对新要求，教师的培养策略

教育者本身首先是被教育者，既然"工学结合"是职业教育基本理论、模式和特征，那么也可以应用到职业教育师资队伍的培养，构建一种"工学结合"模式下的教师资源建设体系。"工学结合"对教师资源建设提出要求：双师素质的专任教师，双师结构的教学团队；"工学结合"为教师资源建设提供思路：以行动为导向，代替传统的单一讲授；"工学结合"为教师资源建设提供具体方法：课堂培训、教学实践、参与建设。

第五节　"校企合作、工学结合"实践教学体系的构建方法

1. 充分发挥政府的重要作用

为充分发挥职业学校和企业的优势资源，许多发达国家的政府非常注重对社会教育资源的整合，并加强对校企关系的协调。如在澳大利亚的TAFE职业教育模式中，通过政府的引导和管理，职业学校与企业之间实现了学生、教师、培训基地以及硬件设施等的资源共享，最大限度地对资源进行利用，促进学生的发展。在日本的职业教育体制中，政府在校企合作中发挥了主导作用，企业和职业学校是校企合作的主体，从而形成了政

第十五章 校企合作、工学结合

府、企业和职业学校等多方参与的多元化职业技能人才培养机制。德国的职业教育是以政府为主导，在国家立法支持下，由政府统筹管理实施的。❶

2. 形成多元化的经费保障机制

发达国家普遍形成具有本国特色的、多元化的校企合作经费保障机制。如德国的职业教育经费保障机制是一个由公共财政和私营企业共同资助的多元体系，主要由企业直接资助、企业外集资资助、混合经费资助、国家资助和个人资助等组成，其中企业直接资助是主要经费来源。为促进职业教育的健康发展，新加坡政府设立了技能发展基金，按企业工资总额的1%收取，主要用于对职工进行职业技能培训，同时政府对进入职业学校的学生每年每人补贴1万～2万新元，并按每名学生每年800新元的标准为发展基金注资，用于实习实训设备的添置。在美国的"合作教育"模式中，社区学院的办学经费主要来自该社区的税收，约占一半，其余部分来自学生学费和州政府的拨款，同时社区内的企业、各界人士捐款、捐物赞助社区学院，企业还通过委托学院培训职工、选送学生等形式向学校支付学费。

3. 以工学交替为主要形式

目前，工学交替是发达国家现代学徒制校企合作的主要形式，通常采取日释或期释的方式。所谓日释，就是每周1～2天在学校，其余时间在企业；所谓期释，就是每隔若干时间在学校与企业间轮换一次。在这种制度安排下，学校的教学扮演着配合企业培训的角色。因此，学校要与企业保持密切的联系，通常由固定的联系人跟踪学徒在企业的学习与工作。学校内部的教学组织方式通常有三种做法：①如果同个专业的学徒人数足够多，就单独开班教学；②是如果同个专业的学徒数量不足，就与相关专业的学徒合并成班；③如果某大企业的学徒非常多，就为这个企业的学徒单独成班。

4. 树立正确的教学意识

高职院校应当认识到社会对职业技术人才的实际需求情况，并认识到

---

❶ 和志勇. 试论高职教育"校企合作、工学结合"人才培养模式改革［J］. 求知导刊，2017（13）：139.

展开校企合作、工学结合的重要性与必要性。从各专业自身的特点出发，重视技术应用能力以及综合能力的培养，而这些能力都是在实践中慢慢累积获得的。高职院校应当以市场需求为指导构建实践教学体系，深入企业进行实践研究，了解相关岗位的实际工作需要，然后对实践教学做出调整，提高实践内容的实效性与针对性。

5. 加强对实践基地的建设

实践基地建设是工学结合人才培养模式应用下，提升学生实践能力、创新能力的重要手段，是校企深度合作的具体表现。因此，为进一步促进学生核心竞争力的提升，应针对专业特征，建立完善的信息共享机制，促进校内实训中心"实习基地"课程实验室以及课程研究室的共同建设。同时，注重先进信息技术、控制技术在实训实习基地建设中的应用，为任务教学"案例教学"虚拟实验教学、仿真模拟训练等提供良好平台，促进学生优化发展。高职院校应当根据企业的实际需求建设数量充足、设备完善的实践基地，让学生有机会在相对真实的环境中展开软件操作以及相关业务工作。同时可以展开模拟训练以及情境活动，让学生加深对专业知识、岗位需求的体会。在建设实践基地时，学校可以聘请企业内部经验丰富的相关人才进行指导，保证基地建设的真实有效。❶

6. 创新实践教学模式

在经济与科技发展的带动下，越来越多的技术手段被应用到课堂教学中，高职院校应当根据专业特点应当将新技术手段应用到实践教学体系的建设中，推动校企合作、工学结合的顺利展开。学校创设专业的实践教学平台，并让教师整合市场信息，在平台上发布与学生相关的实习信息，让学生可以根据自己的专业与喜好，选择见习岗位，参与企业实训。平台建设提高了信息发布的实时性与有效性，加强了企业、学校、学生三者之间的联系，为学生提供了更多的实践机会。通过顶层设计实现实训教学设施与理论教学设施同步建设。学校建有班级教室、多媒体室、计算机室、

---

❶ 张自英，潘万贵，林海波，等. 校企合作、工学结合深度耦合的研究与实践——以台州职业技术学院"虚拟订单班"模式为例 [J]. 辽宁高职学报，2017，19（3）：77-79.

第十五章 校企合作、工学结合

焊工实训室、钳工实训室、机电实训室、化学检验实训室、造纸分析实训室、化工仿真实训室、汽车修理实训室、物流储运实训室,满足学生工学结合技能训练需求。建立相应的就业通道,推动和促进参加工学结合学习的学生以双向选择的形式与企业签订正式劳动合同。

7. 通过校企合作让企业文化进入学校

通过与合作企业联系,安排合作企业到学校开展企业文化讲座,开现场招聘会,请企业领导到学校与师生进行座谈交流。学校把企业文化、企业班组管理内容引入课堂,使学生在校就接受企业文化的熏陶。

8. 为企业开展职业培训和技能鉴定校企合作

发挥学校职业培训的职能,学校也发挥培训职能,为企业服务。学校可以根据企业工作岗位特点,为企业的相关技术岗位的作业人员进行理论知识的培训,也可以通过❶送教上门的形式为合作企业提供定期或不定期的职工培训,通过多种形式加强学校与企业的联系与合作。

9. 提高教师的专业素质与能力

教师是实践教学的组织者与参与者,因此一定要关注教师专业素质与能力发展。在教师队伍的建设过程中,尤其是在新教师的招聘环节,不要将招聘对象局限于师范类教师,要更多面向有大型企业工作经历、具有本科及以上学历的技术性工程技术人员。他们进校以后通过培训取得教师资格证,成为具有特色的"双师"型教师。学校可以招聘企业工程师作为专职教师,聘请在职的高级技师作为兼职实训指导教师,让企业技术人员直接作为工学结合现场教学的指导教师。高职院校应当定期对教师进行培训,使其能够树立正确的认识,保证其能力可以与时俱进。同时应当积极与企业合作,让教师参与挂岗实习,提高教师的实践能力,使其有能力对学生进行实践指导。

---

❶ 王云江,邓振义. 校企合作工学结合条件下高职专业标准的创建:市场践行标准化——第十一届中国标准化论坛论文集[C]. 2014.

第十六章

高等职业教育的对外教学环节

第一节　高等职业教育的对外教学概述

随着我国职业教育的发展，越来越多的高职院校开展了国际交流与合作，留学生人数逐年增加。然而，由于国内对对外汉语教学的重视不足，结构体系建设仍在进行当中，尚不成熟和完善，存在目标不清晰、定位不准确、特色不鲜明等一些问题。随着全球经济一体化的形成，区域间、国家间的联系更加密切，急需进一步探讨对外汉语的发展路径、形成机制、发展模式等，需进一步完善对外汉语教学的合作机制，实现对外汉语教学的国际化。

学习中心说、学用一致说、文化交流说等是教学理念的重要组成部分。对于学习中心说而言，学习指通过阅读、听说、实践等方式获取知识或技能的过程，能够帮助学习者获取知识，完善学习者能力结构，实现学习者知识、技能的提高，然而，一味强调学习者的中心地位容易产生偏误，因为在教学过程中，教师掌握主动权，能够自主安排学生的学习内容和教学方法，能够帮助学生更加便捷地理解所教授内容，快速掌握知识结构，形成良好的学习品格，"教师主导，学生主体"的教学原则应该得到提倡。"教师主导，学生主体"的教学原则更能够反映教育、教学的本质，教师的主导作用应该体现在教学的全过程当中，主导教学的内容，主导教

第十六章　高等职业教育的对外教学环节

学的方式方法，主导教学的步骤；如果将教师的主导作用让渡给学生，混淆教学的侧重点，无法将正规课堂教学与学生自主学习相区分，无法保障正规课堂教学与课外学习的良好互补，无法正确体现教师的主导地位和作用；在教学过程中，学生是学习的主体，必须深度参与到学习过程中，实现主动学习、主动参与，发挥应有的主体作用，这是教师所无法替代的。只有正确处理教学过程中教师与学生的地位，发挥各自应有的作用，才能保证教与学两个矛盾实现统一，集中满足教师和学生的要求，使教师能够更专心、更有益地"传道受业解惑"，使学生能够更好地参与到学习过程中，获得更好的成绩。[1]

学用一致说强调知行合一，鼓励将理论与实践相结合。教师在授课过程中不仅需要强调理论知识的重要性，更需要能够帮助学生将理论知识应用到实际生活、工作当中，学以致用；学生则需要虚心学习理论知识，牢牢掌握理论，更需要逐步地参与社会实践，将所学、所知贯穿到实际当中。例如，对外汉语教学过程中要注重初级日常汉语的教授，避免"学用分离"，要学以致用。一方面，语言的学习使用离不开语言环境，环境能够帮助语言学习者快速应用所学语言，强化、巩固所学语言，帮助学习者掌握语言的初步表达；另一方面，现实的需求要求学习者避免将所学语言与实施出现"脱节"。

文化交流说旨在学习者对于目的语言文化与学习者本土文化的关系。参加对外汉语学习的对象来自不同的地区、不同的国家，面临着不同的政治形态、不同的文化习惯、不同的语言环境，在进行交流时需要借助语言彼此理解。通过对外汉语的教授能够使汉语学习者认同中国文化，逐步熟知中国人的思维方式、生活习惯，让汉语学习者更贴近中国的文化情景，能够用汉语进行交流学习，能够用汉语对身边的见闻进行描述，增加学习者汉语的使用，增强学习兴趣，提升学习激情。通过对外汉语的教授与学习，能够实现不同文化、不同文明之间的相互交流、相互尊重、相互理

---

[1] 许利平. 高职教育背景下的对外汉语教学特性刍议 [J]. 剑南文学，2013（9）：476-477.

解。学习者期望通过汉语的学习能够进一步了解中国、认识中国，接触、识别、学习中国文化。保持平等、友好的交流，可实现学习者将汉语学习、沟通交流结合的愿景。

第二节　高职院校对外汉语教学的问题及原因

虽然众多职业学院已经将对外交流合作、进行对外汉语的教授提升到关系自身不断发展和提升国际竞争力的战略高度，并主动寻求对外开放，与国际学校进行合作，探索职业院校国际化教育的新模式。虽然取得了相应成果，但高职院校的对外交流、对外汉语教授仍处于初级阶段，在理论和实践中仍面临很多问题。

（1）高职院校在对外交流学习中，存在对先进的教育理论、教育方法、教育模式的照搬现象。不注重对先进经验的消化吸收，与高职院校自身能力和素质不相适应，无法与高职院校现有的教育教学形成良好的匹配，整个对外汉语教学工作成效不明显；高职院校面临严重的人才短缺，教学团队建设滞后，人才梯队和人才培养模式进展缓慢，对外汉语课程安排无法做到"因材施教"，无法提供高水平的教学服务；由于高职院校注重技能和实践能力的培养，对于科研项目的申请和实施较为缺乏，使对外汉语教学缺乏学术理论指导，所讲授内容较为浅显，学生在学习过程中只知其然，不知其所以然。❶

（2）对外汉语的交流合作层次、深度不够。在对外汉语的教授过程中，教师的国际化视野不足，双语教学能力有限，教学方法、教育理念较为传统，对新的教学模式缺乏探索精神，对多元文化了解不足，且教授所用教材门类众多，知识更新缓慢。教材是学习的根本，门类众多、知识陈旧的教材严重制约了学生的主动性和积极性，不利于学生形成完善的知识体系，难以激发学生对汉语的热爱。这使对外汉语的教授缺乏趣味性，对

---

❶ 康凌燕. 高职双语教学模式在对外汉语教学中的应用——以重庆城市管理职业学院为例[J]. 校园英语, 2017 (5): 62-63.

第十六章　高等职业教育的对外教学环节

外汉语的教授、推广较为困难。此外，高职院校对外汉语教学的课程体系较为单一，涉及的课程种类繁多，而大多职业院校师资力量相对有限，教师对课程的掌握深度不足，限制了对外汉语的课程体系建设，不利于对外汉语的学习。

1. 教学团队建设

对外汉语教学过程中，最为重要的是需要具备一流的教学团队，只有这样才能为学生提供良好的服务。教学团队中需要具有对外汉语的专职教师、相关行政服务人员等，提供高水平、高质量、新观念、新知识等，通过语言技能比赛检验教师的教授水平和学生的学习质量。

教学团队建设不仅需要具备高水平的教学团队，也需要良好的基础设施加以支撑。如现代化的语音教室、汉语水平考试网络考试语言教学仿真实验室、网络多媒体教室等。

（1）人才培养模式和人才梯队建设

人才是对外汉语教学成功的关键。根据留学生汉语学习需求、国家和地区差异、汉语水平、学习意愿等进行分类管理，按照课程安排和学期制度进行分阶段的教学，以充分利用教学资源，合理安排教学进度；在初步实现学生汉语交流、表达能力的基础上，着重培养学生跨文化学习、交际能力，逐步夯实学生的专业基础知识学习能力，逐步提升学生汉语实际应用能力；对外汉语教学过程中，坚持"以学生为中心、以实际应用"为主线，按照"用中学、做中学"的教学方式，结合学生实际，采用多种形式和多种方法，调动学生积极性，实现参与式的教学；此外，语言的学习是需要通过课程的学习进一步融入日常实际生活中，能够通过实际生活的适应体验进一步检验语言知识的学习，整个过程离不开情景的作用。对外汉语教学过程中，应大力开展情境式教学，以任务和应用为主线，以语言结构为支撑，通过情景模拟的方式，将学生学习的语言知识转化为实际应用能力，逐步实现汉语学习和表达能力的提升。❶

人才梯队建设方面，以教学团队带头人为核心，通过教学团队带头人

---

❶ 刘珣. 汉语国际教育与对外汉语教学［J］. 国际汉语教学研究，2014（1）：3-4.

的示范作用，不断提升教学团队的整体水平，对教学团队中每一位成员进行有针对性的提升计划，尤其是重点培养专业带头人、青年骨干教师。需要加大投入，扩展团队教师参加学习交流培训机会，促进团队成员学历提升，逐步提升对外汉语教学团队成员的能力和水平；在明确学习目的的基础上，充分利用师资培训、国内外研讨会等机会，提升教科研水平，满足对外汉语教学者基本的科研要求；逐步推进对外汉语教育教学改革，创新课堂教学方式方法，实现对外汉语教学方式的多样化，通过多种方式满足学生对汉语的需求。

（2）汉语课程体系建设

传统对外汉语教学中涉及的课程种类繁多，包括阅读、听力、写作、口语等，这样的教授方式有很强的针对性，具有分类清晰、选择便捷等优点，但这种方式要求具有各类型的授课教师，需要雄厚的师资力量，要求学生具备一定的汉语基础和较强的学习能力，要求学校具备较为完善的汉语专业设置。然而，对于大多数职业院校而言，师资力量相对有限，留学人员各种知识、技能的储备不足，要全面、系统地完成对外汉语教授存在难度。由此可见，传统模式在职业院校对外汉语教授和汉语课程体系建设方面无法满足要求，需根据交换项目的留学生实际，结合语言教授的现状，合理有效地设置对外汉语课程，有效地强化汉语课程的分类教授。

对于高职院校而言，短期内的汉语课程教授具有时间短、任务重、目标明晰、形式灵活、内容精练等特点，根据短期内的汉语课程教授的特点，可将对外汉语课程教授形式具体设置为：汉语教授综合课、汉语日常交流表达课、汉语语法培训课、汉语听说读写课、汉文化课（包括书法绘画、音乐舞蹈、武术等）等，通过对外汉语的教授和学习，加强留学人员的汉语阅读以及书写水平，提升汉语表达、交流能力，激发留学人员对中国传统文化的兴趣，增强留学人员对汉语的了解、对中国的重新认知。

（3）汉语实训基地建设

实训基地的建设是汉语学习必不可少的组成部分，通过实训基地的建设学生能够更好地模拟场景，将理论所学应用于实践中。汉语实训基地建设主要包括仿真实训语音室、对外汉语资料室、汉语文化体验基地等。通

第十六章　高等职业教育的对外教学环节

过建设仿真实训语音室,实现 HSK 笔纸无纸化环保考点的建设,让更多的学生能够参与并使用仿真实训语音室;创建对外汉语资料室,能够为广大师生提供更专业的学习资料,方便教师和学生教学、学习,便于大家进行不同文化、不同习俗的交流和沟通,丰富教师和学生的知识结构,了解各个国家和地区的民族风情,掌握国内外前沿的教学方法和教学理念;汉语言文化体验基地的推进,能够让学生进一步了解汉语的发展和形成,激发学生学习汉语的热情,体验汉语言的博大精深,为学生学习创造良好条件,为人才培养奠定基础。❶

（4）教材教学资源建设

教材是学习的根本,是教学内容的主要构成部分,是将教师与学生相连接的主要媒介,是传统文化进行传播的渠道。教材的编写能够反映教材作者的教学思想,反映教学的整体设计、教学目标、教学方式、培养方向、教学内容等,因此,教材编写质量和翻译水平对教学效果产生直接影响,高水平的教材编写质量、精准的翻译是教学成功的重要保障。目前,我国对外汉语教学事业蓬勃发展,对外汉语教材门类众多,对外汉语教材编写出版发展良好。但是,对外汉语教材编写过程中存在一定的问题,一方面,对外汉语教材的编写种类众多,出版任务较重,对外汉语教材质量无法得到有效保证。对外汉语教材质量直接决定了对外汉语教授的水平,将严重影响对外汉语的教学和留学人员对于汉语的学习激情、热情,影响对外汉语的教授事业,阻碍汉语的发展和中国文化的传播。另一方面,市场上存在的大量对外汉语教材在进行编写和翻译等工作时主要针对长期汉语学习人员,对于接受短期汉语教育的高职院校的留学人员并不适用,无法满足短期汉语教育需求,若选取此类教材,将无法适应短期汉语的课堂教授和学习,而且难度较大、效率较低。因此,高职院校的对外汉语教师可根据本院校留学人员的实际情况进行对外汉语教材的选取和编写,有效明确教学任务,确定教学内容和教学形式,提高教学效果,满足更多留学

---

❶ 施华阳. 基于职业教育背景下的高职对外汉语课程体系构建［J］. 明日风尚,2018（20）：199.

人员的不同需求，使职业教学更加贴合实际。

高职院校留学人员有自己的特点，高职院校在进行对外汉语教材编写工作时应符合其特点，基于职业教育背景，坚持如下原则。

第一，针对性原则。对外汉语教材编写需要针对不同学习期限的留学人员，强调教材与使用者的适应程度，强化教师与学生的良性互动。对于教师队伍而言，高职院校对外汉语专业教师在对外汉语教授上存在水平差异，在面对留学人员时需多方面考虑，根据留学人员的国籍、宗教信仰、学习期限等编写适宜的教材，避免出现涉及宗教、习惯等问题。高职院校招收生源有限，渠道较窄，招收留学人员在地域、年龄、文化水平、语言基础等方面存在较大差异，且语言、知识、技能等水平较差，在教材编写时，着重突出知识重点，充分体现专业化，瞄准职业目标和职业方向，将专业所涉及的知识编写于教材之中，更大程度上满足职业需求，提高学生学习热情。❶

第二，实用性原则。学习的根本目的在于学以致用，高职院校学生学习是以职业化为导向，在汉语课程的编排上能够贴近实际，面向职业化。一方面，保证对外汉语教学课程内容的真实性，对外汉语教学课程所使用的语言应源自生活，是真实生活的写照，这样能够形成较为真实的语言运用氛围，帮助留学人员快速适应语言环境，融入语言情境中，使教学工作能够更加顺利开展；另一方面，教材内容的编制要勤练、能够适用于不同留学人员。由于留学人员在地域、年龄、文化水平、语言基础、宗教信仰等方面存在差异，培训时间、学习汉语的方向亦不同，应针对不同国家、不同信仰、不同学习需求的留学生，合理编制对外汉语教学教材的内容，让学生在学习教材时能够更加专注、专心。此外，教材知识的获取需反复多次的练习，掌握要点，巩固所学习到的知识，逐步提高留学生学习效率。

第三，趣味性原则。对外汉语教学教材的编制应体现更多的趣味性和生动性，规避内容固定、枯燥，对外汉语的学习需要留学人员投入很多时

---

❶ 中国高等教育学会对外汉语教学研究会举行年会［J］．世界汉语教学，1987（1）：24.

第十六章　高等职业教育的对外教学环节

间、经历，是一个漫长的过程，需要留学人员的全过程参与，学习者常感觉枯燥无趣。这将导致学习效率不高，影响学习人员的主动性和积极性。因此，在教材中加入贴近生活、接近实际的有趣的语言和图片，更能够吸引学生的兴趣，激发学生的学习热情。过于老旧、枯燥的内容使学生难以有效掌握，无法激发学习兴趣，难以有效满足需求，在教材中加入网络流行语、幽默、插图、笑话等内容，使教材内容多样、形式多变，让学生能够积极、主动参与到对外汉语的学习中。

第四，专业性的原则。对外汉语教材需要由专业人员编写，体现对外汉语教材的专业性，需要严格予以遵循。由于高职院校的留学人员需面向职业未来，对外汉语教材编写应与未来职业发展相吻合，将专业性与职业性相结合。一方面，对外汉语教材在编写的过程中，由专业教师组成课题组进行深入的沟通与交流，确定编写大纲，再进行教材内容的编写，着重对留学人员所需学习的知识点、重点、难点进行详细解读，在编写教材的时候予以重视；另一方面，与留学人员进行积极接触和沟通，确定不同科目的内容和需要侧重的职业性，通过贴近实际的教学实践活动，让留学人员能够更加积极地参与到对外汉语教学过程中，为未来职业发展奠定基础。

2. 科研项目规划建设

科研能力是教师能力的重要组成部分，科研能力的提升能够帮助教师更深入、更全面地理解所研究的领域。强化对外汉语教授的科研团队，增强教师的科研能力，加强对留学生汉语教学模式、教学内容、课型的创新研究，激发学生对汉语学习的兴趣，提升汉语的教学质量；完善汉语课程建设开发研究，通过微课、慕课、网课等多种形式的课程形式，让学生能够随时随地地学习汉语，能够快捷地将汉语的学习与日常生活场景相联系；通过课堂教学和网络教学的研究，实现线上线下授课的结合，形成一体化的汉语课程，让更多汉语爱好者能够接触、学习汉语。

强化对外汉语教学国际化研究。语言、知识的传播需要跨越地域、跨越国家，在国际化背景下提供给更多的语言爱好者。对外汉语教学国际化过程中，需要构建国际化的课程体系，在教材中增设国际化元素的内容，突出对跨学科、交叉学科的人才培养，让学生具备国际化视野，实现国际化与本土化的有机结合，培养具有创新能力和国际竞争力的人才。通过科研项目和教学水平的提升，逐步完善学生的国际化课程体系，提高汉语课堂教学质量和效果，实现对外汉语教学国际化影响力。

3. 完善教师教学评价体系

教师是教学之本，教学质量的高低直接关系到学生学习的优劣，因此，必须严格监控教学质量，展开教师教学评价体系建设。对外汉语教学的目的不仅在于使学生能够掌握汉语的基本听说读写能力，更需要能够对汉语进行灵活运用和利用汉语开展相关国际化业务。然而，以往对于对外汉语教学的评价存在重结果、轻过程，评价方式和评价手段单一，重知识、轻能力等问题，难以客观反映对外汉语教学的质量，无法突出能力培养的目标，导致学生创新性不足、能力得不到有效挖掘、解决实际问题能力差等。因此，必须改变评价指标和标准，完善教师教学评价体系。

首先，教师教学评价体系的建设需要使更多的学生参与进来，通过对教学过程的监督，实现及时改进教学内容、授课方式等，逐步提高教学水平；其次，改变评价内容、方式单一的现状，对教学进行综合性评价，包括授课教案、授课内容、课堂表现、课后作业、期末考试、试卷评阅等，采取匿名方式以获得真实性的评价效果，对于教学过程中存在的不足能够及时指出，及时调整，提高教学质量；再次，从多元评价主体出发重构教师教学评价体系。将师生评价、学校评价，过程评价、结果评价相结合，多主体、多维度地展开教师教学评价，实现教学质量的改善，提升学生的语言运用能力；最后，应打破传统评价中忽略实习或企业评价的环节，将实习评价与课堂评价、课后评价提升到同一层次，实现实习评价、课堂评价与课后评价的有机结合，形成理论与实际结合的评价环境，突出学生在实习中的重要作用，使对外汉语教学的效果更加明显。

第三节　对外汉语教学策略探析

一、对外汉语教学过程中的交往策略

不同地域、年龄、文化水平、语言基础、宗教信仰等学生之间的交往、交流是一种相对对称性的交往。根据不同的任务、不同学习需求、不同要求、不同学生特质等进行学习小组的建立，小组成员存在相似或共同的目标或任务，激发每一位小组成员参与到学习当中，每个人承担各自的任务，互相学习、共同进步。学习小组的建立是学生共同学习的过程，在学习过程中不仅能够强化汉语学习的乐趣，感受汉语的博大精深，更能够积极互动、互相学习，增进彼此了解，强化友谊，实现不同学生、不同知识、不同文化的融合。小组成员间的相互学习能够形成良好的合作关系，可广泛应用于阅读课、口语课等课程中。学习小组的成立需能够实现小组成员在兴趣、性格等方面的合理搭配，着重体现小组成员的差异性和互补性，成员人数维持在4～7人，能够反映小组成员间的合作与竞争，提供良好的交流平台和交流机会。小组的构建应体现开放的态度，形成良好的合作学习氛围和合作学习空间，让每一位成员都有展现自我、展现个性、体现能力的机会，满足学生个性发展、全面发展的需求。此外，小组合作学习的要求和任务应具备一定的难度，体现挑战性，激发学生的学习激情和积极性，使学生发挥更大的潜能去解决面临的问题，发挥学习共同体的创造性，实现学生能力的提升。

二、对外汉语教学过程中的师生合作策略

对外汉语教学过程中，教师起到至关重要的作用。教师适度的指导与点拨能够让学生更加深刻地理解所学，指出学生学习的重点，解决学生遇到的难点和疑惑之处，使学生以更加积极的态度参与到学习中，保证学习顺利、有效的开展。但对外汉语教学的过程中需注意以下问题。

（1）对外汉语教学过程中的师生合作应以学生为主体，根据学生需

求，结合对外汉语教授实际，通过对日常生活的细心观察，进行情景化的实际教授。情景教学中需要为学生提供一个良好的汉语学习氛围，确定一个基本的情景，让学生能够身临其境参与到实践中，在实践中进行教学，教师给予学生策划和指导。对外汉语情境教学过程中，应鼓励学生在模仿的基础上进行合理的创新，充分尊重原创，在理解和掌握的基础上进行不同思路和独到见解的发挥，吸纳不同的思想和表达，形成良好的情景教学氛围，实现学生汉语阅读、理解、表达等能力的提升。

（2）教师要尊重、欣赏和赞扬学生。对外汉语教学过程中，教师应充分尊重不同学生的宗教信仰、民族习俗等，在教学过程中不讨论敏感问题，在尊重学生的基础上开展有效的对外汉语授课；对外汉语教学过程，学生言语能力方面取得的点滴进步，教师要及时做出表扬，增强学生学习的自信心和积极性，要注意培养学生良好的学习习惯。在学生遇到困难时，教师应给予关心，了解学生的需求和心理，与学生进行深入、良好的交流，采取有效措施，逐步引导学生解决困难，增强学生解决问题的能力，引导学生顺利、高效地完成学业。

（3）引进竞争和激励机制。对外汉语教学过程中，引进竞争机制能够激发学生更加积极、努力地学习，使学生更加愿意对教学内容进行掌握，推进对外汉语教学质量的提高；激励机制的构建能够激发学生的学习热情，提升对外汉语学习兴趣。激励过程和手段应多样化，将物质激励和精神激励相结合，促进学生在学习过程中对知识的分享和交流，提升学生合作和分享的意愿。

三、对外汉语教学过程中的情感策略

情感是维持人与人关系的纽带，积极的情感能够帮助学生以更加饱满的热情、更加灵活的思维投入学习中，并获得较好的学习效果；而消极的情绪则抑制学生的学习积极性和智力活动，导致学生厌恶学习，对学科产生反感，不愿将更多精力投入学习中，致使教学失效。对外汉语教学过程中，教师的重点在于将知识以学生善于理解的方式传递给他们，精心设计教学课堂，随时准备解答学生的疑惑，并能够将所学运用于实际问题的解决中。

对外汉语教学过程中，需要增强学生的对外汉语学习动机。学生的对外汉语学习动机越强，越能够激发汉语学习者学习汉语的愿望和推动力，能够全身心地投入汉语的学习中，面对困难时能够通过向教师请教、同学学习、资料查阅等方式加以解决并获得良好的学习效果。此外，对外汉语教学过程中，需增强学生的自信心。自信心是学生对自己知识、能力、素质等肯定的看法，自信心的增强能减少学生学习汉语的焦虑，让学生相信自己能够完成汉语的学习，能够顺利地利用汉语进行日常交流。对外汉语教学过程中，鼓励学生大胆地用汉语进行交际，在学习中不怕犯错误，多运用汉语进行日常交流，锻炼汉语的学习应用能力。

四、对外汉语教学过程中的竞争策略

对外汉语教学过程中，引入有效的竞争机制，在竞争中实现合作，逐步调动学生学习汉语的主动性和积极性。其中总结评价是竞争策略的重要组成部分，建构有效的评价机制，对汉语学习效果进行评价，能够让学生及时了解学习过程中的优势和不足。评价要公平合理，讲究实效，通过对阅读、写作、日常交流、作业等方面的评价，让每一位汉语学习者了解自身的基本情况，以便对症下药，及时补充不足之处，使自己得到改善。

对外汉语教学过程是教师和学生相互依赖、共同进步的学习，不仅需要教师制定公平、合理的竞争机制，更需要学生的积极参与和践行。高职院校对外汉语教授中应突出情景教学，积极探索情景教学中竞争策略的开发，需要教师扎实的汉语言功底、良好的语文教学和表达能力以及较高的外语水平，需熟知竞争的机制，还要针对多数留学生工作需求，了解商业的竞争逻辑和商务活动的基本流程，关注经济发展的最新动向，掌握各个国家、地区的商务礼仪知识。这样才能将对外汉语教学过程更好地情景化，才能在教学中根据实际有针对性地筛选合适的教学情景，满足需求，调动学生学习汉语的主动性和积极性，充分发挥对外汉语教学过程中的竞争策略。

职业教育是经济发展的助推器，能够为促进经济腾飞的产业提供高素质人才，推动产业人才的职业化教育，是产业发展壮大的重要保障。然而，经过几十年的发展，中国的职业教育水平仍落后于发达国家，其主要原因在于：职业教育的理念，尤其职业教育对于经济、社会的服务意识仍较落后，离发达国家差距较大；职业教育的体系、方法、手段等难以与职业发展、技能型人才培养相适应。高水平的产业发展，需要与之相匹配的高水平的技能人才；而高水平的技能人才的培养离不开高水平的职业教育。随着职业教育的进一步发展，职业教育要面向国际化、对接产业化的改革逐步展开，推进职业教育改革迈向国际化、科学化的发展轨道。职业教育改革过程中，需完善职业教育的教学体系，进一步提升职业教育的教学质量，开发具有国际化水准的职业教育专业教学标准，缩小与发达国家的职业教育差距。

第十七章

构建现代高等职业教育制度

第一节 现代高等职业教育制度概述

一、构建现代高职院校制度的意义

建设现代学校制度已经成为我国教育改革和发展的必然趋势和重大任务。在 2010 年 7 月 29 日发布的《国家中长期教育改革和发展规划纲要》（以下简称《纲要》）中已把"建设现代学校制度"纳入其关注的重点内容，也可见构建现代学校制度的高度重要性。虽然《纲要》已经明确提出了高职院校制度建设的原则和方向，但是它并没有对如何构建现代高职院校制度进行详细阐述。❶ 因此，加强现代高职院校制度研究并构建现代高职院校制度就显得非常有必要了。一方面，政府集中管理、经济社会发展形势和教育投入不足等问题是高职院校与其他类型高校面临的共性问题，所以这是构建现代高职院校制度所具有的一般层面的意义；另一方面，高职院校在培养目标、培养教师和师资要求等方面又与其他类型高校有着本质的区别，是其自身的特性问题，因此，构建现代高职院校制度又具有特殊层面的意义。

---

❶ 胡小爱. 地方本科高校转型发展与构建现代职业教育体系的思考［J］. 西安文理学院学报（社会科学版），2018（1）.

二、现代高职院校支付概念的内涵

构建现代高职院校制度对于中国高等职业教育发展的重要性已经不言而喻,那么,高院校制度的设计也就成为今后人们需要解决的一大问题。然而"现代高职院校制度"这一概念在此之前并未有人提出,那么针对"现代高职院校制度"这一概念的内涵进行界定也就成了开展现代高职院校制度研究的重要前提。现代高职院校制度的概念是什么?如何准确地界定现代高职院校制度这一概念的内涵?本书通过查阅相关文献及资料梳理并进一步分析明确现代、高职院校、制度和现代大学制度等相关概念的内涵,尝试运用逻辑学规律给现代高职院校制度这一概念下定义,以此来准确地界定现代高职院校制度的内涵。

1. 关于现代、制度和高职院校的认识

关于现代,《现代汉语词典》对于"现代"的解释是"现在这个时代",是人们使用的高频率的词汇之一,而对于我国历史而言,"现代"一般是指五四运动到现在的一个时期。本研究中的现代,赋予了高职院校制度以时代意义,意在取其"发达""先进""成熟"之义。它不是既定的,而是动态变化的,是相对于落后的高职院校制度而言的。[1]

关于制度,不同时代、不同学派对于制度的认知不同,"制度是一系列规则"是对于制度的一种基本观点。持这种观点的代表人物有诺斯、舒尔茨以及拉坦。诺斯对于制度的解释是它是一个社会游戏规则,或者更规范地说它是一种决定人们的相互关系而人为设定的契约;同时诺斯认为制度是由非正式约束和正式的法规构成,其中道德约束、禁忌、习惯、传统和行为准则等被认为是非正式约束,而正式的法规则包含了宪法、法定和产权等;诺斯也指出了制度的约束作用,他认为,制度是旨在约束主体福利或效用最大化利益的个人行为。"一种行为涉及社会、政治和经济行为规则"这是美国经济学家舒尔茨对于制度的定义。持相同观点的还有拉

---

[1] 王晶,郑国萍,孙晓涛. 反思与构建:职业教育制度建设的现代化审视[J]. 现代教育管理,2018,339 (6):92-95.

第十七章　构建现代高等职业教育制度

坦，他认为"一种制度通常被定义为一套行为规则，它们被用来支配特定的行为模式与相互关系"。由此可见，虽然人们对于制度的认识各持己见，但对于制度就是一系列规则的认识却是共同的。考虑到这一认识的实践价值，结合高职院校制度建设的特点和需要，本书将批判地借鉴这一认识。

关于高职，高职根据不同属性有不同的划分，有三年制和五年制及不同学制混合的划分，也有独立设置的高职院校和本科院校举办的划分，同时还有公办和民办的划分。本书中的高职院校则主要指生源为高中毕业生，以开展大专教育为主，侧重于专业技能型人才培养的独立设置的高职院校，即除去五年制的高职院校和隶属于普通本科院校的高职院校外的其他类高职院校。

2. 关于现代大学制度内涵的种种认识

虽然高等职业教育与普通高等教育是两种不同类型的教育，而现代职高院校制度理论应该与一般意义上的现代大学制度有着本质的区别。但是理论上高职院校也与普通高校一样同属于高等教育体系，也就是说现代高职院校制度也位列现代大学制度的范畴之内。所以通过对现代大学制度的深度剖析及研究，尤其是关于现代大学制度的框架研究，将可以为准确地界定现代高职院校制度的内涵提供有益的借鉴。

伴随着经济社会的快速发展和转型，人们对于大学提出了新的要求，其中现代大学制度成为近些年人们关注的热点之一。尽管人们对于现代大学制度的认识依然存在分歧，却也在部分问题上达成了共识。一些学者认为，当知识开始充当社会发展的助推器时，那些能够促使大学高度社会化，并且能够维护大学组织健康有序发展的规则体系就是现代大学制度；这些学者还指出平衡好大学与政府之间的关系，完善大学与社会之间的关系，规范大学与大学之间的关系，提高大学自身的管理水平等是现代大学制度所需要研究和解决的基本问题。[1] 也有学者指出，建立现代大学制度的本质要求是调整和反应各种矛盾关系以及实现各种利益关系的平衡；他们认为现代大学制度需要处理大学与政府的关系，大学与社会发展的关

---

[1] 胡彩霞. 基于城乡一体化的现代职业教育体系构建[J]. 职教通讯, 2017 (22): 7-11.

系，大学发展与学术发展内在的关系，大学发展与学生发展之间的关系；同时他们还认为现代大学制度的内涵是自主性、参与性、开放性和自律性。还有学者将现代大学制度划分为两个层面，即国家层面的办学体制、投资体制和管理体制的宏观层面的大学制度及一所大学自身的组织结构和体系的微观层面的制度；同时他们还认为微观层面的实质是大学的利益主体相互博弈和平衡的过程，同时也是大学的利益主体不断增加的过程；当今，大学利益的主体主要包含大学、政府和市场三个方面。

纵观现有的相关文献，通过研究者的观点，我们可以看出现代大学制度是一个历史的概念，它需要紧密结合时代，人们对于现代大学制度的关注主要集中在对各种矛盾和关系的处理，尤其是大学与政府、大学与社会以及大学发展与学术发展的关系处理。

三、现代高职院校制度的基本特征

由于并没有可参考的、现成的高职院校制度，所以建设现代高职院校制度是一个不断雕琢、不断完善的过程。基于没有前例可考，高等职业教育又不完全等同于其他类型高等教育，两者之间有着本质上的差异，这种现状导致了现代高职院校制度不能直白地套用一般意义上的"学术自由、学者治学"等现代大学制度的特征。❶但是，为了更进一步探索和理解现代高职院校制度，本研究依据现在高等职业教育的现状，遵循高等职业教育的历史规律，结合我国政治、经济、文化等因素试图提出现代高职院校制度的基本特征，如下文所示。

1. 举办与管理分开，依法自主办学

这是针对政府管理体制下的高职院校而提出的，是现代高职院校制度体现在高职院校与政府关系下的显著特征。我国公办高职院校均为政府所办，其所有权也属于国家；政府对于公办高职院校的领导任命、专业调整、招生计划制定、校园扩建等起着不同程度的决定作用；公办高职院校

---

❶ 马建富. 现代职业教育体系构建的制度配置与政策创新［J］. 河北师范大学学报（教育科学版），2012（7）：62.

第十七章　构建现代高等职业教育制度

按政府指令办事、看政府眼色，可以说，政府集举办权与管理权于一身。但是由于我国社会主义市场经济逐步走向成熟，社会对高职院校有了新的时代需求。高职院校出现办学效益低、教育质量低等现状，旧有的政府集权式的管理模式已经不再适用；同时民办的高职院校因政府的约束较少，其特有的灵活办学机制以及紧扣社会需要的培养方式，促使民办高职院校出现了良好的发展，这对于构建现代高职院校制度是一个重要的启示。由此得出结论，公办高职院校的举办权和管理权应该分开，政府要下放管理权，宏观调控和战略方向由政府把控，但学校应该按照社会实际需求依法行使办学自主权和管理权。

2. 社会多元参与，治理结构完善

此项特征是针对高职院校办学体制而言的，同时体现了高职院校和社会关系的重要性，是现代高职院校制度在高职院校治理结构上的典型特征。高职院校治理结构是根据公司治理结构演化而来的，健全的高职院校治理结构是现代高职院校制度的基础，而社会多方参与和完善的治理结构则构成了现代高职院校制度的基本特征；而治理是个人或组织管理其一般事务的多种方式的综合，它是一个协调多方利益和冲突并且使多方采取合作行为的持续过程。高职院校治理结构需要建立一个能够在多方利益和冲突的状况下管理其一般事务的组织框架和机制。作为一个具有一定外部性、公共效用不可分割特点的社会准公共用品，高职院校教育所影响的个人或群体以及影响高职院校教育的个人或群体都成为高职院校的利益相关者，它们不仅包括政府及其他出资人，还包括教师、学生、家长、用人单位（尤其是行业企业）及社会大众等，而高职院校治理结构就是协调这种"多方利益和冲突"的决策机构。构建现代高职院校制度需要高职院校吸引社会多元主体进来参与，并将决策权在利益相关者之间合理分布，在完善高职院校治理结构的同时吸纳各种利益相关者的资源。与其他高等教育类型不同的是，高等职业教育的发展需要社会多元利益主体尤其是行业企业的参与；相反，如果在高职教育的发展排斥或者没有社会多元主体的参

与,则将不利于其发展。❶

3. 以服务为宗旨,以就业为导向

作为高职院校办学的根本指导思想,它是现代高职院校制度构建的重要价值追求,也是高职院校制度在理念层面的体现。高职院校较差的社会适应力、薄弱的服务意识、较弱的服务经济社会发展的能力以及就业能力的不足等因素,已经成为其良性可持续发展的制约,同时,这也是高职院校制度从理念到实践层面的重要缺失。高等职业教育与其他类高等教育而言,与经济社会发展的联系更为紧密;它通过准确把握劳动力市场需求为市场输送高素质技能型人才,并且以提升高职毕业生就业质量为其根本使命,这也是现代高职院校制度的根本目的所在。现代高职院校制度不仅是高职院校处理其与社会关系的重要原则,也是处理政府与高职院校关系及推动高职院校内部改革的重要指针。以服务为宗旨,以就业为导向,是现代高职院校制度的终极追求和衡量尺度,它对现代高职院校制度和其他高等教育类型的基本特征做出了区分。

第二节 高职院校现代大学制度建设存在的问题及解析

1. 公办高职院校办学自主权不够

从我国现代大学制度的发展历程可以窥见,计划经济时期苏联教育模式下政府占据主导权的影响依然存在。现今,公办高职院校依然沿袭行政管理体制,依然被视为事业单位;政府对于高职院校的人事任免权和高职院校的招生、专业设置、学制变化等方面有着绝对的主导权;政府对于权力的把控、行业主管部门以及教育行政机构对高职院校的自律能力缺乏信任,导致高职院校没有办学自治权和管理权,教师缺乏学术自主权的现状。

2. 宏观管理方面

直到 21 世纪初才升格的高职院校,在 20 世纪七八十年代创办初期一

---

❶ 郭文富,马树超. 现代职业教育体系建设的制度配置思考 [J]. 中国高教研究,2017 (10):83-87.

第十七章　构建现代高等职业教育制度

直是中职院校,由于起步较晚,我国的高职院校管理制度模式一直处于未成熟状态;与此同时,高职院校与普通本科院校在办学条件、办学理念和学风校风以及教师团队等方面有着一定的差距;加上我国高职院校管理岗位人员大多非专业出身,缺乏高职院校的教育教学管理理论和实践经验,再加上集权式行政管理模式下的行政权高于学术权,一线教师的地位远低于行政人员;种种现状显示我国高职院校制度在建设中问题重重、任重道远。

3. 微观层面

《中华人面共和国教育法》(以下简称《教育法》)与《中华人民共和国高等教育法》(以下简称《高等教育法》)中明确规定了高等院校需要制定章程,但在我们调研的几所公办高职院校中,几乎没有按照规定设有学校公开颁布的院校章程,仅有各项具体职能的管理制度;同时在调研的这几所公办高职院校里在涉及学生与教师权利方面也没有相关条款,学生对自己本该享有的权利毫不知情,教师的法定权利在实际运行中也无法得到保障,普通教师往往没有参与权与话语权,无法参与高职院校民主管理过程和院校的重大决策。

4. 权力的监督与制约

权力结构的平衡、制约和监督是现代大学制度的实质。高职院校的自主权在随着高职教育事业的发展有了一定程度的扩大,在阐明权责关系的前提下完善外部权利关系便于更好地理顺内部治理机构,因此,进一步明确高职院校与政府或行业举办者的法律地位及其相互之间的关系显然是非常必要的。

高职院校内部权力结构系统想要顺畅运行就离不开其内部权力主要组成部分的相互制衡,即政治权、行政权和学术权的相互制衡。因此我们需要界定这三种权力的边界,用制度的牢笼将这三种权力进行相互制约和相互监督,形成一种相互制衡的联动效应。科学的制度安排能够完善制度边界和流程的改进,因此,高职院校制度需要继续完善教代会、学生等群团组织民主监督的制度,在他们的监督作用下增加教师、学生、员工的全员参与度。

5. 责任的明晰与担当

三种权力的互相制衡使得高职院校各权利主体之间的责任更加明确，党委会行使政治权，以校长为首的高职院校行政管理体系则行使行政权，学术权则由学术委员会负责行使。

在三种权力行使中三种权利主体亦有相应的责任，而我国高职院校在这三种责任分配中政治权与行政权责任边界模糊，决策者与责任承担者往往不能统一。而保证权力体系的有效运行则需要明确各权利主体的责任边界，避免在人员组成和权力行使方面出现交叉与重叠现象，需要各个权利主体切实承担起应尽的各项职责。

6. 利益的协调与平衡

协调各个利益相关者共同分享资源来实现公共利益最大化，从而使整个社会系统行之有效地运行和发展是现代大学制度建设的宗旨。高职院校的治理除了内部各个权利主体之间的利益分配与互相平衡外，还包括外部利益相关者的利益协调和平衡。

加大社会参与高职院校发展的力度，建立并完善校企合作机制，逐步形成多方主体共同参与高职院校的治理；与此同时，高职院校内部需要通过分散行政权、扶植学术权以及培育民主权来协调各方主体利益，在确保各项沟通渠道顺畅的情况下充分调动教师和学生参与决策的热情，保障各方利益的实现。

7. 信仰的依托与承载

信仰是高校各种权利得以生存的文化基础，在现代大学制度建设中占极大的重量。信仰使高职院校决策者的战略目标和各项规章制度在一定程度上获得师生和员工的信任。另外，决策者权利主体的自身能力与人格魅力都会在不同程度上影响权利的生存和延续、信仰的存在与颠覆。

第三节　完善高职院校现代大学制度建设的思路

随着我国社会经济的快速发展，我国高校开始大规模扩招，伴随而来的是现代大学逐步呈现办学模式多样化、组织复杂化、组织多样性和组织

第十七章 构建现代高等职业教育制度

分散化等特征。同时我国高职院校也随之出现了新的内涵，高职院校由原来的规模扩张为主的外延式发展模式需要转型为全面提高人才培养质量的内涵式发展模式，即从粗放式到集约式的发展。由于当前经济社会环境、教育理念以及高职院校的发展模式、办学水平和学生发展都发生了变化，这将倒逼高职院校管理制度随之发生改变，以适应当前的现状。因此，基于效能与效率理论、时变理论、现代企业管理模式以及现代大学的先进制度，笔者认为我国高职院校能够在绩效考评上引入平衡记分卡理论，而在管理模式上采取 ISOB 标准，这对于我们建立提升高职院校自身内涵与外延深度融合的现代管理制度有很大的帮助。

一、主要方向与思路

1. 党政分离，权责明晰

高职院校的权力机构由党委权利、行政权力和学术权力构成，而决策权、执行权和监督权互相制衡才能保证高职院校内部权力机构系统顺畅运行；因此高职院校需要建立规范的党委会和院长办公会议事制度，明确党委和行政职权边界。党委仅需负责学校重大战略性事务以及重要学校干部任免等重大事务；而学校的行政工作及日常运营等一般性行政事务则由以校长为首的行政部门行使执行权；同时学校的学术委员会作为第三方评价与仲裁机构只需正常行使学术监督权，让高校更好地发挥学术自由。三种权力主体各司其职，协调互助以此实现党权、行政权和学术权的顺畅运行。

2. 完善章程等制度建设，保障学术权力规范运行

科研工作、学生工作、后勤工作等各职能部门需要按章办事，有制可依。当前我国高职院校大学制度尚在建设中，管理办法并不完善，这就需要我们相关部门尽快完善各项管理制度以使职能部门顺畅运行。

为维护学术的自由与民主，高职院校作为高校体系学术组织的一部分，需要制定合理的学术委员会章程。为保障高职院校学术权的正常行使，学术权应该保持其独立性与行政权相分离，其中学术问题的决定权交由专家学者行使，为此，需要制定合理的学术委员会章程以制度来为学术

权力保驾护航。同时，学术委员会为确保学术权力正常行使，应该合理有度地控制高职院校握有行政权的负责人加入学术委员会的比例。学术委员会的会长应规定由专门从事学术研究的专家学者担任，并且章程中还应规定学术委员会有学科与专业建设规划、职称评聘、长期发展战略规划、教科研课题结题、学术成果推荐鉴定等权力，使学术委员会能够切实履行和行使学术权，从制度上避免行政权干预学术权的可能性，进一步捍卫学术权的独立性。

二、国外高等职业院校现代大学制度借鉴

不同时期，不同国家形成的现代大学制度模式也不同，可以看出现代大学制度是在不同理念的指导下制定产生的，大学制度是大学办学理念的体现，也是推动理念实现的强有力工具。现代大学制度则应是具有一定自治权的大学组织，在一定大学理念的指导下，有效地处理大学与政府、社会及学术的关系，并进行大学内部治理的规则体系。

1. 美国模式

作为全球高等教育最发达国家之一的美国，其高等教育规模庞大，大众化及普及程度高，教育水平和教学质量高居世界之首。美国现代大学制度主要形成于 19 世纪初到 20 世纪，在传承英国古典模式和借鉴德国模式的基础上，再根据美国本土经济文化特点加以创新，逐渐形成了一种大学自治为基础的州政府协调治理的模式。美国现代大学模式的演变经历了三个阶段，第一个阶段是 19 世纪中期《赠地法案》的颁布，它促使了美国公立大学普遍建立；第二个阶段是 19 世纪后期，私立研究型大学制度建立，奠定了美国创世界一流大学的基础；第三个阶段则在 20 世纪初，美国大学教授协会成立，教授终身制和学术自由成为美国现代大学制度的重要组成部分，董事会、校长和教授则形成了美国大学治理的"三驾马车"。美国大学有完整的自治权利，不隶属联邦政府和州政府，不受其行政管理；联邦政府无权干涉大学办学，而州政府则拥有大学的治理权；美国公立大学由拥有大学治理权的州政府出资举办，私立大学则是可以接受州政府对其的补贴。社会参与大学治理，董事会和第三方参与治理是美国大学

第十七章　构建现代高等职业教育制度

的明显特征，大学事务则由校长和教授分权治理。

2. 英国模式

英国大学历史悠久，高等教育体系完备，在由古典大学向现代大学转型时也经历了两个阶段，即 19 世纪新建的一批如伦敦大学、国王大学等是古典大学向现代大学过渡时期的典型代表的第一个阶段。20 世纪中后期英国大学教育由精英教育向大众化教育的转变则是英国高等教育的第二个阶段。英国的现代大学传承了古典大学自治的传统，尽管大学收入的 90% 来自政府拨款，却不受政府的行政管理，政府不直接干预大学事务，给予大学完全的自治权，只是通过法律手段或者中介组织对大学进行引导和调控。大学与政府的关系、中介制度和社会问责制度以及传承古典大学的学院制和导师制是英国现代大学制度的重要组成部分。

3. 法国模式

法国大学作为现代大学的发源地之一，始于 18 世纪后期的法国大革命时期，当其他国家摒弃古典大学制度转型现代大学的情况下，法国依旧保留着少数精英化大学，并且走上了以工程技术与工商管理为主要教学领域的大学校发展道路。中央集权管理和学术自由和谐共存则是法国从 18 世纪后期到 19 世纪后期的典型特征。而到了 20 世纪中后期，法国现代大学进入了以应用科技学院和技术学院快速发展、高等教育普及率不断攀升的重要阶段。法国不断加强现代大学制度的立法以增强现代大学适应社会发展的需要，同时培养工程师的大学校制度也广受追捧。中央集权、教授治学和学术自由是法国现代大学制度的主要体现；其制度的基本框架是中央集权，同时又给予大学一定的自主权；大学教授公务员的身份又使学术自由与中央集权得以并存；而学术共同体则通过教授治校的学院式治理的方式，既保障了教授对大学事务的主导权又使学术自由得以实现。

4. 德国模式

作为最早开始探索现代大学的国家，德国早在 18 世纪后期经由哈勒大学和哥廷根大学便开始引入科学与学术自由，随后更是在 19 世纪柏林大学将教学与科研相结合，使科研成为大学的主要职能，开创了为各国所效仿的现代大学制度。20 世纪 90 年代，德国经历了两次世界大战后终于迎来了统一，政治、经济和教育事业进入了快速发展的时期，其中德国大学也随之迎来了振兴之路。20 世纪中后期社会经济的发展和需求，使德国大学开始由精英化教育向大众化教育转型，由培养精英人才转向培养应用型的专业技术人才。德国现代大学制度是以大学自治为基础，联邦、州政府和大学合作治理的模式。德国大学自治法律地位和教授公务员均是在 19 世纪洪堡大学开创的现代大学制度中确立的，此项制度明确了德国大学学术自由的合法地位，建立讲座教授制度并给予讲座教授绝对的治校权。德国大学在 20 世纪后期进入了变革时期，政府与大学、大学与社会及大学内部治理等关系重新赋予了德国现代大学制度新的内涵，即学术自由、大学自治、联邦和州政府合作治理、校企合作等。德国大学由政府创办，政府拨付经费，教授由政府聘任享受公务员待遇，联邦和各州政府共同管理高校。虽然受政府的调控和指导，但是德国大学保持了充分的自主权，学术事务由教授和学术委员会决定；校长委员会、评议会、学院协商会议、学院委员会、高校理事会是实现大学自治的主要制度；法律保护教授和学生的学术自由权以及其不受任何非学术因素干扰。在 20 世纪初期，德国的专门学院逐渐突破了早期德国现代大学唯科学而科学，与企业无关的藩篱，开始关注高校对社会的影响，开展校企合作；而中等教育的成功，使职业教育层次上移，德国应用型大学得到了充分发展并使校企合作这一制度被德国所有大学所接受。

5. 日本模式

于 19 世纪下半叶开始建立现代大学的日本，由于所借鉴的英、美、德大学模式的多样化导致了日本学校内部采用模式不一。明治时期，出于需要，日本建立了以德国模式为参照的四所综合性、象征国家威信和肩负国家使命的帝国大学，国家资源重点向帝国大学倾斜。与此同时，日本官立专门学校与私立专门学校并存，并且两极分化严重、大学资源极不平衡；帝国大学水平极高而官立专门学校上升大学途径不畅，私立专门学校办学举步维艰；处在顶端隔绝地位的帝国大学引起了激烈的考试竞争，整个教育制度受到了质疑和批评；这些因素推动了日本现代大学的改革。20 世纪初期日本政府通过颁布《专门学校令》《大学令》为专门学校升格大学并

第十七章 构建现代高等职业教育制度

提升办学质量提供了途径。"二战"之后，日本建立新型大学制度，废除大学与专门学校的多层结构并要求一县之内各类学校合并为单一性国立大学，形成了一县一大学；同时政府撤销对私立大学的控制，种种举措使大学设立和升格变得容易，年轻人受教育机会极大增加，高等教育规模急剧加大，精英教育逐步走向了大众化教育。在 20 世纪 80 年代，日本将"大学自治的法制化和大学管理制度的民主化"作为高等教育的改革目标；日本政府为了减少对大学的干预，于 2003 年制定了《国立大学法人化》以此推进国立大学法人化，尝试改变国立大学与政府的附属关系，此项举措赋予了大学一定的主权；同时日本政府还规定大学校长由"校长选举考评会"选拔，文部省审批产生，不再由政府直接任命，其中"校长选举考评会"由"经营协议会""教育研究评议会"和校外人士组成，这不仅极大地减少了政府对学校的干预，还吸收了民众的智慧和意见，校外人士参与学校管理也促进了校企合作；其中大学内部由校长、董事会、经营协议会和教育研究评议会组成核心管理层进行治理。

我国正在全面推进依法治国，高校依法治校是依法治国的重要组成部分，而高职院校作为高等教育体系的一部分，推进现代高职院校制度的健全和完善是实现依法治校、自主管理和建设高水平高职院校的总抓手。大学自治与学术自由是现代大学制度的共同特点，也是高职院校的特点，而政府下放权力可以促进学校自治和学术自由的实现，但如何保障学校自治而不乱，学术自由而不走样，同样是值得我们深思的问题。当下，改革为进一步落实高职院校自主权提供平台，在此过程中，制度健全不是难事，制度执行和监督才是关键；民主监督作为构建现代高职院校管理制度的重要组成部分，借鉴国外有益制度，除了校内监督，我们还需要适当引入校外监督，如社会问责制、第三方评价等制度，内外监督双管齐下，是保证高效办学质量和高效自治法制化的有益探索。

第五编　未来发展方向

第十八章

境外高等职业教育模式研究

实用型人才培养是职业高等教育的重要使命,但是,从目前我国高等职业教育的现状看,仍然存在很多亟待改进之处。因此,借鉴国外高等职业教育的经验,有助于我国高等职业教育的健康、持续发展。

第一节 境外高等职业教育模式简介

一、德国的"双元制"模式

"双元制"培养模式是德国的一种职业教育培养模式。这里的"双元",是指参加职业培训的学员必须通过两类不同机构的培训,其一是职业院校,主要负责传授与就业岗位有关的专业理论知识;其二是校外培训场所,这包括企业或公共事业单位等,主要职能是让学生在这些机构接受职业技能的专业培训。具体实施特点如下。

1. 以职业岗位为导向设置专业

通过职业分析,将整个社会中的职业分类为若干个职业群,每一个职业群对应一个专业。这样既能让培训者清晰地了解一个专业对应的相关职业的主要活动,明确分辨出某一职业所需的专业知识与技能;同时又能够

确定同一职业类群中的技能知识联结点，这为社会职业群的划分与归类奠定基础，也为职业教育的专业设置提供依据。❶

2. 以职业岗位为核心进行课程设计

所有的课程均包括基础培训、专业培训和专长培训三部分，三个部分呈阶梯状依次递进，从泛到精、由浅入深展开。理论课程的设置均采用综合课程形式，将某一职业岗位所涉及的所有理论涵盖在内，例如机械制造业的理论课程包含专业理论、专业制图和专业计算等内容。此种课程设置方式的优点在于，知识面广、深浅适度、综合性强，有利于培养学生综合分析问题和解决问题的能力。

3. 以校企合作为基础安排课程教学

学校按照各州总体教学计划实施理论课程教学；企业则按照联邦培训规章安排学生进行实践课程的培训，双方通过教育文化部或者通过自主的形式进行协调，保证理论与实践紧密结合，通过多方的共同努力达到国家对职业人才培养的总目标。

4. 以职业实际要求为标准组织学科考核

"双元制"职业教育考试不是根据某个院校或培训机构的教学内容来考试，而是由与培训无直接关系的行业协会按照《职业培训条例》的考试要求进行，这有利于更加客观地评价职业教育的培训质量。

20世纪80年代初，原国家教委将"双元制"模式引入国内，并在中等职业技术学校试点。经过20年来实践，"双元制"在我国有了进一步的发展与完善，这些发展经验对我国的高等职业教育有许多借鉴之处。但是由于推行这种培养模式对资金投入数量、师资队伍的质量以及合作企业等外部环境的要求较高，妨碍了"双元制"在我国的全面实施。

二、加拿大、美国的 CBE 模式

加拿大、美国进行高等职业教育的主导力量是 CBE（Competence Based Education），中文即为"以能力为基础的教育或能力本位教育"。这

---

❶ 胡雪芹. 德国双元制高等职业教育模式内涵分析［J］. 当代旅游，2017（15）：138.

第十八章 德外高等职业教育模式研究

里提到的能力具体包括知识（knowledge）、态度（attitude）、经验（experience）、反馈（feedback）。CBE 理论是以能力为基础强调能力培养、能力训练的教育教学思想体系。以 CBE 为核心的能力本位职业教育是一种以满足企业需求为目的，以实际能力培养为主的职业教育。概括地说，它以全面分析职业角色活动为出发点，以提供产业界和社会对培训对象履行岗位职责所需要的能力为基本原则，强调学员在学习过程中的主导地位，其核心是如何使学员具备从事某一职业所必需的实际能力。该模式具体实施过程如下。

1. 根据 DACUM（Developing a Curriculum，课程开发表）制定能力分解表

首先，由校方邀请相关专家组成 DACUM 委员会，成员包括：8～12 名企业代表，其职能为职业分析；一名课程设计专家，职能为组织协调；一名秘书，负责记录等工作。每一种职业所应具备的综合素质要求均由该委员会通过分析、分解和归纳后确定。每一项综合能力均要求列出所应具备的专项能力。其次，将每一项专项能力进行更加细化的分解，明确标示出最终绩效目标和分步能力目标，即由文字表述出通过何种手段、使用何种工具获取该专项能力。最后，委员会确定各个专项能力的四级评分标准，再根据培养目标确定每一专业所需掌握的专项能力数目。

2. 编制教学大纲

学校组织教学人员对 DACUM 委员会编制的能力分解表进行教学分析，确定课程大纲和培训路径。首先，将列出的知识点、技能进行分类，然后将其中相似或相近的归集在一块，构成一个完整的教学单元，若干教学单元构成一门课程；其次，将课程排序，构成课程大纲。另外，在课程大纲外需加入定量的非专业课程，课时量占总课程的四分之一左右。

3. 教学安排

首先，教学人员根据拟订的课程制定教学计划，列出每一个教学单元的教学目的；其次，授课教师根据教学大纲拟定课堂教学计划，编写教材和学习指导手册，建立学习信息资源库；再次，对新生的入学水平测验；根据测试结果，对新生进行入学指导，实施教学；最后，对教学成果进行评估，对存在问题的学生进行预警。

CBE 模式于 20 世纪 90 年代初,由原国家教委,通过"中国—加拿大高中后职业教育交流合作项目"(CCCLP)引入国内,并在国内的很多高职院校推广应用。但随着人们对 CBE 模式研究的深入,发现其存在自身难以克服的缺点:只能对技能型要素进行分解及量化,如职业能力;而对于非技能型要素,如职业道德、应变能力等,这种方法难以进行精确的分析。目前,为了适应国家终身教育政策,CBE 模式也在进行革新。

三、英国的 BTEC 模式

英国的高等职业教育以 BTEC(Business & Technology Education Council)为主导,中文即为商业与技术教育委员会。1986 年,英国两大职业评估机构"商业教育委员会"(BEC)与"技术教育委员会"(TEC)合并而成 BTEC,1996 年又与伦敦考试与评估委员会合并,更名为"英国爱德思国家学历及职业资格考试委员会"(Edexcel Foundation),成为英国最大的考试认证机构。爱德思是英国教育部授权成立、监管的机构,从事学术教育、学历评审以及资格认定等工作。它是国际性教育组织,全球共有 100 多个国家的 57000 所教育机构操作运行爱德思的课程,其颁发的 BTEC 证书被世界大多数国家所认可。英国实施高等职业技术教育的机构主要有大学、原"多科技术学院"和"高等教育学院"。在课程设置上普遍采取了"工读交替"的形式。这种"三明治"的课程形式,加强了产业界与教育界的联系与合作。学校在这种教育方式中处于主导地位,整个培训计划主要由教育部门制订。❶

目前,英国的 BTEC 课程分为文凭课程(Diploma)和证书课程(Certificate)两类,从级别上分为初级(First)、中级(National)和高级(Higher National),共涉及 9 个大类、上千门专业,涵盖许多实用领域,如设计、商业、护理、电脑、工程、酒店餐饮、休闲旅游等,其资格证书通过在学校、学院或大学以及工作场所的学习予以获得。BTEC 国家高级证书 HNC(Higher National Certificate)和国家高级文凭 HND(Higher Nation-

---

❶ 马达. 国外高等职业教育的模式研究及借鉴[J]. 当代经济,2009(13):116 – 117.

al Diploma）课程都以职业为对象，英国的大多数大学和高等教育机构都设置了这些资格课程。学生通常需要两到三年时间进行学习，但其中很多都要求具备一段工作经历，读完后即取得高级国家文凭 HND，相当于英国大学二年级的水平（英国大学学制为三年），也相当于我国的大专文凭。这些毕业生可以申请直接进入相关院校读本科最后一年取得学士学位，是另一种代替普通中学教育证书和大学预科高级水平考试的证书。BTEC 国家证书与文凭及高级教育证书大致相同。

四、澳大利亚的 TAFE 模式

澳大利亚进行高等职业教育的主导力量是 TAFE（Technical and Further Education）学院，含义是"技术和继续教育"，TAFE 院校构成了澳大利亚最大的高等教育系统，是澳大利亚职业教育与培训的主力军，TAFE 的主要实施特点如下。

1. 政府提供制度保障

联邦政府在职业教育发展和培训政策中起到了关键作用。联邦政府对 TAFE 学院的管理就是通过政府教育、培训和青年事务部，澳大利亚国家培训局以及各州政府负责职业教育和培训的行政管理部门或授权管理机构共同进行的。TAFE 学院的征地、基建、实训设备等主要硬件设施建设都由政府提供专项经费支出，TAFE 学院的主要资产属于国家。[1]

2. 教育培训体系完整

目前，澳大利亚各省均已形成在国家培训框架下，以社会需要和就业为动力，以雇主为中心，初等、中等、高等教育相衔接的，灵活多样的 TAFE 办学模式和职业教育与培训相结合的完整体系。

3. 建立了以行业为主导，以能力培养为本的人才培养模式

行业在 TAFE 办学中的作用非常突出，主要表现在：一是行业部门主导相关职业教育与培训的宏观决策；二是行业参与 TAFE 办学的全过程；

---

[1] 谷学良. 国外高等职业教育校企合作产学结合模式的研究与启示 [J]. 中国科技信息, 2007（5）：264-265.

三是负责教学质量的评估工作。

五、法国的教育模式

法国的高中分为两类：一类是国立中学，学习年限 3 年。国立高中竞争性强，课程设置要求较高，它开设三类课程：必修课、选修课和任选课。其中必须选择的选修课有实用工艺、工业技术、医学、社会学、实验室科技等，任意选修课有艺术、科技、现代外语、打字等能从事社会和家庭工作的预备课。由此可见，即使在国立中学，也重视对学生进行职业技术教育。另一类是国立职业中学，学习年限为 2 年，也称短期中等学校。法国的职业技术教育与高中教育是贯通的。就读国立技术中学的学生，学习 3 年后考试合格获得"技术员文凭"，持有这种文凭便可申请入大学；就读高中的学生，高中 3 年每年都有一项考试，第一年考试合格获技术职业证书，第二年考试合格获技术毕业证书，第三年考试合格获高中毕业证书，具备升大学的资格。法国人通过证书考试，把中等职业技术教育与高中教育发生了横向联系，使青年学生根据自己的兴趣和爱好向上攀登。❶

六、瑞典的教育模式

在西方，人们称瑞典是"北欧教育的典范"，把学校开放给社会，把职业技术教育与普通教育糅合在一起，是瑞典教育的最大特色。综合制高中是 2 至 4 年制的学校。它分为人文社会、经济、理科等 3 组，每组都有 2 至 4 年制的课程，任何一种课程都是在彻底的一般教育之上实施职业技术准备教育。同时，任何一组课程学习毕业之后都能进入高等院校。综合制高中的课程设置，具有打破社会、生物、理化的领域，进行科际合科教学，开展职业技术准备教育的特色。

七、日本的高等职业教育

日本的高等职业教育非常发达，近半个世纪以来，形成了多层次、开

---

❶ 张甜. 国外几种典型职业教育教学模式的比较研究 [J]. 电脑知识与技术，2017，13 (11)：148-150.

放性、适应日本经济发展的高等职业教育体系。日本的高等职业教育特点是：整个体系由短期大学、专修学校、高等专门学校等多样化教育机构组成。日本高等职业教育以培养实践型技术人才为根本目标，在课程设置上已形成了日本高等职业教育的基本特点。课程设置的基本理念是突出实践能力的培养，重视学生的人格培养和文化教育，适应时代发展的要求。❶

八、世界劳工组织的 MES 模式

MES 是英文 Modules of Employable Skill 的缩写，直译为"就业技能模块组合"，意译为"模块式技能培训"或"模块培训法"等。MES 是国际劳工组织（ILO）20 世纪 70 年代初研究出来的一种职业技能暗训模式，其主要特点如下。

（1）培训大纲以社会需求为导向，与企业生产紧密联系。每一技能模式（对应的是一个工种或岗位的工作）由若干个模块组成，而每一个模块又由若干学习单元组成，每一个学习单元仅包含一项特定的技能或知识。操作技能型单元有详细的工作步骤，内容描述言简意赅，组成形式图文并茂。

（2）教学目的明确，方法灵活。除了总体目标之外，每个模块、每个单元都有一个可测量的学习目标。学员可以清楚地了解每一个学习环节将要达到的目的，这样就可以引起学员的学习兴趣，激发学员学习的积极性。以学员为中心，以技能训练为核心，以学员自学为主。以现场教学为主，按需施教，学以致用，具有较强的针对性、实用性和灵活性。

MES 模式具有很大的弹性和个性，学生可以自由地选择不同的模块组合，这种课程模式并不适应于正规的职业学校教育，因为它无法使学生学习系统的知识，但它却非常适合进行岗前培训与继续教育。因此，它被广泛应用于各种培训机构。

---

❶ 朱龙俊，刘剑昀，江可万. 国外先进职教模式对我国高等职业教育的启示［J］. 教育教学论坛，2018（22）：256-257.

第二节　国外高等职业教育的主要特征

一、法律法规体系健全

在德国，规范职业教育的法律、法规很多，基本法律有三个，即联邦《职业教育法》、联邦《职业教育促进法》和《手工业条例》，此外还有《青年劳动保护法》《企业基本法》《培训员资格条例》等。正是这些法律、法规，同时还有一套包括立法监督、司法监督、行政监督、社会监督在内的职业教育实施监督系统，使德国的职业教育在培养目标、专业设置、经费来源等方面均有了明确而具体的要求，保护了学生接受职业教育的权利，规定了企业和学校"双元"打造技术人才的义务，进而完善了职业教育的管理，促进了职业教育健康有序的发展。

英国也首先从法律法规上明确职业教育的作用和地位。英国各个时期都是通过立法来调整和引导职业教育的发展。"二战"末期，为复兴战后的英国教育，以丘吉尔为首的联合政府颁布了著名的"巴特勒法案"，规定英国的公共教育体系分为初等教育、中等教育和继续教育三个相互衔接的阶段，确立了职业教育在中等教育和继续教育中的地位，对英国职业教育的发展具有划时代的历史意义。1966年，英国工党政府发表了《关于多科技术学院和其他学院的计划》白皮书，正式给予多科技术学院与普通学历教育同等的地位。在1986年发表的白皮书《齐头并进——教育与培训》中，政府提出了新的职业资格体系，即国家职业资格，拉开了职业资格改革的序幕，并于1988年的《教育改革法》中正式予以确认。20世纪90年代，针对21世纪的人才需求，英国政府颁布了《21世纪的教育和训练》白皮书以及《国家教育和培训目标》等法规，把加强职业教育与培训、提高素质摆在突出的位置上。此后，又颁布了《学习的时代：一个新的不列颠的复兴时代》绿皮书，提出了产业大学的试点计划。这些涉及职业教育的法律法规对于英国职业教育的发展发挥了至关重要的推动作用。

二、社会需求为导向

职业教育的根本目的是要解决学校教育滞后于社会发展需要的问题，不断提高劳动力适应社会需求的能力。

在英国，尤其是自 20 世纪 80 年代以来，其职业教育发展呈现出的明显特点之一，就是教育部门与产业界的伙伴关系日益加深，产业界成了职业教育发展的先导，越来越多地参与职业教育活动或直接对员工进行职业培训，影响和推动了英国职业教育向适应社会需求的方向发展，英国职业教育的灵活性日益显现。

在德国，企业均把职业教育作为"企业行为"来看待，企业内不仅有相应的生产岗位供学生生产实践，还有规范的培训车间供学生教学实践；不仅有完整的培训规划，还有充足的培训经费；不仅有合格的培训教师和带班师傅，还有相应的进修措施，这一切均使"双元制"的"机制层面"更为健全、更为完善，而使整个职教体系得以有效而顺利地开展。

在澳大利亚，强调和行业的紧密联系，充分发挥行业的主导作用是其职业技术教育的一大特色。在多年的职业教育改革和探索中，逐渐形成了以行业为主导的职业教育制度，极大地支持和推动了 TAFE 的可持续发展，形成产学研一体化发展的良好局面，也成为 TAFE 备受青睐和称赞的主要原因之一。其中，行业主导着有关职业教育和培训的宏观决策，参与 TAFE 学院办学的全过程，负责教学质量评估以及投资岗位技能培训。此外，澳大利亚及各州还设有产业培训理事会作为培训的顾问机构，发挥着纽带和桥梁的作用。产业培训理事会一头连着产业，另一头连着国家培训管理局、各州教育培训部及其 TAFE 学院。一方面，行业根据雇主提出的专门培训要求，向 TAFE 学院拨款开展培训，据估计，行业每年用于各种形式的培训费约为 25 亿澳元；另一方面，学院也必须依靠企业，为企业"顾主"服务。

三、国家统一的证书、文凭和学位框架

澳大利亚为十年制义务教育之后的教育和培训建立了全国统一的、与

工作岗位相对应的教育和培训证书体系。它包括证书Ⅰ、证书Ⅱ、证书Ⅲ、证书Ⅳ、普通文凭、高级文凭、第一学位、高级学位。在该证书体系内，低一级与高一级证书（文凭、学位）之间建有衔接关系：学生在取得证书Ⅰ之后，再学习几个模块，即可取得证书Ⅱ；余者类推。在普通高中教育阶段，学生就可以自由地选择证书Ⅰ和证书Ⅱ要求的职业教育课程；高中毕业进入 TAFE 学院后，在高中教育阶段所得的职业教育课程的学分得到承认，即不必从头学起，可直接学习后续的课程模块。学生从 TAFE 学院毕业后，也可以进入大学学习，其在 TAFE 学院学习的相关专业课程全部或部分得到承认，这为 TAFE 学院毕业生进一步深造取得大学学位创造了条件。由于课程一般为模块式的，学生可以进行全日制学习，也可以在就业后进行部分时间制学习，使就业前教育和就业后教育有机结合起来。

在英国，政府允许职业技术教育与普通的学科教育之间互相转学，即中学毕业后（16 岁后），学生可以选择进普通学校（ALEVELS）继续学习，也可以选择职业技术学校按 GNVQ 或 NVQ 学习，这三者之间可以互相转学。接受职业教育获得 GNVQ 高级证书或 NVQ 三级证书者，既可以就业，也可以免试直接升入大学攻读学士学位，还可以继续沿着职业教育的途径取得 NVQ 四级、五级证书，其学历资格相当于学士学位。之后，还可以再攻读硕士、博士学位。这从根本上改变了社会鄙视职业教育的传统观念。

四、先进的教育理念

与传统教育相比，英国 BTEC 模式确立了一种新的教育理念，以学生为中心的理念成为 BTEC 管理者和教师的共识。考核发证主管部门在这一指导思想下开发课程、设计教学目标，教师在这一理念下从事教学活动。BTEC 强调学生是学习的主人，强调学生的自主学习，学校应为学生的学习服务。教学过程重视学生的个性发展，鼓励个人潜能的开发。BTEC 的教学大纲、教学方法、"任务法"的考核评估方式以及完善的学习支持系统的建立等都体现出以学生为中心的思想。

第十八章　德外高等职业教育模式研究

德国"双元制"也是一种以实用为本位的模式，强调技能和实践能力的培养，旨在培养学生将来在社会上就业、适应、竞争和发展的能力，在工作中具体地发现、分析、解决和总结问题的能力及其操作、应用、维护和维修能力，以及独立、协作、交往、自学等一系列能力。

美国能力本位职业教育理论也强调学生自我学习和自我评价，教师是学生学习过程的指导者和管理者，负责按照职业能力分析表所列的各项专业能力开发模块式的学习套件，建立学习信息资源室；学生要按照学习指南的要求并根据自己的实际制定学习计划采用自己的方式进行学习；学生在完成学习任务后先进行自我评价，认为达到要求时再由教师进行考核评定。这就确立了以能力标准为参照评价学生多项能力的标准参照评价模式。

五、突出技术应用与开发能力的培养

高等职业教育与大学本科教育的本质区别在于人才培养目标的定位不同，即高等职业教育是应用型教育，人才培养侧重于实践能力，培养的是在生产、管理、服务等社会各行业第一线工作的高级应用型专门人才；而大学本科教育侧重于理论知识的学习，培养目标要求学生具备一定的理论水平、技术创新能力，培养的是学术型人才。从国外成功经验看，为市场和社会提供专业技能教育服务，培养市场和社会需要的人才是发展职业教育的一个重要原因。比如德国的高等职业教育在办学理念上，直接以市场需求和社会经济发展需求为导向，重视专业设置的实用性和针对性。为了体现这一办学思想，人才培养目标十分明确，即突出技术应用与开发能力的培养，教学过程突出实践能力的培养，并兼顾职业指导。具体而言，教学过程并不强调高深理论知识的学习，而是侧重于学生对基础理论知识的学习和职业技能的掌握，目标是使其在某一领域成为具备独立从事职业活动能力的职业人才。尽管高职学生在理论方面要低于普通大学的毕业生，但他们具备更好的实践和技术应用与开发技能。高职培养的学生在德国被誉为把理论知识化为实际应用技术的"桥梁式的职业人才"。加拿大卑诗理工学院是其国内一所优秀的职业教育学院，该校的教学目标和教学活动

紧密跟踪并适应市场变化和就业需求，所有毕业生都对应有需求的工作岗位，他们所学到的技能是特定的、预制的，是劳动力市场需要的。学生的成绩不仅被学院认可作为发放证书、文凭、学位的根据，还被行业协会认可。再如澳大利亚的高等职业教育是建立在明确的行业（企业）职业岗位需求基础上的教育，是以就业为导向的教育。学生毕业后即达到相应岗位的具体要求，可直接上岗，是完全的岗位人。强调高职人才培养的职业性、实用性、实践性、应用性等要求，反映了职业教育的本质。

此外，高职教育中的复合型人才教育是当今世界高等职业教育发展的一个重要趋势。日本高等职业教育在人才培养方面非常重视促进学生的全面发展，课程结构不仅保持人文素养和科学素养的均衡，还注重课程间的关联整合，这样有利于学生形成创造性的、有个性的人格。目前，发达国家普遍流行的是对人才综合职业能力的培养，强调未来的劳动者必须有对全人类负责的高度责任心，有较高的人文社会科学素质，能够将具体的技术问题置于整个社会系统中进行政治的、经济的、法律的、生态的甚至伦理的综合考虑能力。德国高等职业教育中明确规定学生必须具备以下七个方面的综合职业能力：一是对技术的理解和掌握能力；二是决策能力；三是独立解决问题的能力；四是质量意识；五是合作能力；六是环境保护意识；七是社会责任感。[1]

六、教学过程重视实践

从世界各国高等职业教育模式及成效的对比中不难发现，为了培养学生的技术应用与开发能力，重视实践教学是各国高等职业教育的共同特点。如柏林技术高等专科学校企业经济学专业（商学硕士）学程包括 8 个学期，前 3 个学期为基础学习阶段，开设银行企业经济学/工业企业经济学、国民经济学、会计学、经济法、经济信息学、经济数学/统计学、企业心理学、经济英语等课程；后 5 个学期为专业学习阶段，开设经济信息学、管理学、市场营销、金融服务等课程。与传统教学所不同的是它每学

---

[1] 李娜. 我国高等职业教育国际化研究 [J]. 教育现代化，2017（30）：183 – 184.

期的教学被划分为两部分：学校组织的为期各为 12 周的理论教学与企业岗位实训教学。为了培养学生的职业能力和技术应用与开发能力，德国的高等职业学院还十分重视校内实验（训）室建设，精心设计实验（训）室和实训内容。这些实验（训）室和实训项目不仅能满足教学需要，而且还与所教授的研究课题、项目密切相关，突出了技术的开发与利用。再如日本高等职业教育课程的科目结构方面，为突显实践型人才培养模式的特点，理论课程与实践课程设置比例保持在 1∶1，且一些重要的理论课都必须配置相应的实践课，且实践课的教学比例必须大于理论课。课程设置上强化了各种实习、练习与实验等课程并系统化，以培养学生的应用能力。这不仅适应了社会对实践型人才的要求，又保证了培养学生各项技能目标的实现。

通过对国外几种高等职业教育模式的比较分析可以看出，虽然各自有其产生背景与存在的条件，但拥有共同的特征。

（1）普及性。满足了现代化建设和社会成员对于高中后教育的旺盛需求，推进了高等教育"大众化""普及化"的进程。

（2）地方性。面向社区，培养周期短（大多为 2 年），成本低。

（3）灵活性。普遍实行弹性学制，为就学和继续升学提供多样化的机会。

（4）技术与职业性。专业和课程的设置直接面向市场和职业岗位的技术要求，注重培养技术应用型、实用型人才。

（5）市场性。以市场信息为导向，课程设置灵活。

（6）规范性。教育法规与监督机制健全。政府和学校两者的行为均符合规范。

第十九章

高等职业教育转型的理论基础

习近平总书记在党的十八届五中全会提出了"创新、协调、绿色、开放、共享"五大发展理念,为我国"十三五"规划的切实落实指明了方向和路径。在此背景下,国务院在《国家教育事业发展"十三五"规划》中指出,教育领域也要在五大发展理念的引领下,以建立现代教育体系为目标,培养服务于现代产业体系的各级各类人才。现代高等职业教育体系作为我国教育体系的一个组成部分,为我国经济发展和产业结构升级提供了大量技术人才,在未来教育体系发展中扮演着重要角色,它的发展将直接服务于"双创战略""中国制造2025"以及"一带一路"等倡议的实施。因此,我国的现代高等职业教育体系的发展应将五大发展战略的理念融入其中,通过模式和方法的创新,从而顺利地实现与国家各项经济发展战略对接,从而发挥高等职业教育在推动国民经济发展和服务社会的职能。❶

第一节 我国高等职业教育转型的必要性

一、现实服务对象的局限性与"大众化"教育的定位不符

随着我国经济的发展和物质生活的丰富,人们对教育资源数量和质量

---

❶ 赵志群. 对高等职业教育特色的理论思考 [J]. 职教通讯, 1999 (6): 10-12.

第十九章　高等职业教育转型的理论基础

提出了更新的要求，我国的教育由选拔性逐渐转向了"大众化"教育。而在这其中，高等职业教育的"社会服务"定位，使其成为满足当今人们对教育需求多样化的首要力量。教育学家黄炎培认为，职业教育要以服务平民为目标和宗旨。由此可以看出，高等职业教育其本质便是平民化教育，让平民生活有保障，帮助平民追求幸福，是高等职业教育的根本目的。因此，我国的现代高等职业教育更应以"以人为本"的理念为指导，采用灵活的组织方式、多样化的学习方式，成为帮助大众实现个人职业生涯的成功，追求自由幸福的生活方式的主要途径和手段。这也就决定了，"大众化"教育准则应该成为现代高等职业教育的出发点和归宿。而审视当今我国高等职业教育的现状，不难发现，高等职业教育依然只是选拔性教育，入学年龄大多以高中学龄阶段为主，教育方式主要为集中在学校授课。这些远未达到"大众化"教育的要求。因此，未来高等职业教育应面向全社会人群，不但提供校内教育，更要扩展至社区和整个社会，其主要目的是为社会成员提供就业和再就业培训支持。❶ 这就要求现代高等职业院校要打破原有教学和人才培养模式，设计出面向社区和社会的，能够满足多层次、多方面人群需要的高等职业教育课程体系和人才培养体系。

二、人才的供给结构与人才的需求结构不符

面对当今信息化浪潮所带来的机遇与挑战，我国在产业方面提出了"中国制造2025"战略，在创新方面提出了"大众创业，万众创新"战略，在外交方面提出了"一带一路"倡议，这些将对我国经济社会未来的大战格局产生深远影响。技术的革新带来了新的领域和新的挑战，同时也对专业化人才所用拥有的知识、技能和能力提出了更高的要求。现代高等职业教育体系是为我国产业转型和升级培养高水平专业人才的基地，新形势和新战略也要求高等职业教育要与之相适应。而回顾我国高等职业教育发展的历程，可以发现，虽然一直以来各高等职业院校一直致力于开展校企合作，推进产教融合，并将其作为我国高等职业教育发展的根本规律。

---

❶ 郑确辉. 高等职业教育理论研究刍议［J］. 职业技术教育，2004，25（4）：9-11.

但长期以来，由于传统教育管理模式的束缚，使各高等职业院校所培养的人才大多与产业需求和社会需要关联度不高，学生实践能力有限，所学技能难以运用于生产实践。究其原因在于学校与行业和企业脱节，对于新兴领域难以尽快匹配相应的课程内容，专业划分仿效普通高等院校专业设置进行分类，与人才培养目标存在偏差。这些问题导致一方面专业人才结构性过剩，学生毕业难以找到合适的工作，另一方面产业发展急需的人才得不到供给，很多职位空缺限制生产发展和技术进步。由此可见，我国高等职业教育的供给侧改革也势在必行。❶

三、教育体系的不完整性与可持续发展理念不符

2015年的联合国成立七十周年大会上，《改变我们的世界：2030年可持续发展议程》提出包括可持续发展的教育在内的17个可持续发展目标，为世界教育和培训的发展提供了新的理念指导。根据可持续发展理念的要求，教育体系应该是一个内部层次完整、外部组成部分健全的完整教育教育体系。而我国的高等职业教育体系却存在着明显的断层。初等—中等—高等—本科—硕士的各个教育阶段无法有机衔接，如我国高等职业教育无法确认学位，且无法与普通高等教育贯通，在整个教育体系中处于孤立状态。由此导致高等职业教育在培养目标上缺乏明确科学的标准，无法与高等教育进行有效的区别；在专业设置上仿效高等职业院校进行专业设置严重，而与产业发展和职业要求存在很大偏差；教育主体单一，除在校教师的授课与引导外，具有丰富实践经验的企业高级技术人员、高级管理人员参与学校教学程度低，无法产生高质量的"双师型"教师队伍。因此，完善高等职业教育的内部层次，理顺高等职业教育与普通高等教育的关系，建立二者之间融会贯通的桥梁成为完善高等职业教育体系亟待解决的问题。

---

❶ 刘燕. 高等职业教育治理结构改革的理论、价值与实践路向［J］. 教育与职业，2016（13）.

四、开拓创新精神的缺乏与国家发展的目标不符

"一带一路"倡议的实施不但构建了我国外交关系的新格局，而且对我国经济建设和产业结构调整产生了巨大的影响。由此，我国的高等职业教育也应顺应这一形势的发展，融入"一带一路"倡议中去，从中获得发展并贡献力量。在此背景下，教育部李晓红副部长在"推进职业教育现代化座谈会"上指出，高等职业教育的发展要紧跟国家总体发展战略步伐，建设一批具有国际水准的高等职业院校和强势专业，将"走出去"和"引进来"结合，铸造出具有我国特色的职业教育品牌，提升中国职业教育的国际竞争力和影响力。因此，我国高等职业教育未来应遵循这一目标，紧密围绕国家战略，不断提升自身的教育质量和国际化水平，将"引进来"和"本土转化"有效结合，打造出具有本国特色的国际知名职业教育品牌。但当今我国职业教育大多"重国内轻国外"，重"引进来"轻"走出去"，且各高等职业院校的教育水平、师资力量、条件设施参差不齐，要建立国际知名的品牌和完善的教育体系，还需要不断学习和创新。

五、农村职业教育的落后与城乡职业教育一体化的规划不符

长期以来，我国一直倡导城乡教育一体化发展，以期打破城乡二元发展结构，让农村职业教育能够赶上城市职业教育发展的步伐，使农民能够享受与城市人同等的教育机会和教育资源。但由于农村自然和经济条件的限制，使得大部分高等职业教育资源向城市汇聚，而对职业教育需求更加迫切的农村却得不到充足的教育资源。职业教育的发展与社会经济具有相互促进作用，且带有很强的区域效应。一方面，高等职业教育的发展要依赖于当地的经济发展水平，这也就决定了许多经济发达地区高等职业教育水平优于经济落后地区；另一方面，高等职业教育的发展也将带动地区经济的进步。因此，农村高等职业教育要以推动农业经济发展为首要目标，以服务"三农"为主要形式，培养新型农民为主要任务。而长期以来我国高等职业教育成了农民脱离农村的捷径，不但没有很好地服务于农村，反而造成农村专业技术人才的流失，使珍贵的农村高等教育资源变相地服务

于城市，加剧了高等职业教育的城乡差距。因此，当前的首要任务是明确培养新型职业农民，调整教育和教学资源，将农村高等职业院校的课程体系和课程内容与农村经济发展紧密相连，培养出具有现代农业技术和管理能力的农业复合型人才。❶

第二节　我国高等职业教育转型的理论基础

基于上述种种困境，我国的高等职业教育体系需要一次深化改革和转型来破除僵局，走向现代高等职业教育的发展轨道。而这一切需要有一个坚实的理论基础作为指导，这将起到保驾护航的作用。五大发展理念的提出，为我国高等职业教育转型理论提供了思想基础和理论框架。因此，我国的高等职业教育应依照五大发展理念的思路，树立五个观念，以保证其健康快速发展。

一、树立创新观念，再造高等职业教育体系

新一轮科技革命的浪潮引起了世界范围内产业结构的调整和升级，从而也导致了对人才新的需求。我国高等职业教育也应适应科技变革所带来的新形势，在人才培养模式和教育方法上革故鼎新，铸就高等职业教育新的活力。因此，需要做到以下几点：（1）强化"以人为本"的教育理念，不但要教授学生技术更要培养学生良好的社会情绪智力，帮助学生树立起自主学习、自我发展的意识，使其成为具备终身学习能力的现代职业技术人才。（2）着力建立人才培养模式与现代产业体系的对接，以培养我国产业结构转型和升级所需要的人才为培养目标，其中尤以满足现代农业、先进制造业和现代服务业所急需的人才为首要培养目标。（3）搭建专业知识域，将高等职业教育的专业设置与课程内容与最近的技术动态相结合，丰富和扩展高等职业教育人才培养的内涵。（4）构建互联网职业教育平台，

---

❶ 鲁武霞. 应用型本科与高职专科衔接的理论基础及实践路径 [J]. 职业技术教育，2014 (34)：5-10.

第十九章　高等职业教育转型的理论基础

通过互联网技术的融入，推动教育组织形式和培养模式的转变，打造个性化、定制化和远程化的人才培养方式。（5）加强对外交流与合作，借鉴发达国家高等职业教育的先进经验，积极探索适合我国的办学模式和人才培养方式，打造具有中国特色的现代职业教育国际品牌。

创新是整个社会发展的动力，高等职业教育的发展也离不开创新的驱动，只有通过创新我国的教育体制才能够实现从传统职业教育向现代高等职业教育体系的重大转变。但当今高等职业院校创新能力不强，创新活力不足，成为阻碍我国高等职业教育向前发展的重要问题，主要体现在：（1）社会对高等职业教育的社会认同存在偏差。高等职业教育的主要目标是培养专业技能型人才，但由于长期以来，我国高等教育在培养模式上仿效普通高等教育，生源的录取分数普遍低于普通高等教育。因此，长期以来被认为是普通高等教育的"次等"选择。而实际上，高等职业教育在培养目标和培养模式上与普通高等教育有本质的不同，这些区别恰恰应该通过创新，展现给社会公众，让公众认识到高等职业教育的地位和作用。但由于高等职业院校创新和活力的不足，导致了其被认为是高等教育的附庸。（2）高等职业院校毕业生在人才市场上竞争乏力。由于在人才培养上无法与普通高等院校形成鲜明特色，加之高等职业教育的学位晋升出现断层，导致高等职业院校毕业生在人才市场上竞争乏力，随之呈现出高等职业院校录取分数线和新生报到率逐渐降低的情形。（3）高等职业教育的发展缺乏后劲。我国的高等职业教育在学位体系上存在"断层"，与普通高等教育缺乏必要的贯通机制，导致学生学位上升通道狭窄，未来高等职业教育的可持续发展后劲不足。

活力不足是现实对创新提出更高的诉求，只有通过创新才能够破除上述高等职业教育发展中的困境，构建出具有中国特色的高等职业教育体系。我国高等职业教育的创新不但要借鉴国外高等职业教育的先进经验，同时要立足本国，走本土化发展的道路，走出自己的特色。因此，在高等职业教育体系创新和再造过程中关键要抓住两点：（1）设计完整的高等职业教育学历和学位晋升机制，使其成为一个适合我国本土特点的职业人才培养系统。基于历史文化的原因，我们对于学历和学位具有很高的认同感，很多人在求学的过程中以求取学历和学位为第一目标。而在我国高等职业教育大多只能授予专科学历，而没有学位授予权。高等职业院校学生无论在学历层次上还是学位晋升上都缺乏进一步的上升通道。因此，应对我国高等职业教育的学历和学位体系进行创造性的再造过程，设计出一套相互衔接、晋升有序、有始有终的学历和学位晋升体系，解除高等职业院校毕业生的后顾之忧，真正成为培养我国高等职业技术人才的一套独立的培养系统。（2）构建高等职业教育与普通高等教育的自由转换机制，使人才培养的方式能够更加灵活、自由。高等职业教育虽然是我国高等教育的一个重要组成部分，但相对于普通高等教育，其发展模式和人才培养模式均与高等教育趋同。再加之，自身体系的不完善，其与普通高等教育的对接与贯通一直被人们忽略，被看成是高等教育的附庸。因此，高等职业教育只有通过引入新的办学理念、创新实践型人才培养模式，建立名实相符的"双师型"师资队伍等一系列创新举措，才能彰显自身的特色，为与普通高等教育的对接奠定基础。同时，还应积极探索与普通高等院校的贯通机制，实现人才培养的灵活性和自由化。

二、树立协调思维，有序规划高等职业教育的发展路径

现代高等职业教育的发展是一个内外协调、相互平衡的过程，其主要体现在以下六个方面：（1）通过调查获取产业发展所需要的人才结构和数量，以此作为专业结构设置的依据，从而解决我国高等职业教育人才培养的结构性过剩问题。（2）构建高等职业教育与普通高等教育融会贯通的桥梁和纽带，推动普通高等教育与高等职业教育的协调发展和相互促进。（3）实现职业教育内部不同层次的相互衔接、有序发展，使高等职业教育处于一个整体的职业教育体系中。（4）追求高等职业教育的多元化发展，运用责、权、利机制将各主体之间有效凝聚起来，使之成为推动高等职业教育发展的主要动力。（5）缩小城乡高等职业教育的差距，实现城乡职业教育间的协调发展。可以借助国家精准扶贫政策，加大落后地区高等职业教育的投入力度，实现东部、中部、西部总体布局，统筹发展，推动我国高等职业教育的全面进步。（6）结合区域特色实现高等职业教育与区域经济的协同

发展。高等职业教育要服务社区、服务本地经济,只有扎根于本区域内,结合区域内经济发展的自然禀赋和特点,才能走出高等职业教育的特色,才能使其发展更具潜力和后劲。

三、树立绿色思维,为高等职业教育的可持续发展注入活力

在国务院 2015 年发布的《中国制造 2025》规划中,"绿色发展"作为我国制造业未来发展的一个重要的基本战略方针被提出。其主要内容包括推广和应用环保技术、工艺、装备,追求清洁生产;在经济结构上着力发展循环经济,构建绿色制造体系,最终实现经济发展与生态文明相结合。因此,未来高等职业教育应适应循环经济和绿色制造业对技术和技能的要求,将"绿色技能"概念融入高等职业教育的培养目标中。课程内容的设置要体现环保、绿色相关的内容,帮助学生树立绿色思维,掌握带有环保属性的技术和技能,实现学生的职业技能与未来绿色制造业的匹配。高等职业院校的师资队伍也应树立绿色思维和率先掌握绿色技能,这样才能在教学中对学生进行教授和灌输,为学生树立绿色职业技能素养的楷模。此外,还应与发达国家进行积极的交流与合作,合理地引进和改良国外职业教育中绿色技能的开发经验和培养模式,从而搭建适合我国特色的绿色技能开发和培养体系。

四、树立开放思维,加速高等职业教育的国际化

高等职业教育的国际化是世界高等职业教育发展的未来趋势。我国在"一带一路"倡议的推动下,确立了通过创新办学方式,实现开放式办学,力争打造具有中国特色的高等职业教育品牌,增强我国高等职业教育的国际影响力和贡献力的发展目标。在此背景下,教育部更是明确要求高等职业教育要将自身发展战略与"一带一路"建设规划相结合,通过与沿线各国的交流与合作,开发新的人才培养模式,提高相互交流的留学生品质,提升境外合作办学项目的数量和品质。在开放思维的引导下,实现我国高等职业教育"走出去"和"引进来"的协调发展,加速高等职业教育的国际化,开创我国的国际高等职业教育品牌。

五、树立共享思维，提升高等职业教育服务对象的多元化水平

"共享"思维的本质是希望通过公平的机制、合理的程序，实现广大人民对经济发展成果的共享，它是实现全面小康社会的重要途径。我国高等职业教育面向全体社会成员提供教育服务的社会化服务职能，就是"共享"思维的鲜明体现。因此，未来高等职业教育的"共享"性应更加明确和突出，主要体现在以下几个方面：（1）积极开展社区教育，大力推动社区学院建设，让高等职业教育的服务对象不但覆盖学生群体，更能辐射到社区。（2）重视对少数民族地区民众、贫困地区民众、残疾人群、老年群体等弱势群体的服务，使区域间高等职业教育平衡发展。（3）通过建立"互联网＋高等职业教育"的方式，向全社会提供"共享型"教育资源，真正实现"面向人人"的教育理念，使每个人都能平等地享受教育资源和教育服务。

综上所述，随着我国经济和社会的发展、"双创战略""中国制造2025"以及"一带一路"等倡议的实施，我国高等职业教育改革已经迫在眉睫。只有通过改革才能使高等职业教育与社会发展同步，为国家各项战略的实施提供助力。而改革的顺利实施需要一套具有前瞻性的、行之有效的理论进行指导，才能避免错误，加快改革的步伐。以习近平总书记所提出的"五大理念"作为高等职业教育改革的基本理论，可以帮助我国高等职业教育在体制上追求创新、在路径上协调有序、在发展上保持可持续性、在国际化上保持开放包容、在服务对象上坚持共享多元化。最终，顺利实现我国高等职业教育的现代化、社会化和国际化，构建出具有中国本土特色的高等职业教育体系。

第二十章

我国高等职业教育的未来发展方向

通过中外职业教育发展规律的对比分析，我国高等职业教育在提升教育教学质量的同时，必将在现代职教体系、集团化办学、现代学徒制、社会培训、国际交流与合作以及现代教学手段的运用等方面重点发展。

第一节 以现代化高等职业教育体系为培养目标

从世界其他各国发展职业教育体系的规律来看，职业教育体系是伴随着国家工业化进程而逐渐发展和完善的。我国在21世纪初工业化水平获得了举世瞩目的成就，尤其是东部沿海地区已经接近世界发达国家水平。在此背景下，国务院也适时提出了到2020年建立我国现代职业教育体系的宏伟目标，实现初等、中等和高等职业教育与普通教育的相互贯通。让职业教育能够真正融入我国的教育体系中，而不是现在的孤立状态，使各类人才能够获得一个更为宽阔的教育平台和晋升渠道，从而适应各类人群获取教育资源并进行终身学习的需要。

一、妥善解决高等职业教育的学位定位问题，大力发展专业学位体系

1990年我国为了适应社会对特定专业人群的需求，逐渐建立起一种新

型的学位授予模式——专业学位。其目的是大力培养在特定职业领域里具有某种专业能力和职业素养的高层次专门人才。从专业学位的定位来看，专业学位的授予直接面向实践型人才，培养具有实践能力的人，其本质带有职业学位的性质。从20世纪90年代以来，我国的专业学位教育制度逐渐完善，目前主要以专业硕士学位的授予在数量上占主要地位，但已经具备了博士、硕士和学士三个层次并存的较为完善的专业学位体系。由此可以看出，专业学位的职业属性与我国高等职业教育体系具有天然的契合性，可以作为我国高等职业教育体系融入学位体系的接口。因此，高等职业教育的学位认定未来发展方向应倾向于专业学位。

另外，对高等职业教育授予专业学位，也是对我国专业学位体系发展的一个很好的促进。2009年，教育部为了推进专业学位的发展，对我国研究生培养机制进行了改革，扩大了专业学位研究生的招生比例，使专业学位逐渐被人们接受和重视。但在此过程中，也暴露了一系列问题，如培养要求和标准偏低，普通高校实践型师资不足，培养模式与培养目标不适应，培养规模不足，专业设置不能够适应社会需求等。从而导致对专业硕士的认同度存在褒贬不一的现象。从授予专业学位的机构来看，许多拥有专业学位授予权的学校为普通高等院校，其并未将职业学位教育纳入办学的主流，专业学位教育的培养模式、评价标准以及各类机制大多仿效学术学位的培养方式，并未结合专业学位的特点进行适当的创新。[1]

二、明确高等职业教育体系学位晋升的路径，倡导副学士学位制度

长期以来教育界对于专科的学位设置一直存在争议，一些教育界人士认为专科与本科的教育宗旨存在很大差异，本科以学术培养为导向，致力于选拔和培养在学术上具备一定潜力的人才；而专科则侧重于应用技术和技能教育，培养具有实践能力的人才，因此无须授予学术学位。而随着社

---

[1] 施奕. 大职业教育观下我国高等职业教育未来发展研究［J］. 求知导刊，2017（10）：48 - 49.

会的发展，高等职业教育水平的提升，理论界与实践界逐渐认识到，为专科层次设立相应的学位制度已经成为客观的必然。台湾地区于2004年率先设立了副学士学位制度，为高等职业教育与学位体系对接开辟了先河。因此，我国大陆地区高等职业教育的学位晋升路径也可以从副学士学位开始，从而实现与现有学术学位体系的对接。

副学士学位制度为高等职业院校毕业生进一步提升自身的职业能力和学历开辟了新的道路。目前，高等职业院校学生深造途径狭窄，只有少部分学生通过专升本考试和参加自学考试进入本科学习阶段。虽然我国规定专科毕业生在毕业一定年限后可以报考研究生，但这种情况更是凤毛麟角。因此，除去这三种途径吸纳的极少数学生，大部分学生毕业后会选择直接就业。而毕业生参加工作后又会面临职场的挑战，需要不断"充电"和提升，在此种情况下很多人有在职进修的需求。因此，副学士学位为高等职业院校毕业生提供了一条学位晋升的新途径。拥有了副学士学位的高等职业院校毕业生可以选择通过一定年限的学习取得学士学位，从而实现与现有学位晋升体系的对接，满足他们在职业生涯的不同阶段对职业能力和学历提升的需要，为高等职业院校毕业生提供职场助力。[1]

三、修改现有学位体系框架和报考要求，实现职高与普高学位制度的有效对接

要实现高等职业教育与现有学位的有效对接，还需要对现有学位体系制度进行一定程度的修改，承认两种方式获得学士学位的人具有同样报考硕士研究生的资格。这样，高等职业院校的毕业生既可以通过专升本途径进入高等院校进行全脱产学习而取得学士学位，也可以通过在职学习取得学士学位，最终可以以此为起点进入研究生学习阶段。同时，在研究生阶段的学习方向选择也具有很大的自由度，学生可以根据自身的特点选择学术型研究生，也可以选择专业型研究生。从而，实现高等职业教育与普通

---

[1] 刘春生，颜景信，刘永川. 对我国职业教育未来发展的几点思考：科学发展 和谐社会 职教创新——中国职业技术教育学会2005年学术年会论文集[C]. 2005.

高等教育的完美对接，使我国高等教育的人才培养多样化，满足职场对人才不同规格的需求。

第二节　以学徒制培养方式为主要途径

现代学徒制是技能型人才的主要培养途径，它是在高等职业院校人才培养框架下，吸引企业参与到整个人才培养中。从而实现专业与产业的紧密相连以及课程与职业的无缝对接。让教学过程紧密跟随生产过程，以培养学生的实践能力为第一要务，最终实现毕业证书所要求的技能水平接近于资格证书的水平。现代学徒制还可以帮助学生养成终身学习的习惯。现代学徒制是一种资源整合型教育方式，学生通过在校学习和企业实践的方式，在整个培养过程中，将办学主体学校与用人主体企业的资源进行了有效的对接；将学校老师与企业师傅的知识和技能进行了有效的整合，将课堂学习与岗位实践进行了有效的融合。因此，它是一种将传统师徒制与现代师生制有机结合的人才培养模式，可以帮助学生实现知识的学习和技能的掌握，最终实现学生职业素养的建立和提升。但现代学徒制在我国的推行需要一个长期的探索过程，需要企业和学校的协同配合，需要政府的强力支持，具体可以体现在以下六个方面。

一、强化政府桥梁作用是现代学徒制培养模式的前提

现代学徒制培养模式的一个重要前提是拥有良好的校企合作机制。而这一点在我国尚未建立起有效的对接。我国的校企合作制度虽然走过了一个漫长的发展道路，但合作理念和合作方式较为陈旧、刻板，难以适应社会发展对人才的需求，更加难以为现代学徒制人才培养模式提供有效的支撑。究其原因在于我国的高等职业教育体系和企业在长期的计划经济体制下，尚未完全适应市场经济转型的变化。高等院校未能走出"象牙塔"，为社会发展提供服务。企业尚未转换思想，缺乏对技术和人才的重视。二者的合作大多流于表面，缺乏深度融合的动力和机制。因此，政府应在建立校企合作过程中发挥其应有的作用，提供必要的思想观念、资金技术和

政策措施的支持，为校企合作向深入发展建立沟通的桥梁和纽带。[1]

二、优化专业设置是建立现代学徒制培养模式的关键

现代学徒制的建立需要与当地生产实践进行紧密的对接，才能充分利用区域内企业的生产实践资源和师傅资源。因此，各高等职业院校在专业设置上要依据本地区的产业特点、学校资源、政府政策以及风俗习惯等因素，将学校资源和企业资源进行有效的融合。在结合过程中，首先，学校要对所开设的专业进行企业调研。总结专业特点，分析专业所需要的知识和技能，认清哪些可以在校内学习，哪些需要在企业师傅教授。其次，学校应积极与企业保持良好的合作关系。确保能够为学生提供一个宽松的实践环境，企业师傅对于技术的传授能够知无不言，言无不尽。最后，学校应培养学生的职业意识。让学生在实习的过程中能够快速进入工作角色，端正工作态度，在学到技能的同时，发挥自己的作用，避免流于形式，走马观花，甚至给企业生产造成损失。企业也应该积极接纳学校的实习任务，一方面可以有效地利用学校的资源进行技术革新；另一方面可以为企业发展培养储备型人才。因此，科学、合理的专业设置是实现学徒制培养模式的关键。甚至有些专家建议，在现代学徒制建立之初，可以优先选择先进的制造业和现代服务业作为试点，因为这类专业与生产实践联系紧密，校企结合门槛低，易于操作，积累经验以后，再向其他专业推广。

三、课程体系重建是现代学徒制培养模式的核心内容

现代学徒制这一新型的人才培养模式要求学生要在不同的身份和环境中不断切换。因此，要适应这一形势，需要对课程设置进行重新理顺和构建，以帮助学生在学校环境下能够以学生身份认真学习学校教授的基础知识和技能，在企业里又能够迅速转换身份认同，以工作人员的身份进入工作状态，在实践中学习师傅传授的技能。而现今高等职业院校的课程设置

---

[1] 周建松. 高等教育发展趋势与我国高等职业教育的对策选择 [J]. 中国大学教学，2017 (4)：41-44.

和教学内容大部分是仿照传统普通高等院校建立的,以教师讲授为主,实践内容只是辅助作用,缺乏对实践环节内容的系统设计与构建,很多课程与实践脱节。因此,课程特点体现了高等教育的"高等性",但却没有突出职业教育的"职业性"。

现代学徒制培养模式之所以被视为一种人才培养的创新,其关键点在于使学生在受教育的过程中对未来所从事的岗位和技能有较为深入的体验,真正做到"干中学"。因此,在课程设置上要在企业中进行充分的调研,在对各个行业各个岗位进行深入理解和分析后,将岗位要求与理论知识进行有效的结合,进而重新构建课程体系,调整课程内容。在分清学校传授内容与企业实践内容的区别与联系的基础上,明晰在校学习目标和任务,厘清企业实践环节和要点,帮助学生有目的地学习,带着问题实践。最终,使学生所学知识与实践技能完美结合,培养出既有理论高度,又有实践能力的高职业素养的专业人才,真正做到"高等性"和"职业性"完美结合。❶

四、教学管理体制的改革是现代学徒制人才培养模式的必要条件

现代学徒制作为一种新型的教育方式,其教育过程涉及学校教学、企业管理、职业规划、学习方法、工作技巧等多个方面,这些领域均有各自的特点和规律。因此,学徒制教育要破除各方面的壁垒,寻找共通之处,总结出一条适合现代学徒制发展的教学管理体制,有效地整合各方资源,形成优势互补。这样才能走出当下企业里办培训,学校里办教育的困境。基于此,一方面,学校要走出校园,跳出课堂,根据市场需求和学生的个性发展需要,采取灵活的教学组织方式。在学习空间上由校内延伸至校外,在学习时间上由固定课程制改为培训咨询制,真正实现"柔性化"管理。另一方面,企业要积极参与学校教学管理体制改革,对学校的教学管理体制献计

---

❶ 李雪. 我国高等职业教育发展趋势的动因分析 [J]. 安徽职业技术学院学报,2014,13(2):1-3.

献策，使学校教学管理与企业生产管理有效对接，从而实现学校与企业对课程的共通管理、共通评价，保证现代学徒制人才培养模式的顺利实施。

五、强化师傅的选拔与培训机制是现代学徒制人才培养模式的有效保证

师傅的质量直接关系到现代学徒制培养人才模式的成败。一支技术高超、师德过硬、数量庞大的师傅队伍，是现代学徒制实施的关键，因此必须由企业内业务骨干、德高望重的技术能手担任。师傅的选拔可以选择多种形式，如行业主管部门引荐、企业推荐、学校招聘、学生口碑推荐等，将那些技术过硬、作风正派、热爱教育事业的优秀企业员工纳入师傅资源库。同时，师傅的考核要经过严格把关，不但要从技术角度进行评价，更要在师德、授业态度方面进行审查，保证师傅能够在人才培养中发挥应有的作用，给学生树立一个积极、正向的工匠精神榜样。当然，对于师傅在教授技艺过程中所付出的辛苦与努力，也要在物质和精神等方面给予回报和奖励。此外，要加强学校教师与师傅之间、学生与师傅之间以及师傅之间的交流与沟通，让教师和师傅的教育在学生身上形成合力，高效地实现培养目标。[1]

六、建立完善的考核评价体系是现代学徒制人才培养模式的配套环节

首先，以学校为主建立绩效考评体系。学徒制人才培养模式的主导应该是高等职业院校，学校对于人才培养的质量承担主要责任。因此，高等职业院校应该在与企业建立良好沟通的基础上，针对学徒制的人才培养质量成立专门的评价组织。组织成员最好由学校领导、企业领导、专职教师和企业师傅四方人员组成。在教学过程、教学管理、企业满意度、教师满意度、学生满意度等方面设置考核指标，进行综合的评价。

---

[1] 洪波. 我国高等职业教育研究的知识图谱分析——基于1992—2016年核心期刊文献[J]. 职业技术教育，2017，38（6）：45-50.

其次，以学生为对象建立学习评价体系。在学生的学校效果评价方面，高等职业院校和企业应通力合作，根据学校的培养目标对于学生的知识掌握、职业素养、人生价值和文化自觉等方面进行综合评价，确保学生素质的"高等性"。同时，企业应根据职业特点和岗位要求，对学生的职业技能和职业能力进行评价，以确保学生技能的"职业性"。通过双方的评价，对学生的教育素质和职业能力进行综合评价，保证高等职业院校的毕业生成为社会所需要的有理论、有能力的高素质专门人才。

最后，建立政府、学校和企业的多方位监督体系。现代学徒制培养模式，是我国职业教育的一种改革和尝试，其效果和成绩需要多方面的支持和监督。因此，需要发动政府、学校、企业和社会多方面力量对学徒制的培养效果进行评价，帮助学徒制的发展找到适合的规律和机制，使其成为我国高等职业教育改革的一个标杆。

第三节 以社会化服务为教育宗旨

职业教育具有很明显的社会服务属性，它不但是一种学历教育，还承担着社会培训的职能。随着经济发展和社会进步，知识的爆发式增长和技能的日新月异，学历教育已经不能满足人们对职业发展的需要，终身学习已经成为人们增强职场竞争力的必然选择，因此，社会培训成为人们实现终身学习、提升自我的重要通道。为人们提供技术技能的终身培训服务，建立符合职业标准的社会培训体系，是当代人职业发展的主要需求，也是把劳动力转变为人力资源的重要途径。在2014年的职教大会上，参会者提出了社会培训的五大目标：（1）拓宽培训对象。争取实现培训范围的城乡全覆盖。（2）设立多种类型的培训项目。设立涵盖技能、创业等多方面，满足人们差异化的需求。（3）细分培训层次。对于职业培训进行细化分类，实现职业培训层次间的贯通无阻。（4）吸引多元化载体。吸引多方参与培训，调动多元化的优质资源。（5）强化培训管理。设立全方位监督管理制度，实现职业培训的规范化、标准化和信息化。

第二十章　我国高等职业教育的未来发展方向

一、高等职业院校教育体制的改革，是实现社会化服务的前提

服务地方经济，为当地社会发展注入活力，是高等职业院校的办学宗旨和办学目标。虽然在很长一段时间内，我国高等职业院校一直以此为奋斗目标，但从效果上看并不明显。究其原因，在于我国高等职业教育体制僵化，缺少与社会服务对接的机制。因此，要想发挥高等职业院校的社会化服务职能，需要从以下三个方面入手：首先，在培养模式的建立上应该以社会需求为导向。高等职业院校的专业设置和课程开设应该紧跟社会需求，对于社会需求量较大，要求培养质量较高的电子技术、飞机制造和机械加工等行业所需要的人才应尽快建立完善的培养模式和体系，而对于社会需求呈现缩减态势的行业应缩减培养规模，调整专业和课程设置，使所培养人才能够在社会中尽快发挥出最大的作用。其次，在校园文化理念上应着力营造社会服务氛围。校园文化是院校的气质和灵魂，它将渗透于学校发展的各个方面，并对学生人生观、价值观和职业规划的形成产生重要影响。因此，将社会服务理念融入校园文化，在潜移默化中培养教师和学生的社会服务意识，是高等职业院校实现社会化服务职能的第一步。最后，在校企合作关系的建立上应建立完善的对接机制。高等职业院校应充分发挥其"职业性"，主动通过承担企业培训项目、技改项目、管理咨询等方式建立与企业间的多层次、多样化的对接，使教育走出校门，进入企业，迈向社会。

二、社区学院的建立和发展，是实现社会化服务的重要模式

随着我国社会的发展，社区成为城市的基本单元，社区教育成为人们不断提升自我，进行终身学习的重要形式。社区学院应运而生，成为教育资源共享，社区成员获得知识，提升技能的有效途径。然而，社区学院在开办的过程中，遇到了资金、师资以及场地瓶颈，难以向广大社区成员提供充足的图书资源、良好的师资队伍和系统的培训课程和项目。因此，社区学院与高等职业院校结合，是一种行之有效的发展模式。通过高等职业院校发展社区学院，一方面可以充分利用高等职业院校的图书馆、师资、

场地资源，使社区学院得到迅速发展；另一方面，也是高等职业院校社会化服务职能的拓展和深化，可以使高等职业院校的发展与所在社区紧密相连，成为社区发展的重要动力。

三、校外实践基地，是实现社会化服务的重要载体

校外实践基地是高等职业院校实践能力培养与社会化服务职能相结合的产物。通过校外实践基地这一载体，高等职业院校不但能够为学生提供便利的实践条件，更在一定程度上对当地社会经济和社会发展贡献了力量。但这一载体在当今的作用更多集中于学生的培养，其社会化服务职能的发挥相对不足。因此，高等职业院校今后应重视自身的社会化服务职能，将其作为学校办学质量和办学水平的重要衡量指标，渗透于日常教学的方方面面。同时要通过多种渠道建立不同形式的校外实践基地，提供多样化的社会服务，将这一职责落到实处。如可以通过与社区合作，整合社区内的各种教育资源，建立学校与社区共享的实践基地，不但便于学生开展社区实践，还可以促进社区学院和社区教育的发展。与企业建立校企联盟，既培养了学生的技术技能，又能够为企业提供必要的资源和咨询。此外，还可以与企业建立项目联合，承担技术攻关项目，既整合了企业资源拉近了与企业的联系，又推动了技术进步。

四、开放式职业教育平台的构建，是实现社会化服务的重要途径

高等职业院校社会化服务职能的实现，不应仅限于具体的手段和模式，其最终的发展趋势应是建立一套开放式的职业教育体系和平台，整合各方资源，向社会提供开放式的教育服务，使社会成员能够自由地获取自己所需要的教育资源。这一平台的构建需要从以下几方面着手：首先，建立面向社会的网络职业培训平台。将高等职业院校的教育资源通过网络向全社会共享，使社会公众对教育资源的获取实现无门槛化。其次，针对不同行业提供专业化培训。各个行业的发展需要专门的技术和技能，高等职业院校通过多种形式的行业培训，可以提升行业的整体技术水平和管理水

平，实现行业优化和升级。再次，面向社区开展职业培训。高等职业院校可以根据所在社区社会和经济发展的特点，提供适应社区成员需要的职业培训服务，满足社区成员技术技能提升的需要，为其职业生涯的发展提供助力。最后，组织各种类型的职业教育活动。高等职业教育是所在地区职业教育的倡导者和宣传者，高等职业院校可以通过组织技能大赛、科技讲座、技能咨询等方式，培养社区的职业学习氛围，提升终身学习意识。

综上所述，高等职业教育的社会化服务职能既是高等职业院校办学的宗旨，又是高等职业教育办学水平高低的体现。各高等职业院校应遵循这一理念，将社会化服务渗透于办学的方方面面，使其成为未来高等职业院校发展的动力和核心竞争力。

第四节　以"互联网＋"为运行载体

2015年，李克强总理在政府工作报告中首次提出"互联网＋"行动计划，"互联网＋"成为国家战略性举措。我国高等职业教育也应抓住这一信息化发展机遇，积极与互联网融合，改革传统教学模式，实现职业教育发展的互联化、智能化、共享化。将高等职业教育的教学体系、课程设置、教学方式、培养模式与云计算、大数据、移动互联网等新一代信息通信技术相结合，借助"互联网＋"行动计划，实现高等职业教育体系的整体改造和升级。

一、发挥"互联网＋"创新优势，大力发展创新创业教育

互联网业是现今我国推动创新的重要动力，许多行业在与互联网的融合过程中完成了产业的改造与升级。高等职业教育也不例外，应该紧紧抓住"互联网＋"这一政策机遇，大力开展创新创业教育，营造校园内创新创业氛围，激发学校师生的热情，帮助学生实现创业梦想。因此，高等职业院校应将创新创业课程作为培养方案中的重要方面，设计一套科学实用的创新创业课程体系，帮助学生找到所学专业技能与"互联网＋"创新创业的结合点，开拓出一系列适合高等职业

院校学生创新创业的新模式和新领域，使高等职业院校成为"大众创业，万众创新"的一支生力军。

二、提升教师互联网意识，适应新时代教学需要

为了适应"互联网+"时代的需要，高等职业院校教师也要主动提升自身的互联网意识和互联网技能，在教学和实践环节积极主动地运用互联技术改革教学手段，调整教学内容，创新教学方式，让学生感受到在互联网背景下学习的高效与便捷，引导其科学利用互联网资源。《国务院关于加快发展现代职业教育的决定》指出，在职业教育发展中，未来要逐步实现数字化、仿真化和远程实践教学，让互联网与高等职业教育深度融合。因此，高等职业院校教师要具备利用互联网收集、加工、处理信息的能力，真正成为引导学生投身于"互联网+"时代的领航者。

三、利用互联网微载体，构建高等职业教育价值观

互联网的发展不仅是一场技术革命，它更影响了人们的生活，使人们的生活方式和认知方式发生了根本性的变化。在"互联网+"背景下，诞生了许多内容丰富、形式各异的微载体，如微博、微信、微电影、微公益、微视频等，这些微载体正在影响着当代人价值观的形成。高等职业院校的思想政治工作，是高等职业教育的重要环节，它决定学生的道德品质和价值观。因此，高等职业院校要积极利用这些微载体开展价值观教育，以学生喜闻乐见的内容和形式传递正确的价值观和职业道德观，帮助学生找到正确的人生方向，成为德才兼备的高素质人才。

第五节　坚持国际化道路

随着我国"一带一路"倡议的提出，国内大批企业走出国门。在此背景下，高等职业教育也应适应这一形势的需要，积极与参与"一带一路"企业合作，在国家政策的支持下，推动我国高等职业教育走出国门，与国际接轨。

第二十章 我国高等职业教育的未来发展方向

一、统一办学标准，建立沟通机制

2016年，"一带一路"产教协同峰会在北京召开，国内"一带一路"沿线省份的18所高等职业院校、10多家合作企业以及来自"一带一路"沿线合作国家的21个职教领域的代表团参加了会议。会议上成立了"一带一路"产教协同联盟，制定了职业教育国际化合作的通用标准，为中国职业教育的国际化发展建立了沟通机制，创造了一个宽松的发展环境。

对于办学标准和合作规划的顶层设计，是国家对于高等职业院校"走出去"的大力支持，这些措施为高等职业院校的国际化扫清了道路。此外，国家对于高等职业院校国际化发展路径的宏观指导，可以使高等职业院校更好地与"一带一路"政策结合，满足政策落实中的各项人才、教育等资源的需求，合理掌控高等职业教育的国际化进程。在会议上，成立的"一带一路"产教协同联盟是一个国际化的高等职业教育交流平台，它为整合"一带一路"沿线国家间职业教育资源，开展产业领域的深度合作提供了机制和通道，为我国高等职业教育的国家化迈出了坚实的一步。在高等职业教育国际化的进程中，我国高等职业院校需要与"一带一路"沿线国家开展对渠道、多层次的交流与合作，积极拓展合作空间，使我国高等职业教育尽早赶上发达国家职业教育的发展水平，能够在国际上建立自己的高等职业教育品牌和地位。政府作为高等职业教育国际化的重要推动力，应发挥自身的号召力，开展多种形式的国际论坛和国际会议，在政策上建立与合作国家的高等职业教育领域的对话机制，吸引各国职业教育资源与我国高等职业教育进行整合，为其融入国际环境提供助力。

二、加大政策扶持力度，提供全方位政策保障

"一带一路"政策实施后，各级政府部门随之出台了一系列加速高等职业教育国家化发展的政策措施。如教育部颁发了《普通高等学校高等职业教育（专科）专业管理办法》中，针对"一带一路"建设急需的基础设施、能源、交通、通信等行业相关的专业进行了增设，并于2017年开始招生。同时，政府还设立了特别奖学金制度，为来自"一带一路"沿线国

家的学生提供留学奖学金，鼓励沿线国家到中国交流学习，推动各国间留学生的互动交流。在语言交流上，各级政府也出台了一些具体措施，在高等职业院校开设沿线国家小语种课程，培养掌握沿线国家语言的复合型人才，为"一带一路"建设扫清语言障碍。

三、以文化交流为纽带，注重民间交流与沟通

我国对外交往的基本原则是"平等合作、互惠共赢"，在职业教育国际化发展的进程中，依然要坚持该原则，在政策对话、国际会议、国际研讨会等交流过程中要在平等的基础上与合作方建立良好的交流关系，建立统一的政策法规和专业标准，形成各国间相互对接的高等职业教育体系。与此同时，更要积极利用国际合作和资源，发展我国的高等职业教育，引进国外先进的教学理念、成熟的职业教育运行机制，推动我国职业教育体系的现代化。此外，在获取合作国家高等职业教育资源过程中，也要发挥自身的优势，注重对合作国家的职业教育援助，将我国高等职业教育的成功经验和优秀人才输出到合作国家，帮助"一带一路"国家发展高等职业教育，提升其职业教育的培养水平和质量。这既是我国高等职业教育国际化的契机，也是与国际接轨的必要途径。

另外，我国在对外文化交流中充分尊重合作国与本国的差异，秉承"求同存异、开放包容"的发展原则。高等职业教育的国际化是对外文化交流的重要组成部分，因此，在进行国际合作交流、人才培养的过程中，我们依然要坚持这一原则，既要继承我国传统的成功经验和办学特色，又要尊重合作国的文化、风俗和习惯。积极探索符合当地特色的办学模式，通过留学生互遣、师资交流、相互访学等方式，增进各国间高等职业教育的相互学习与促进，最终实现共赢。

四、创新办学模式，开展国际深度合作

（1）学生资源方面。学生资源实现"引进来，走出去"，大力推进海外交换生、海外游学、夏令营冬令营、非学历培养等国际交流项目。打造完善的留学生教育管理体系，鼓励"一带一路"合作国家的学生来中国留

第二十章　我国高等职业教育的未来发展方向

学,学习中国的先进科学技术和语言文化,深入了解中国的风土人情,学成回国后,做两国交流发展的沟通桥梁。只有这样,我国高等职业教育才能真正实现学生生源的多样化,为国际化深入发展提供人才储备。

（2）教师资源方面。教师资源实现"引进来,走出去",加强师资互通,推进师资队伍的国际化发展,为高等职业教育国际化发展提供智力保障。学校应该积极创造条件,根据合作办学实际需要,选派优秀教师赴海外进行研修培训,鼓励教师出国游学、留学进修,参加国际学术会议以及进行学术访问或交流,学习国外先进的教学理念、教学方法和教学模式,增长知识,开阔视野,帮助教师实现自身的国际化专业发展,锻炼双语教学的语言能力和教学能力,真正打造一支视野开阔、知识全面、能力卓越、敢于创新的高质量"双师型"教学团队。同时,聘请国外教育专家来校讲学,邀请国外合作院校的教师来校授课,实现师资的互动交流。师资是开展教学活动和进行教育改革的直接实施者,教师队伍的质量直接影响甚至决定着教育教学的质量和成效。所以,大力加强师资团队建设,打造一支优秀的教学团队,是高职教育国际化发展的智力保障。政府层面要加强政策支持,为教师创造更多机会出国访学,加强师资培训力度,开展专项研讨,聘请国内外专家学者进行讲学,为教师创造更多国际化发展的机会和可能。学校要重视对师资队伍的建设和培养,加大投入,创造条件,加强与合作院校的师资互动,根据具体国情,实现人才的共同培养。

（3）课程体系方面。课程体系设置实现"引进来,走出去",促进国内外联合办学,实现学分互认制度。积极设计和调整人才培养方案,推进课程体系改革,根据实际的人才需求进行课程设置。

第六节　产教融合

一、产教融合的定义

产教融合是指高等职业院校将所设专业与区域内产业相互结合,相互促进,协同发展,使高等职业院校成为一个教书育人、科学研究、服务社会为一体的产业化经营实体，通过专业设置与行业需求对接、教学过程与行业经营过程对接、课程内容与职业标准对接、毕业证书与职业资格证书对接，实现学校与企业共同办学。

二、产教融合必要性

产教融合是将高等职业院校学校发展与企业运营紧密结合在一起形成的双赢共同体。高等职业院校可以通过与企业合作更好地强化教学实践环节，使课程内容与企业实践紧密相连，让学生在学校即可学得在职场中的技术和技能。企业可以通过利用学校资源对职工进行培训，提升在职员工的技能水平，还可以通过技术研发合作，推动企业的技术革新和进步。因此，产教融合是我国建立现代高等职业教育体系的核心问题和必由之路。

三、产教融合的具体途径

高职教育是以服务经济社会发展需求为导向的教育，职业教育只有和产业深度融合，才能培养符合经济社会改革发展迫切需要的应用型技术人才。强化产教融合的重要地位，将校企双主体育人、双师型师资队伍建设、双业（专业和产业）对接等作为高职教育改革的突破口和主要途径，创新人才培养模式，促进就业创业。

高等职业教育具有很鲜明的社会服务导向，其发展要体现"职业性"，要为社会经济发展提供所需要的人才和技术，因此，将校企双主体育人、双师型师资队伍建设、双业（专业和产业）对接等作为高职教育改革的突破口和主要途径，创新人才培养模式，促进就业创业，成为产教融合的发展方向。

1. 以国家产业布局为指南，规划产教融合的基本框架"中国制造2025""互联网+""大众创业、万众创新""一带一路"等重大国家举措

高等职业教育以培养技能型人才为主，其所学知识和技能要紧密与国家经济发展和产业布局相连。因此，各高等职业院校在专业设置和设计人才培养方案的过程中，应与国家战略保持一致，结合新时期"中国制造2025""互联网+""大众创业、万众创新""一带一路"等重大国家举

第二十章　我国高等职业教育的未来发展方向

措,培养国家战略产业布局所急需的专业技术型人才和创新创业人才。基于此,高等职业教育应主要做好以下几个方面:(1)关注国家战略规划,根据中央文件和精神,找出适合本学校、本专业的切入点。(2)依据战略规划精神,对本专业课程体系和课程内容进行重新审视和重新构建,以保证所传授知识和技能紧跟国家经济转型升级要求。(3)拓展实习实训环节,积极发展校内实训课程和校外实习基地,通过与产业和企业的深度合作,实现产教融合,进而为国家战略产业布局的调整和升级贡献力量。

2. 以集团化办学为产教融合的创新发展模式

高等职业教育的发展是一个多方合作、不断创新的过程。集团化办学是一条可以整合多方资源、有效连接人才的培养与需求的创新性路径。通过集团化办学模式,可以有效地将政府、学校、行业、企业四方资源整合起来形成合力,使政策、师资、需求有效连接,让人才培养更具有针对性。因此,各地区应在政府的倡导和推动下,以学校为中心节点,形成容纳行业、企业、政府相关部门在内的高等职业教育集团式发展框架,使人才发展政策、行业职业准则、企业岗位要求和学校教学体系改革紧密对接,并确认各方的责、权、利,使四者利益共享,协同发展。

3. 以教学与产业对接为产教融合的起点和基础

产教融合是将学校与产业协同发展的一种互利机制,在此过程中,产业得到了所需要的人才和技术,学校获得了人才培养的方向和指南。而产教融合的核心和起点在于学校培养的人才是否能够跟企业的需求相匹配。因此,需要发挥集团化办学的资源沟通和整合作用,在政府政策的指导下,通过行业和企业需求的指引,高等职业院校根据所在区域产业政策的发展需要制定高等职业院校的发展规划,依据行业规则创新人才培养模式,按照岗位要求改革课程设置。最终,使各学校的课程设置紧跟新产业、新职业、新技术领域;课程内容能够紧跟新的职业资格标准,及时更新内容,体现新知识、新技术、新工艺,并在此基础上创新教学方式和方法,使所培养的高等职业人才紧跟时代要求并站在技术创新领域的最前端。

4. 以双师型队伍建设为产教融合顺利实施的保障

高等职业院校双师型队伍建设是高等职业教育发展中的一大创举，在人才培养中发挥越来越大的作用，加强在校专职教师与企业技术人员的双向交流，为双师型师资队伍建设创造适合的环境，是顺利实施产教融合的保障。学校可以通过各种渠道聘请企业的高级技术人才、高级工程管理人员、高级工匠作为学校的兼职教师，整合两类师资协同育人，使学校师资更加充实，结构更加优化。同时，应加强师资在职培训和继续教育体系建设，鼓励在校教师去企业学习和锻炼，支持教师与企业建立技术合作关系，不但能够让教师接触最新的技术和工艺，还能够提高教师的教学和科研能力，让课堂内容贴近技术前端。此外，还要对高等职业教师的管理办法进行修订，将是否具备行业经验作为选拔教师的准入条件，取消"双师型"教师资格证书终身制，取而代之为定期考核制，确保双师型教师名实相符，既拥有深厚的理论功底，又具备丰富的实践经验，使之成为带领学生将理论运用于实践的榜样。

5. 以网上实践平台为产教融合试验田

网上实践教学平台是互联网技术运用于教学的一项革新，它改变了在企业或实践基地实习过程中某些环节无法或不适合学生参与的情形，通过模拟减少了实习过程中的限制因素，其中尤以智慧实践平台为代表。它是一套整合了企业技术研发与"互联网+"创新资源，将其聚集于线上的智能化实践平台。其内容包含先进技术的开发、创新学习、课程再造与开发、专业认证体系、创新创业、就业服务以及产业服务。这一平台是一套"多功能、智能化、开放性、共享型"人才培养体系，是一个线上的产教融合基地，对于创新创业，推动区域经济发展都具有拓展性作用。它引入了新形态、新学习、新场景、新课程和新流程体系，是未来产教融合的试验田，代表了未来产教融合的方向和发展趋势。

参考文献

[1] 马树超. 中国特色高等职业教育再认识［J］. 中国高等教育，2008（z2）.

[2] 姜大源. 高等职业教育的定位［J］. 武汉职业技术学院学报，2008（2）.

[3] 黄克孝. 构建高等职业教育课程体系的理论思考［J］. 职业技术教育，2004（7）.

[4] 石伟平，徐国庆. 论高等职业教育课程的国际比较［J］. 职教论坛，2001（10）.

[5] 王前新. 高等职业教育人才培养模式的构建［J］. 职业技术教育，2003，24（10）.

[6] 教育部. 关于全面提高高等职业教育教学质量的若干意见［J］. 中国职业技术教育，2007，26（1）.

[7] 郭俊朝. 中国高等职业教育发展的回顾与展望［J］. 中国高教研究，2008（2）.

[8] 王明伦. 中国高等职业教育发展的实证分析［J］. 职业技术教育，2007，28（25）.

[9] 吕鑫祥. 高等职业教育课程模式的变革趋势［J］. 中国大学教学，2006（3）.

[10] 陈先运. 高等职业教育与地方经济建设发展的关系［J］. 中国高教研究，2005（3）.

[11] 周建松. 关于高等职业教育改革与建设若干问题的思考——基于高职教育的类型特征［J］. 中国高教研究，2010（11）.

[12] 金辉. 高等职业教育深化校企合作的应然路径［J］. 教育研究，2010（4）.

[13] 张建荣. 德国高等职业教育的特征及其启示［J］. 高等工程教育研究，2006（1）.

[14] 王小梅，陈解放，曾令奇. 高等职业教育院校管理模式研究与实践［J］. 中国高教研究，2007（5）.

[15] 任君庆，苏志刚．高等职业教育的质量标准和质量观［J］．职业技术教育，2003，24（25）．

[16] 丁金昌．高等职业教育人才质量观的探究［J］．中国高教研究，2011（1）．

[17] 范唯，吴爱华．对高等职业教育发展的思考和建议［J］．中国高等教育，2006（15）．

[18] 张晓东．高等职业教育课程体系改革的思考［J］．职教论坛，2002（4）．

[19] 任君庆．我国高等职业教育的发展战略研究［J］．高等工程教育研究，2006（1）．

[20] 吴建设，丁继安．高等职业教育核心技能培养：意义、现状、策略［J］．中国高教研究，2006（11）．

[21] 李志宏，王伟，李津石．就业导向：高等职业教育改革与发展的主旋律［J］．职业技术教育，2003（27）．

[22] 李均．我国高等职业教育法规与政策探析［J］．职业技术教育，2003，24（4）．

[23] 单春晓．论高等职业教育师资队伍建设［J］．中国职业技术教育，2002（12）．

[24] 楼一峰．高等职业教育课程模块化设计探讨［J］．职业技术教育，2006，27（7）．

[25] 王明伦．高等职业教育课程设置的依据和原则［J］．职业技术教育，2002，23（1）．

[26] 汤艳，季爱琴．高等职业教育中工匠精神的培育［J］．南通大学学报（社会科学版），2017（1）．

[27] 王俊杰．高等职业教育混合所有制改革的基本定位及其实践路径［J］．中国高教研究，2017（6）．

[28] 覃苗苗．高等职业教育中工匠精神的培育［J］．长江丛刊，2017（32）．

[29] 田佳琦，丁哲学．基于产业组织理论的企业主导型高等职业教育集团化办学运行机制［J］．教育与职业，2017，904（24）．

[30] 孙志勇，乐明于．高等职业教育"校企合作"实践中的问题与对策研究［J］．价值工程，2017（1）．

[31] 林大专．高等职业教育实施现代学徒制的瓶颈和对策［J］．中国卫生产业，2017（1）．

[32] 斯琴，范哲超．我国高等职业教育创业教育研究热点的可视化分析［J］．中国职业技术教育，2017（4）．

[33] 周建松. 高等教育发展趋势与我国高等职业教育的对策选择[J]. 中国大学教学, 2017 (4).

[34] 陈衍, 郭珊, 徐梦佳. 高等职业教育也需要加强"双一流"建设[J]. 中国高等教育, 2017 (12).

[35] 王继元. 高等职业教育领域中产教融合研究的元分析[J]. 职教论坛, 2017 (3).

[36] 刘任熊, 薛茂云. 中国高等职业教育国际化: 实践样态与现实反思——基于2016年32省份高等职业教育质量年度报告分析[J]. 中国职业技术教育, 2017.

[37] 刘蓓, 汪长明. 高等职业教育产教融合体系建设的探索[J]. 中国农业教育, 2017 (5).

[38] 李亚昕, 张栋科. 高等职业教育"双师型"教师能级管理新论[J]. 高等工程教育研究, 2018.

[39] 张喜才, 房风文. 参与主体视角下京津冀高等职业教育协同发展分析[J]. 教育与职业, 2017 (2).

[40] 李金华. 发达国家高等职业教育中人文教育状况探析——基于校园文化视角[J]. 天津职业院校联合学报, 2017 (4).

[41] 郝刚, 陈淑花. 高等职业院校校园文化建设与创新创业教育推进[J]. 现代商贸工业, 2017 (1).

[42] 林炜. 高职院校校园文化建设研究——以上海商学院高等职业技术学院为例[J]. 科教导刊, 2018 (7).

[43] 高熙贺, 吴薇. 高职院校校园文化与企业文化合力育人现状及对策[J]. 船舶职业教育, 2018, 30 (2).

[44] 王超. "互联网+"时代高职院校的校园文化新形势与对策[J]. 中国校外教育: 下旬, 2017 (6).

[45] 陈姣, 朱洵. 积极心理学视野下高职学生工匠精神培育探析[C]//第二十一届全国心理学学术会议.

[46] 彭田宝. 创客文化融入高职校园文化建设探析[J]. 机械职业教育, 2017 (6).

[47] 姜英华. "工匠精神"在高职文化建设中的生态意义解读[J]. 高等职业教育探索, 2018, 17 (6).

[48] 张更庆. 基于企业文化的高职校园文化建设探究[J]. 厦门城市职业学院学报, 2017 (3).

[49] 施玉梅. 职业教育中工匠精神的内涵及培养路径研究［J］. 广州职业教育论坛, 2018.

[50] 王健, 郭爱国. 高职校园文化与企业文化相融合的探索研究［J］. 河北农机, 2017（11）.

[51] 王悠. 内涵建设背景下高职院校特色校园文化建设研究［J］. 文存阅刊, 2018（10）.

[52] 张译丹. 财经金融类高职院校构建特色校园文化的探讨［J］. 中国国际财经（中英文）, 2017（8）.

[53] 陈保荣. 我国高等职业教育国际化发展及对策研究［J］. 职教论坛, 2012（1）.

[54] 王玉香. 论高等职业教育国际化人才培养的战略模式［J］. 当代教育科学, 2009（7）.

[55] 陆颖, 寿海. 高职教育国际化发展的路径分析——以浙江省高等职业教育为例［J］. 浙江工商职业技术学院学报, 2011, 10（2）.

[56] 孟昭上. 高等职业教育现状与对策刍议［J］. 中国高教研究, 2004（6）.

[57] 杨柳. 从高等职业教育现状谈我国高等职业教育的重构［J］. 职业教育研究, 2005（4）.

[58] 鹿林. 我国高等职业教育现状及发展趋势分析［J］. 中国成人教育, 2008（22）.

[59] 姜亮. 企业投资高等职业教育的现状及思考［J］. 武汉船舶职业技术学院学报, 2017（2）.

[60] 徐博文, 陈晓雁. 我国高等职业教育质量保障长效机制的构建［J］. 继续教育研究, 2017（1）.

[61] 黄明, 胡舒予. 产教深度融合模式在高等职业教育中的有效运用研究［J］. 佳木斯职业学院学报, 2017（8）.

[62] 贾湘琳. 高等职业教育服务区域经济的现状、问题与对策研究——以株洲市高职教育发展为例［J］. 当代教育理论与实践, 2017（3）.

[63] 高志研. 高职创新发展扬帆起航 行动计划落实后程可期——《高等职业教育创新发展行动计划（2015—2018年）》2016年执行情况综述［J］. 中国职业技术教育, 2017（13）.

[64] 邓明亮. 破解深化产教融合瓶颈探索加快高等职业教育发展路径［J］. 科技资讯, 2017（22）.

[65] 李成森，阎卫东．供给侧改革背景下的高等职业教育发展趋向研究［J］．教育与职业，2017（3）．

[66] 施刚钢．高等职业教育课堂与实践教学的现状研究——以河北某职业学院为例［J］．职教通讯，2017（9）．

[67] 潘锡泉．高等教育供给侧结构性改革之逻辑思考——基于高等职业教育的视角［J］．高等职业教育－天津职业大学学报，2017（5）．

[68] 方兆祥，李娅．台湾高等职业教育发展现状及启示［J］．科教文汇，2017（29）．

[69] 魏清．大数据在高等职业教育管理中应用的研究［J］．计算机产品与流通，2018（7）．

[70] 王国安．高等职业教育课程体系与区域经济的现状分析［J］．考试周刊，2017．

[71] 周灵娜．学习国外典范探索我国高等职业教育现代学徒制实施对策［J］．教育教学论坛，2018（38）．

[72] 张晶晶，郭晨．数字化解析河北中高等职业教育2009—2016发展态势［J］．工业技术与职业教育，2018，62（2）．

[73] 李超．高等职业院校内部管理的行政化与去行政化问题研究［D］．内蒙古师范大学，2012．

[74] 公昆．我国高等职业院校人力资源管理中存在的问题及对策研究［J］．中国成人教育，2011（22）．

[75] 韩冬，史伟．高等职业院校的信息化校园建设［J］．职业技术，2015（5）．

[76] 曾文苓．以人为本构建和谐高职校园——从人性假设的视野看高职院校管理体制的创新［J］．漳州职业技术学院学报，2009（2）．

[77] 刘海云．论高职院校特色校园文化品牌的创建——以无锡城市职业技术学院打造特色校园文化品牌为例［J］．管理观察，2014（36）．

[78] 冉鑫．基于项目化管理的高职院校校园文化建设探讨［J］．重庆电子工程职业学院学报，2011，20（z1）．

[79] 张美莹．克朗伯兹的社会学习理论对高职院校职业生涯规划课程内涵建设的启示［J］．科教导刊（中旬刊），2010（9）．

[80] 李增欣，王向辉．基于生涯决定社会学习理论的高等职业教育［J］．中国成人教育，2015（24）．

[81] 王永莲，王朔，杨小燕．关于高等职业教育对经济社会发展贡献的研究综述［J］．南方职业教育学刊，2015（6）．

[82] 邓福田. 广西高等职业教育的贡献、问题与改革 [J]. 经济与社会发展, 2012, 10 (11).

[83] 王永莲, 杨小燕. 四川高等职业教育对四川经济社会发展的贡献初探 [J]. 中国职业技术教育, 2014 (3).

[84] 冷士良. 对高等职业教育可持续发展的思考 [J]. 江苏师范大学学报（哲学社会科学版）, 2007, 33 (6).

[85] 刘晓明, 王金明. 浙江省高等职业教育对经济增长贡献率的实证分析 [J]. 中国职业技术教育, 2011 (18).

[86] 周赣琛, 王梓林. 高等职业教育对区域经济社会发展贡献研究——以黄冈职业技术学院为例 [J]. 中外企业家, 2013 (2).

[87] 张国宏. 全面建设小康社会与高等职业教育的新理念 [J]. 当代教育论坛, 2005 (11).

[88] 拜五四. 论高等职业教育"双师型"教师队伍的建设 [J]. 学术论坛, 2005 (2).

[89] 王明伦. 高等职业教育发展评价及其指标体系构建 [J]. 当代教育论坛, 2006 (21).

[90] 马明, 马亮. 高等职业教育定位的探究 [J]. 中国成人教育, 2013 (6).

[91] 王春生. 全人教育理念在台湾高等职业教育的应用研究——以台湾龙华科技大学为例 [J]. 现代企业教育, 2013 (16).

[92] 张品仲. 高等职业技术院校核心竞争力初探 [J]. 职教论坛, 2012 (14).

[93] 李霜. 高等职业院校核心竞争力的培育 [J]. 江苏经贸职业技术学院学报, 2008 (3).

[94] 刘智平, 韩国梁. 高等职业学院核心竞争力的构建 [J]. 德州学院学报, 2005, 21 (4).

[95] 王良青. 基于核心竞争力的"后示范时代"高职院校内涵建设研究 [J]. 教育与职业, 2015 (14).

[96] 孙芳仲. 论高职院校核心竞争力的培育 [J]. 福建高教研究, 2005 (4).

[97] 李国艳. 构建具有特色的人才培养模式 提升高职院校的核心竞争力 [J]. 辽宁教育研究, 2006 (3).

[98] 刘建琴. 论提高高职院校核心竞争力的途径 [J]. 教育与职业, 2011 (11).

[99] 刘征. 高职学生核心竞争力培养研究 [J]. 职业, 2008 (4Z).

[100] 成雁瑛, 吴济慧. 生态位视域下高职院校核心竞争力的构成及提升路径 [J]. 中国职业技术教育, 2017 (6).

[101] 徐元俊. 提高科研能力是增强高职学院核心竞争力的重要措施 [J]. 国土资源高等职业教育研究, 2011 (3).

[102] 赵俊. 高职教育长期发展的教学特色及核心竞争力 [J]. 科技信息, 2009 (20).

[103] 陈友力. 论重庆统筹城乡高等职业教育的科学发展 [J]. 教育与职业, 2010 (11).

[104] 张宁新. 以创新集成式教学管理提升学校核心竞争力 [J]. 当代职业教育, 2011 (3).

[105] 彭光细. 办好高等职业教育是中部地区崛起的人才保障 [J]. 老区建设, 2010 (z1).

[106] 关恒昆. 基于知识管理的高职院校核心竞争力提升战略研究 [D].

[107] 王维盛. 以科学发展观为指导 塑造学院良好形象的战略思考 [J]. 潍坊高等职业教育, 2009 (4).

[108] 刘学东. 以科学发展观为指导, 开放整合, 提升学院核心竞争力 [J]. 唐山职业技术学院学报, 2008 (2).

[109] 杨晔. 从核心竞争力看高职院校建设维度 [J]. 幸福生活指南：高等职业教育, 2012 (1).

[110] 李亚明. 高等职业教育特色专业建设的若干理论问题研究 [J]. 教育界, 2015 (27).

[111] 黎志键, 黄海滨. 论可持续发展视野下的高等职业教育发展策略 [J]. 大众科技, 2011 (7).

[112] 石峰. 高等职业教育的素质教育体系设计 [J]. 职业技术教育, 2002, 23 (25).

[113] 成群. 《高等职业教育与普通教育体系的沟通》研讨会 [J]. 江汉大学学报 (社会科学版), 1989 (4).

[114] 胡天然. 如何构建高等职业教育的素质教育体系 [J]. 职教论坛, 2009 (23).

[115] 黄克孝. 构建高等职业教育课程体系的理论思考 [J]. 职业技术教育, 2004 (7).

[116] 刘任熊, 陈海艳, 尚维来. 质量文化与省级统筹：构建高等职业教育质量监测

体系的路径与策略——基于江苏省构建"两纵两横"质量监测体系案例分析 [J]. 中国职业技术教育，2018.

[117] 王丹，常亮. 高等职业教育教学质量评价体系的构建 [J]. 中国卫生产业，2017（22）.

[118] 刘蓓，汪长明. 高等职业教育产教融合体系建设的探索 [J]. 中国农业教育，2017（5）.

[119] 李连庚. 浅谈高等职业教育实践教学体系的构建——评《高等职业教育可持续发展研究》[J]. 中国教育学刊，2017（9）.

[120] 陈竹韵，陶宇女. 美国高等职业教育体系分析与启示 [J]. 职业技术教育，2018，894（8）.

[121] 胡明华. 德国应用科技大学的发展及对我国高等职业教育的启示 [J]. 教育与职业，2017（7）.

[122] 董刚. 重庆高等职业教育体系构建路径研究 [J]. 现代职业教育，2017（4）.

[123] 吕江毅. 中德高等职业教育体系构建的优势因素比较 [J]. 中国成人教育，2018，444（11）.

[124] 刘绪军，温贻芳. 以人民为中心的高等职业教育改革体系构建与推进策略 [J]. 教育与职业，2018，927（23）.

[125] 王利婷. 现代职业教育体系视域下中、高等职业教育衔接研究 [J]. 教育现代化，2018，5（15）.

[126] 冯蓉. 高等职业教育创新发展视角下的现代职业教育体系建设研究 [J]. 读天下，2017（5）.

[127] 白智童. 英国高等职业院校教师培养对我国高职"双师型"教师培养的启示 [D]. 东北师范大学，2008.

[128] 闫玉慧，何应文，贾秋英. 高等职业院校新教师培养的途径与方法研究 [J]. 中国电力教育，2009（3）.

[129] 游贵巧. 谈高等职业技术学校教师实践能力的培养 [J]. 河北青年管理干部学院学报，2006（4）.

[130] 薛斌. 高等职业院校特色化师资培养策略研究 [J]. 中国成人教育，2012（15）.

[131] 苑振柱. 高等职业院校教师双职业能力的培养与提升 [J]. 河南科技学院学报，2015（4）.

[132] 温希东，卿中全．高等职业院校教师专业化发展的策略探讨［J］．中国职业技术教育，2010（33）．

[133] 姜建峰．高等职业院校青年教师职业生涯管理研究［D］．2015．

[134] 杨帆．谈高等职业院校"双师型"师资的培养［J］．中国成人教育，2011（14）．

[135] 黄柏江，陈劲．高等职业院校师资建设的现状及发展建议［J］．高等工程教育研究，2011（1）．

[136] 张迪．基于"阶梯式"高等职业院校师资队伍建设模式研究［J］．山西建筑，2017（14）．

[137] 周倩．高等职业教育院校双师师资建设发展改革研究［J］．科技资讯，2017（7）．

[138] 肖韩．高等职业院校绿色技能开发研究［D］．

[139] 黎军，王玲玲，宋晓晴．"互联网＋教育"背景下高等职业院校教师信息素质培养新要求分析［J］．中国高新区，2017（21）．

[140] 吴卉卉．基于校企合作的职业院校"双师型"教师专业发展培养体系建设——以商务英语专业为例［J］．黑河学院学报，2017．

[141] 张艳霞．试论高职院校教师的职业素养与提升［J］．当代教育实践与教学研究，2017（7）．

[142] 张宏．高职院校师资建设存在的问题与对策［J］．职教通讯，2017（17）．

[143] 孙翠香．让教师成为"幸福的人"——评江苏省徐州经贸高等职业学校的师资队伍建设［J］．江苏教育（职业教育版），2017（5）．

[144] 王莹华．高职院校师资队伍建设的探索与实践——以黄冈职业技术学院师资队伍建设为例［J］．黄冈职业技术学院学报，2017（6）．

[145] 陈宏麟，杨卫燕．终身教育理念下"双师型"教师人才培养策略探究［J］．人才资源开发，2017（14）．

[146] 程静，刘进宝，高永胜．基于现代学徒制的高职院校教师队伍建设研究［J］．现代职业教育，2017（25）．

[147] 李斌，梁艳．高等职业教育师资队伍建设的创新发展研究［J］．广东技术师范学院学报，2018，39（5）．

[148] 崔海军，刘荣红．高职院校基于校企合作"双师型"师资队伍管理研究［J］．学园，2017（30）．

[149] 汤霓．建设国际化专业教学标准 实现职业教育的国际接轨——职业院校国际化专业教学成果分享活动在天津举行［J］．中国职业技术教育，2015（22）．

[150] 姜大源．国际化专业教学标准开发刍议［J］．中国职业技术教育，2013（9）．

[151] 吕景泉，汤晓华，周志刚．建设国际化高职教育专业教学标准的学理考量［J］．中国高教研究，2014（9）．

[152] 曾德昕．浅谈高职院校教学评价体系标准化的建设——我国高职教育走向国际化的必经之路［J］．长沙民政职业技术学院学报，2012（2）．

[153] 刘红兵．高等职业教育国际化专业标准开发技术方案的研究［J］．价值工程，2018，37（15）．

[154] 刘楠，高汝林，吕海侠．高等职业教育国际化课程建设途径探索［J］．工业技术与职业教育，2019（1）．

[155] 武晓燕．职业教育国际化背景下的高职院校双语教学改革［J］．教育与职业，2012（5）．

[156] 胡建刚．论高等职业院校专业的国际化、信息化与工程化建设［J］．当代教育论坛，2008（6）．

[157] 崔迎，吴国旭，顾玲．高职环保专业国际化人才培养课程体系设计的研究与探索［J］．天津职业院校联合学报，2014（11）．

[158] 臧其林，周玲，周蔚，等．酒店管理国际化人才培养模式的研究与实践［J］．中国职业技术教育，2015（16）．

[159] 费诚．高职院校提升办学水平的探索与实践——以天津中德职业技术学院为例［J］．工业和信息化教育，2015（9）．

[160] 周洪斌，许礼捷．"1+1+N"高职院校国际化软件服务外包人才培养方案探讨与实践［J］．沙洲职业工学院学报，2017（3）．

[161] 林珊君．高等职业学院实施 ISO9001：2000 标准［J］．江苏第二师范学院学报：自然科学版，2007（2）．

[162] 吴俊强．高职院校国际化职业教育质量管理体系研究与实践——以中山火炬职业技术学院为例［J］．南方职业教育学刊，2017（2）．

[163] 韩舒静．引进外籍文教专家，助推高职院校国际化专业发展——以天津中德职业技术学院为例［J］．时代教育，2015（20）．

[164] 蒋显伦，周杰．国际化视域下的国家示范高职院校改革探索［J］．教育教学论坛，2012（39）．

[165] 李亮．高职英语教材编写的专业化、国际化和职业化［J］．中国职业技术教育，2017（23）．

[166] 孙锋．软件技术专业国际化教学标准研究与实践［J］．天津中德应用技术大学学报，2014（1）．

[167] 潘小群．以医学教育标准探索创新病理学的教学改革［J］．中国医药指南，2011，9（36）．

[168] 韩立新．"一带一路"背景下职业院校国际交流合作的发展趋势——以天津工程职业技术学院为例［J］．天津职业院校联合学报，2018，154（4）．

[169] 冯朝军．"一带一路"背景下我国高职教育 国际化发展研究［J］．职业技术教育，2018（1）．

[170] 李梦卿，姜维．"一带一路"我国内陆节点城市职业教育国际化发展研究［J］．职教论坛，2017（1）．

[171] 王利华，傅红，王新宇．中药技能型人才国际化教学标准的研究与建设［J］．继续医学教育，2018，32（8）．

[172] 杨群祥．引进国外先进教育模式 推动高职教育教学改革——基于中英职业教育合作项目的研究与实践［J］．高教探索，2008（6）．

[173] 张逸岗．实施高职外语类专业教学标准，推动教学改革与科研发展——全国高职院校外语教学工作会议述评［J］．外语界，2014（6）．

[174] 贾悦欣．"一带一路"视角下我国职业教育国际化发展的探讨［J］．教育现代化，2018（24）．

[175] 贾建国．我国高等职业教育制度的改革与创新——基于利益相关者的视角［J］．职教论坛，2009（15）．

[176] 常小勇．高等职业教育制度创新［D］．华东师范大学，2009．

[177] 刘靖．我国高等职业教育体制研究［D］．郑州大学，2007．

[178] 汪丽．从制度分析视角谈我国高等职业教育的发展［J］．湖北函授大学学报，2016（23）．

[179] 刘红．2016年我国高等职业教育发展特点及趋势——《2017 中国高等职业教育质量年度报告》发布［J］．中国职业技术教育，2017（22）．

[180] 张军，刘敏．基于校企合作的高等职业教育办学机制改革探讨［J］．教育理论与实践，2017（18）．

[181] 徐博文，陈晓雁．我国高等职业教育质量保障长效机制的构建［J］．继续教育

研究，2017（1）．

[182] 罗先锋，黄芳．高等职业教育学位制度的域外实践及启示——基于美国、英国、澳大利亚和荷兰四国的分析［J］．高校教育管理，2017（2）．

[183] 徐晔．供给侧改革视角下高等职业教育深化校企合作的路径探析［J］．中国职业技术教育，2017（27）．

[184] 刘金玲．高等职业教育办学体制多元化研究与实践［J］．文化创新比较研究，2019，3（3）．

[185] 沈时仁．基于高素质、高技能的现代高等职业教育培养目标研究［J］．教育与职业，2010（29）．

[186] 李芳，陈湘芝．对现代高等职业教育发展的理性思考［J］．中国林业教育，2008，26（1）．

[187] 吕君，孔祥华．现代高等职业教育体系探讨［J］．职业技术，2015（5）．

[188] 严海鹰．中国现代高等职业教育发展探究［D］．福建师范大学，2008．

[189] 冯薇．基于现代学徒制的高等职业教育现代化改革与探索［J］．天津职业院校联合学报，2018．

[190] 史慧．论现代高等职业教育的发展方向——从21世纪初以来国家相关文件研究高职院校建设理念的发展变化［J］．辽宁高职学报，2015，17（4）．

[191] 王祖伟．中国传统教育与现代高等职业教育［J］．江苏高教，2002（6）．

[192] 邵玉华．现代高等职业教育师资队伍建设及教育质量保障探讨［J］．科学技术创新，2013（10）．

[193] 王玲．现代高等职业教育生源空间维度与结构分析［J］．职教论坛，2015（18）．

[194] 云娜，齐正学．论现代高等职业教育的办学理念［J］．科技资讯，2010（9）．

[195] 洪燕，程志山．新常态下产业经济发展与现代高等职业教育研究——以江苏高等职业教育改革发展为例［J］．景德镇高专学报，2015（5）．

[196] 刘江．我国现代高等职业教育体制改革与机制创新发展之路——评《中国高等职业教育发展路径分析》［J］．中国教育学刊，2016（6）．

[197] 畅军锋．现代高等职业教育发展探索［J］．陕西教育（高教），2016（8）．

[198] 刘世敏．现代高等职业教育文化育人的路径探析［J］．重庆电子工程职业学院学报，2015，24（4）．

[199] 张虹．现代高等职业教育体系区域化构建［J］．教育与职业，2016（20）．

参考文献

[200] 辛磊. 我国现代高等职业教育体系的研究 [J]. 现代职业教育, 2016 (18).

[201] 蒲海. 学风建设: 现代高等职业教育内涵式发展的永恒主题 [J]. 科学咨询, 2013 (19).

[202] 梁益海. 现代高等职业教育的价值取向——兼论地方高等职业大学的生存、发展 [J]. 新乡学院学报, 1998 (3).

[203] 裘祥龙. 校企联合, 大力发展现代高等职业教育 [J]. 科技信息, 2007 (8).

[204] 张玉勤. 现代高等职业教育管理理念初探 [J]. 警察教育, 2003 (5).

[205] 刘任熊, 薛茂云. 中国高等职业教育国际化: 实践样态与现实反思——基于2016年32省份高等职业教育质量年度报告分析 [J]. 中国职业技术教育, 2017.

[206] 刘红兵. 高等职业教育国际化专业标准开发技术方案的研究 [J]. 价值工程, 2018, 37 (15).

[207] 李静. 高等职业教育国际化人才培养论析 [C] // 辽宁省高等教育学会2017年学术年会.

[208] 赵梦君, 郑晓辉. 试论我国高等职业教育的国际化 [J]. 辽宁经济, 2017 (4).

[209] 李俊. 德国职业教育国际化的经验与启示——兼谈对我国职业教育国际化的借鉴 [J]. 高等职业教育探索, 2018, 17 (6).

[210] 李娜. 我国高等职业教育国际化研究 [J]. 教育现代化, 2017 (30).

[211] 叶飘. 利益相关者视角下天津高等职业教育国际化的探索 [J]. 武汉职业技术学院学报, 2018, 17 (6).

[212] 刘楠, 高汝林, 吕海侠. 高等职业教育国际化课程建设途径探索 [J]. 工业技术与职业教育, 2019 (1).

[213] 熊英. 高等职业教育国际化探索与实践——以无锡职业技术学院为例 [J]. 无锡职业技术学院学报, 2018, 17 (4).

[214] 刘婷婷. 高等职业教育国际化进程中的跨文化管理实证研究 [J]. 湖北经济学院学报 (人文社会科学版), 2017 (9).

[215] 贾秀娟. 高等职业教育国际化人才素质与能力探析 [J]. 吉林工程技术师范学院学报, 2017 (10).

[216] 肖安法, 毛静娟. 我国高等职业教育国际化发展战略研究 [J]. 武汉交通职业学院学报, 2017 (2).

[217] 杨晓俊. 职业教育国际化: 从单纯生源输出到教育内涵输入——以中德合作

"胡格教学模式"项目为例［J］．机械职业教育，2017（8）．

［218］孟凡华．提高高等职业教育质量需对标国际化［J］．职业技术教育，2018，39（21）．

［219］朱迎春．中国高等职业教育本土国际化现状与策略［J］．武汉工程职业技术学院学报，2017（1）．

［220］张耀嵩．我国高等职业教育办学发展趋势研究［J］．北京劳动保障职业学院学报，2017（1）．

［221］李成森，阎卫东．供给侧改革背景下的高等职业教育发展趋向研究［J］．教育与职业，2017（3）．

［222］汤霓．高等职业教育专业认证：国际经验与发展逻辑［J］．中国职业技术教育，2018，673（21）．

［223］陈昊，刘媛媛．"一带一路"视野下我国高职教育国际化发展策略研究［J］．现代职业教育，2018（6）．

［224］徐巧月．高等职业教育中外合作办学的外方课程研究［J］．林区教学，2017（8）．

［225］喻晓，薛玲．跨境高等职业教育背景下的学业支持实践——以沈阳工程学院红河国际学院为例［J］．电大理工，2017．

［226］李梦卿，姜维．"一带一路"我国内陆节点城市职业教育国际化发展研究［J］．职教论坛，2017（1）．

［227］吴晓玫．高职院校国际合作办学问题研究及对策［J］．高等职业教育－天津职业大学学报，2017（1）．

［228］顾卫杰，李璐，陆建军．高职院校国际化办学模式研究与实践［J］．湖南邮电职业技术学院学报，2018，17（2）．

［229］郝美彦．我国高职高专院校国际化发展的路径选择［J］．兰州教育学院学报，2017（1）．

［230］丁继安．强化立德树人整合《悉尼协议》推进高职人才培养改革［J］．湖州职业技术学院学报，2017．

［231］吴慧聪，江伶俐．从高职院校国际化课程开发看高职英语新定位［J］．天津职业院校联合学报，2018，156（6）．

［232］周朝成．阿特巴赫高等教育依附理论解释框架的分析——兼析其高等教育全球化的观点［J］．黑龙江高教研究，2007（12）．

[233] 薛国凤．依附论中的关怀——阿特巴赫比较高等教育思想评析［J］．比较教育研究，2009，31（8）．

[234] 高伟航．阿特巴赫依附理论视野下对我国高等教育发展的思考［J］．文存阅刊，2017．

[235] 宋璐瑶，陈中耀，徐伟．改革开放40周年质量保障体系的作用变迁与展望——基于学生在质量保障体系中的作用［J］．高等职业教育－天津职业大学学报，2019，28（1）．

[236] 马爱洁，刘薇，张雪梅，等．高等职业教育国际交流与合作模式的研究——以河北化工医药职业技术学院为例［J］．文化创新比较研究，2018，2（24）．

[237] 樊明成．论我国职业教育服务"一带一路"建设的主要模式［J］．高等职业教育探索，2018，81（2）．

· 285 ·